U0682759

建模仿真技术
及其在交通系统中的应用

黄正锋　郑彭军　李璇　编著

ZHEJIANG UNIVERSITY PRESS
浙江大学出版社
·杭州·

图书在版编目（CIP）数据

建模仿真技术及其在交通系统中的应用/黄正锋，
郑彭军,李璇编著.—杭州:浙江大学出版社，
2022.11
ISBN 978-7-308-23283-8

Ⅰ.①建… Ⅱ.①黄… ②郑… ③李… Ⅲ.①交通系
统—系统建模—系统仿真—研究 Ⅳ.①U491.2

中国版本图书馆 CIP 数据核字(2022)第 222294 号

建模仿真技术及其在交通系统中的应用

JIANMO FANGZHEN JISHU JI QI ZAI JIAOTONG XITONG ZHONG DE YINGYONG

黄正锋 郑彭军 李璇 编著

策划编辑	吴伟伟
责任编辑	陈逸行
责任校对	马一萍
封面设计	项梦怡
出版发行	浙江大学出版社
	（杭州市天目山路 148 号　邮政编码 310007）
	（网址:http://www.zjupress.com）
排　　版	湖北开动传媒科技有限公司
印　　刷	浙江临安曙光印务有限公司
开　　本	710mm×1000mm　1/16
印　　张	16.25
字　　数	300 千
版 印 次	2022 年 11 月第 1 版　2022 年 11 月第 1 次印刷
书　　号	ISBN 978-7-308-23283-8
定　　价	78.00 元

前　　言

在大数据时代下,交通分析师需要提高自身的数学素养,掌握渗透于交通系统数据分析中的建模思想方法和相关仿真手段,以解决实际交通系统问题。

本书以交通运输、交通工程、物流管理等专业的本科生为主要读者对象,也可以供相关专业研究生或从事交通系统建模工作的技术人员参考。

考虑到上述专业本科生的实际情况和编者从事教学工作的实践,本书在内容安排上遵照循序渐进的原则。本书先引入模型、仿真及数据的基础知识,再提出模型和仿真分析,最后介绍两个交通仿真商业软件。模型分为静态和动态展开介绍,由简入难、由粗向精。案例方面的设置秉承简单的生活案例和专业的交通领域案例相结合的原则。

第1章系统介绍了模型与系统仿真的基础知识。第2章围绕数据相关分析技术展开,包括数据采集方法、数据展示方法、数据集中趋势和离散程度描述方法,作为建模仿真的输入基础。第3章介绍静态建模方法,包括抽象推理法、理论调用与移植法、关联分析法、因果推断法、优化法、图论法。第4章介绍动态建模方法,根据问题所涉变量的差异分别引入蛛网模型、传染病模型、动态型非正常程度投入产出模型。第5章介绍仿真的基础知识——随机数产生方法。第6章分别从宏观和微观角度介绍两款交通仿真商业软件——TranStar 和 VISSIM。

本书由长期从事交通仿真建模教学和科学研究的一线人员编写而成。编写人员包括黄正锋(宁波大学教师)、郑彭军(宁波大学教师)、李璇(宁波大学本科生)等。

由于本书所涉及的知识范围较广,同时该专业发展较快,加之编写者水平有限,书中难免存在不当之处,欢迎读者指正。

编写者

2022 年 5 月于宁波大学

目　　录

1 模型与系统仿真概述

1.1 模型概述

传统上,数学的应用一般理解为数学在力学、电学和工程技术等与物理关系密切的领域中的应用。近几十年来,随着科学技术的不断进步和计算机的迅速发展,数学的应用领域不断扩大。它不仅被用来解决日常生活、生产等领域中各种各样的实际问题,而且在经济学、生物学、医学、环境科学等许多学科的理论发展中得到了应用。

数学的应用实质上是数学和所研究的实际问题相结合的结果。一个成功的应用必须在两者之间建立沟通并形成紧密联系。应用数学知识和计算机去解决各门学科和社会生产中的实际问题时,首先要对实际问题进行分析,研究组建能描述这个问题的数学模型,其次使用数学的理论和方法或者编制程序对模型进行分析,从而得到结果,最后返回去解决实际问题。可见,数学建模是应用数学理论和计算机解决实际问题的重要手段和桥梁。

不少人感到"学了不少数学,但是不会用它去解决实际问题"。这表明"学数学"与"用数学"是不同的。学会数学的人未必会用数学。掌握了数学的人在数学建模上也未必是自通的。在知识结构、思维方式、能力训练等诸多方面,数学建模或数学应用都有它自己的特点,与数学理论在这些方面的要求明显不同。掌握使用数学理论和方法去建立模型以解决实际问题所需的技能与理解数学概念、证明定理、求解方程所需的技巧也是迥然不同的。掌握数学知识只是应用数学解决实际问题的必要条件之一,实践证明,成功地应用数学有赖于应用者深厚的数学基础和严格的逻辑推理训练,还依赖于应用者敏锐的洞察力、分析归纳能力以及对实际问题的深入理解和广博的知识面。

数学建模不仅仅展示了解决实际问题时所使用的数学知识和技巧,更重要的是它将指导我们如何提出实际问题中的数学内涵并使用数学的技巧来解决问题。因此,学习数学建模不仅要学习和理解建立模型过程中所使用的数学知识和逻辑推理,更重要的在于了解怎样用数学对实际问题组建模型以解决问题。

在实施数学素质教育的今天,培养应用数学解决实际问题的技能是非常重要的。其中,主要体现在数学建模能力的培养上。数学建模的教与学至少有如下几个方面的作用。

(1)培养学生"双向"翻译的能力。

数学建模首先要用数学的语言把实际问题翻译、表达成确切的数学问题,再通过数学处理、分析,将其转回现实语言并使之适合使用。这种"双向"翻译的能力是应用数学的基本能力。

(2)培养学生的想象力、联想力、洞察力和创造力。

数学建模没有现成的答案与模式,要靠充分发挥自己的创造力去解决问题。这就需要从大量的文献资料中摄取对解决问题有用的思想和方法,要从貌似不同的问题中窥见其本质,即需要具有丰富的想象力和联想力以及洞察问题本质的能力。数学建模的整个过程是这些能力的综合体现,也是培养创造力的重要手段与途径。

(3)培养学生的自学能力和使用文献资料的能力。

数学建模所需的很多知识是学生原来没有学过的,而且不可能完全从教师的补课中获得,只能通过自学和相互讨论来进一步掌握相关知识,这恰能培养学生的自学能力。同时,在数学建模过程中,又需要从浩如烟海的文献资料中迅速找到和吸取自己所需要的东西,这就大大锻炼和提高了学生使用文献资料的能力。这两种能力恰是学生日后工作中所需要的。

(4)培养学生的计算机应用能力。

使用计算机解决问题,在数学建模中是必不可少的一个重要环节。因为对于复杂的实际问题,在建模之前往往需要先计算一些东西或直观地考察一些图像,以便据此作出判断或形成想象来确定模型。更重要的是在形成数学模型后,求解过程中大量的数学推理运算、计算、画图都需要借助相应的数学软件包才能完成。

对数学建模方法的研究,以及在大学、中学怎样开设好数学建模课程已成为当今数学教育改革的重要方向。1970 年,英国牛津大学首先为研究生开设了数学建模课程,此后,该课程正式进入大学的教学计划;1975 年,美国数学科学联合委员会(CBMS)在其颁布的文件《K-12 级中学教学的一般看法与分析》中,建议把数学建模放到高中课程之中;美国国家研究委员会(NRC)于 1989 年向国家提出的报告中指出,把数学建模列为数学教育改革最急需的项目。美国数学教师协会于1989年编制的指导性文件《中小学数学课程与评估标准》对各年级数学课程的教学要求都列出了问题解决能力的标准,并强调了数学建模作为问题解决的一个侧面的重要性。1983年,首届国际数学建模教学和应用会议(ICTMA)在英国召开,之后这个会议每两年召开一次。为了推动数学建模活动的开展,1985年,美国开始举行一年一度的全美大学生数学建模竞赛(MCM)。这些都说明数学建模已引起国际数学教育界的高度重视。

近年来,我国数学教育界对"数学问题"这一概念内涵的认识也逐步深入,特别是受国际上数学"问题解决"教学的影响,我国也注重强调对学生的分析问题和解决问题能力的培养,开始在数学教学中引入实际问题。国家教育委员会于1992年6月制定的九年义务教育全日制初级中学《数学教学大纲》中有关教学目的的表述为:"能够解决实际问题,是指能够解决带有实际意义和相关学科中的数学问题,以及解决生产和日常生活中的实际问题。在解决实际问题中,要使学生受到把实际问题抽象成数学问题的训练,逐步培养他们分析问题和解决问题的能力,形成用数学的意识。"继我国部分大学生从1989年起参加全美大学生数学建模竞赛之后,上海于1992年、北京于1993年起相继组织了多届中学生数学知识应用竞赛。全国大学生数学建模竞赛已成为全国高校规模最大的基础性学科竞赛,也是世界上规模最大的数学建模竞赛。2018年,来自中国、美国和新加坡的1449所院校、42128支队伍(本科38573支、专科3555支)共超过12万名大学生报名参加本项竞赛。总之,培养学生运用数学知识和方法并通过建立数学模型解决实际问题的能力已成为数学素质教育的重要目标之一。

1.1.1 模型、数学模型、数学建模、数学建模方法

我们经常使用模型的思想来认识世界和改造世界。这里的模型是针对原型而言的。所谓原型,是指人们在社会活动和生产实践中所关心和研究的实际对象,在科技领域常常用系统或过程等术语描述。如机械系统、电力系统、生态系统、社会经济系统等;又如导弹飞行过程、化学反应过程、人口增长过程、污染扩散过程等。模型是人们基于一定的目的对原型进行的一个抽象,包括飞机模型、火箭模型、水坝模型等各种实物模型和用文字、符号、图表、公式等描述客观事物的某些特征和内在联系的模型。譬如,城市的交通图是这座城市的一个模型。在这个模型中,城市的人口、车辆、树木、建筑物的形状等都不重要,但图中所展示的街道和一目了然的公共交通线路是任何一个实际置身于城市中的人都很难搞清楚的。由此可见模型来源于原型,但它不是对原型简单的模拟,是人们为了

认识和理解原型而对它所作的一个抽象、升华。我们可以通过对模型的分析、研究加深对原型的理解和认识。总之,模型是人们对所研究的客观事物有关属性的模拟,它应当具有所研究的事物中使人们感兴趣的主要性质,因而具有如下特点:①它是客观事物的一种模拟或抽象,它的一个重要作用就是加深人们对客观事物如何运行的理解。为了使模型成为帮助人们进行合理思考的一种工具,就要用一种简化的方式来表现一个复杂的系统或现象。②为了能协助人们解决问题,模型必须具有所研究系统的基本特征或要素。此外,还应包括对其形成原因和效果起决定性作用的各个要素之间的相互关系。有了这样的一个模型,人们就可以在模型内实际处理一个系统的所有要素,并观察它们的效果。

所谓数学模型,就是针对或参照某种事物系统的主要特征或数量相依关系,用形式化的数学语言,概括地或近似地表述出来的一种数学结构。这里的数学结构,有两方面的具体要求:①这种结构是一种纯关系结构,即必须是经过数学抽象扬弃了一切与关系无本质联系的属性后的系统结构;②这种结构是用数学概念和数学符号来表述的。

数学模型是通过抽象和简化,使用数学语言对实际现象的一个近似的刻画,以便人们更深刻地认识所研究的对象。数学模型也不是对现实系统的简单的模拟,它是人们用以认识现实系统和解决实际问题的工具。数学模型是对现实对象的信息进行提炼、分析、归纳、翻译后的结果。它使用数学语言精确地表达了对象的内在特征。通过数学上的演绎推理和分析求解,能够深化人们对所研究的实际问题的认识。例如,力学中著名的牛顿第二定律使用公式 $F = m\mathrm{d}x^2/\mathrm{d}t^2$ 来描述受力物体的运动规律就是一个成功的数学模型。其中,$x(t)$ 表示运动的物体在 t 时刻的位置,m 为物体的质量,F 表示运动期间物体所受的外力。该模型忽略了物体的形状和大小。这一定律抓住了物体受力运动的主要因素,大大深化了力与物体运动规律的研究工作。

数学模型并不是新的事物,它一直伴随在我们身边。可以说有了数学并要用数学去解决实际问题时就一定要使用数学的语言、方法去近似地刻画这个实际问题,这就是数学模型。数(整数、分数等)、几何图形、导数、积分、数学物理方程,以至于广义相对论、规范场等都是非常成功的数学模型。运筹学以及统计学的大部分内容都是关于数学模型的讨论和分析。可以说在数学的发展进程中无时无刻不留有数学模型的印记,在数学应用的各个领域随处都可以看见数学模型的身影。随着科学技术的发展,加强各门学科的定量化分析以及使用数学工具来解决各种问题的需求日益普遍。数学模型作为数学实现其技术化职能的主要手段之一,其作用愈发突出,从而受到了更加广泛的重视。

在实际工作中遇到的问题几乎没有纯粹地用现成的数学知识就能解决的。也就是说,实际问题很少直接以数学的语言形式出现在我们面前。在实践中,能够直接运用数学方法解决实际问题的情形是很少见的,我们所遇到的都是数学和其他东西混杂在一起的问题,不是"干净的"数学,而是"脏的"数学。而且使用数学语言来描述所面临的实际问题往往也不是轻而易举的,其中的数学奥妙不是明摆在那里等着我们去解决,而是暗藏在深处等着我们去发现。我们要对实际问题中看起来杂乱无章的复杂现象进行分析,发现其中可以用数学语言来描述的关系或规律,从中抽象出恰当的数学关系。把这个实际问题转化成一个数学问题的过程就是数学建模。与数学不同,数学模型的组建过程不仅要进行演绎推理,还要对复杂的现实进行归纳、总结和提炼。这是一个归纳总结与演绎推理相结合的过程。

所谓数学建模方法,是指首先把所研究和考察的实际问题转化为数学问题,构建出相应的数学模型,然后对数学模型进行研究,使原来考察的实际问题得以解决的一种数学方法。

1.1.2 数学模型的分类

建立数学模型,可能会涉及许多数学分支。对于一个问题,我们往往可以利用不同的方法建立不同的模型。因此,绝对的分类对于建立数学模型是不利的。大致的分类对初学者确立原型所属系统和选用数学工具会有一定的帮助。

数学模型按照问题本身所处的领域和解决问题的方法,以及按照人们的意愿可以有不同的分类方式。

1. 按社会现象或自然现象的本质区别分类

(1)确定性数学模型。

这类模型反映的实体对象具有确定性结果,服从因果律,可由前一时刻的运动状态推知后一时刻的运动状态;可由条件预知结果,体现"非此即彼"的特点。这类模型的表现形式可以是各种各样的方程式、关系式、网络图等,使用的是经典的数学方法。

(2)随机性数学模型。

这类模型反映的实体对象具有随机性或偶然性,反映随机律。但是,在大量的随机现象的统计平均值中,可以看出它的"大势所趋"的结果。这类模型处理的是大数现象,使用的数学工具有概率论、数理统计、过程论等。

(3)模糊性数学模型。

当涉及人类系统的行为或处理与人类行为可相比拟的复杂系统时,确定性、随机性数学模型则无能为力。例如,应用计算机模拟人脑思维就必须把人们常用的模糊语言,像"高个子""矮个子""漂亮姑娘"等设计成机器"语言",以便机器能像人脑那样灵活、果断地作判断。这就需要建立模糊性数学模型,研究模糊性的实体对象及其关系。建立这类模型所使用的数学工具有模糊集合论、模糊逻辑等。

(4)突变性数学模型。

微积分是解释、计算、预测那些连续变化的自然现象的数学模型(广义的),然而对于充满突变和跳跃的大量自然现象来说,它是远不够用的。水突然沸腾、火山爆发、房屋倒塌、蝗虫急速繁殖、病人突然休克……这种由量变发展到质变的现象出现的概率是很高的。描述这些突变现象的数学模型就是突变性数学模型,使用的数学工具是突变理论,它是 20 世纪 60 年代末 70 年代初由法国数学家勒内·托姆(René Thom)提出的。

2.按变量性质分类

根据变量是确定的还是随机的,数学模型可分为确定性模型和随机性模型。根据变量是连续的还是离散的,数学模型可分为连续模型和离散模型。

3.按时间关系分类

考虑模型是否因时间关系而变化,数学模型可分为静态模型和动态模型。

4.按所用的研究方法分类

数学模型可分为初等模型、几何模型、微分方程模型、运筹学模型、概率模型、统计模型、层次分析法模型、系统动力学模型、灰色系统模型等。

5.按研究对象所属领域分类

数学模型可分为经济模型、生态模型、人口模型、交通模型、战争模型、资源模型、环境模型等。

6.按建模目的分类

数学模型可分为分析模型、预测模型、优化模型、决策模型、控制模型等。

7.按对研究对象的内部结构和性能的了解程度分类

数学模型可分为白箱模型、灰箱模型、黑箱模型。

1.1.3 数学建模的一般步骤

数学模型既然是对所研究的实际对象的概括与简化,那么,它不能等同于实际对象本身,而是必须舍弃实际对象的质的规定性,从量的关系上对实际对象作形式化的描述和刻画,在这一过程中常常略去实际对象的某些次要性质和因素,抓住其主要性质和因素。因此,数学模型虽然能从某些数量关系上反映实际对象的原型,但这种反映仅仅是一种近似和模拟。只有用与之相对应的数学模型去代替实际对象,才有可能把研究的问题表述为数学问题;只有寻找并使用与实际对象的质的规定性无关的数学工具去分析和处理问题,才能充分发挥数学工具在解决实际问题时的巨大作用。

一个完整的数学建模过程主要由三个部分组成:①用适当的数学方法对实际问题进行描述。②采用各种数学和计算机手段求解模型。③从实际角度分析模型的结果,考察其是否具有实际意义。具体地说,它包括以下步骤。

1.分析问题

数学建模的第一步便是明确建模目的与要求,考察实际问题的条件和数据,明确并掌握必要的数据资料,分析问题所涉及的量的关系,了解对象与关系结构的本质属性。

在建模前应对实际问题的历史背景和内在机理有深刻的了解,必须对该问题进行全面的、深入细致的调查和研究。实际问题所给的条件和数据通常并不是恰到好处,可能有多余的条件或数据,也可能缺少必要的数据。要通过分析问题的结构,对需要的数据做到心中有数。在问题分析阶段还应仔细分析已有的数据和条件,使问题进一步明确化。即从数据中可得到什么信息?数据来源是否可靠?所给条件有什么意义?哪些条件是本质的?哪些条件是可以变动的?从中得到的分析结果能够帮助我们进一步加深对问题的了解,以进一步调整、完善工作计划,为后期的工作打下坚实的基础。实践证明,在工作的前期尽可能地理解、把握住问题,往往会起到事半功倍的效果。不经过分析问题这一步,过早地进入解决问题阶段,则会陷入一些意想不到的陷阱中,甚至偏离方向。

2.现实问题的理想化

现实问题错综复杂,涉及面非常广,因此想建立一个数学模型来反映一个现实问题,面面俱到、无所不包是不可能的,也是没有必要的。一个模型,只要能反映我们所需要的某一个侧面就行了。建模前必须先将问题理想化、简单化,即首先抓住主要因素,暂不考虑次要因素。在相对比较简单的情况下,厘清变量之间的关系,建立相应的模型。为此须对所给问题做出必要的假设,不同的假设会得到不同的模型。这一步是建立模型的关键。

辨识并列出与问题有关的因素,通过假设把所研究的问题简化,明确模型中需要考虑的因素以及它们在问题中的作用。以变量和参数的形式表示这些因素,在最简单的情形下组建模型,然后通过不断地调整假设使模型尽可能地接近实际。

为什么在建模之前要进行一番假设?因为我们要解决的是一个实际问题,在一个实际系统中,总是有多种因素与所研究的对象关联,但这些因素有主次之分。必须分析清楚哪些是主要的、本质的因素,哪些是次要的、非本质的因素。进行假设的目的就在于选出主要因素,忽略次要因素,既使问题简化以便进行数学描述,又抓住了问题的本质。

建立数学模型就是采用或建立某种数学方法来解决具体的问题,而每种理论的应用都必须满足一定的理想化条件,因此能否应用某种数学方法的关键在于所研究对象是否近似满足理想化条件。必须强调,对于一个假设,最重要的是它是否符合实际情况,而不是为了解决问题的方便。如果假设合理,则模型与实际问题比较吻合;如果假设不合理或过于简单(过多地忽略了一些因素),则模型与实际情况不吻合或部分吻合,此时就要修改假设,修改模型。要做出合适的假设,经验的作用无疑是十分重要的。

做假设的依据通常是对问题内在规律的认识,或者来自对数据或现象的分析,也可以是二者的综合。做假设时既要运用与问题相关的物理、化学、生物、经济等方面的知识,又要充分发挥想象力、洞察力和判断力,善于辨别问题的主次,抓住主要因素,舍弃次要因素,尽量使问题简化(如线性化、均匀化等)。对于初学者,做假设时可以考虑以下几个方面:①关于是否包含某些因素的假设;②关于条件相对强弱及各因素影响相对大小的假设;③关于变量间关系的假设;④关于模型适用范围的假设。

有些假设的必要性要在模型的求解和分析中才会发现,所以在建模的各个阶段都应注意是建立在什么假设的基础上的。为了保证所做假设的合理性,在有数据的情况下应尽可能对假设以及假设的推论进行检验。要特别注意是否存在隐含的假设。

3.建立模型

运用数学建模方法解决各类实际问题,建立数学模型是关键的一步。建模的过程是把错综复杂的实际问题简化、抽象出合理的数学结构的过程,是一个从实际到数学的过程。

在明确问题和已有假设的基础上,可以着手建立数学模型,建模时应注意以下几点。

(1)分清变量类型,恰当使用数学工具。

在建模时我们必须与各类量打交道,从建模的角度对这些量加以分类有助于我们掌握各个量在模型中的地位和作用。这些量可分为变量、常数和参数,对变量进行分析是建立模型的基础。须特别注意的是,参数在数学模型中有着非常重要的作用,使用参数可以使模型的应用具有普遍性。所以对模型参数的讨论也是建模工作的一个重要部分。根据假设,着手建立数学模型,尽可能使用数学概念、数学符号和数学表达式表述事物对象及诸对象之间的关系。即利用适当的数学工具刻画各变量之间的关系,建立相应的数学模型。在建模时采用何类数学工具,要根据实际问题的特征、建模目的和要求及建模人的数学特长而定。一般地,数学的每一分支在建立各种数学模型时都可能用到,而同一实际问题也可用不同的数学方法建立不同的数学模型。在能达到预期目的的前提下,所用的数学工具越简单越好。此外,也应考虑自己对哪门学科比较熟悉、精通,尽量发挥自己的特长,建模时应尽可能利用自己熟悉的数学分支的知识。另外,还应具有在必要时针对问题学习一些新知识的能力,因为现实世界中有许多问题仅靠单一学科的知识是无法解决的。

(2)抓住问题的本质,简化变量之间的关系。

若模型过于复杂,则无法求解或求解困难,从而不能反映客观实际。因此应尽可能用简单的模型如线性化、均匀化等来描述客观实际。建模的原则是:模型尽可能简单明了、思路清晰,尽量不用高深的数学知识,不要追求模型技术的完美,应侧重于实际应用。

一个模型通常包含许多变量,一些变量对最终结果的影响会大于其他变量的影响,所以在达到所要求精度的前提下,没有必要引入更多的变量。若某变量对结果的贡献不大,则可以舍弃它,尤其是当这样做会简化模型时,更应如此处理。同样的原则对模型中的表达式或方程式也是适用的。若某表达式或方程式包含较多的因素,先粗略估计一下各因素影响的相对大小是很有指导意义的,舍弃那些微不足道的因素会使数学模型在保证准确度的前提下大大简化。

(3)建模要经严密推理和有足够的精确度。

在已定的假设下,建模过程中推理一定要严密,以保证模型的正确性,否则会造成模型错误,前功尽弃。

由于实际问题常对精确度有所要求,在建模和收集资料时要予以充分考虑。但同时实际问题非常复杂,做假设时要去掉非本质的因素,把本质的因素和关系考虑进去。而要掌握好这个尺度,有时会有一个反复摸索的过程。

4.模型求解

对于数学模型的求解很难提出具有普遍指导意义的方法,不同的数学模型难易程度不同。一般情况下,对比较简单的问题的求解应力求使解的适用范围尽可能广,从而使模型具有普遍性;而对比较复杂的问题,应首先考虑将它解出来,如有余力再考虑模型的普遍性。

随着计算机的广泛应用,利用已有的计算软件可为求解带来方便。因而尽可能地掌握已有的计算软件,在解决问题时可以省力不少。有的问题是不能求出解析解的,可以借助计算机用数值方法求解。在厘清算法前最好不要急于上机编程,要先明确计算步骤,弄清初始值和步长等因素对运算精度的影响。另外,要特别注意所做工作在整个模型中的地位和作用,不要等到花费了大量人力和机时后才发现所做的工作只是整个模型微不足道的枝节部分。

5.模型分析

对模型进行求解,得到数学结果之后,问题并未完全解决。事实上,在建立数学模型的过程中,我们做了各种近似和简化,而建立的数学模型仅用到了问题中给出的数据。因此,判断模型的结果是否具有实际意义或是否满足实际要求,必须对解的意义进行细致的分析、讨论。即这个解说明了什么问题? 是否达到了建模的目的? 模型的适用范围怎样?

对模型求出的解进行数学上的分析,有助于解决实际问题。有时要根据问题的要求对变量间的依赖关系进行分析并对解的稳定性进行分析;有时要根据求出的解对实际问题的发展趋势进行预测,为决策者提供最优决策方案。除此之外,还常常需要进行误差分析、模型的稳定性分析和灵敏度分析等。

数学模型相对于客观实际不可避免地会有一定误差,一方面,要根据模型的目的确定允许的误差范围;另一方面,要分析误差来源,一旦误差超出允许范围就应制定补救方案。一般误差产生的原因有以下几种。

(1)来自建模假设的误差。

一般来说,对这类误差的影响是很难估计的,因为我们一般不知道正试图计算的答案的正确值。这时可以对不同的假设做一些研究,比较它们对结果的影响。

(2)来自近似求解方法的误差。

数值计算方法本身也会产生误差。只要在使用这些方法时对数据范围和方法本身加以分析、研究,这类误差多数是可以控制的。

(3)来自计算工具的舍入误差。

利用计算器或计算机做数值运算,都不可避免地会因字长限制而产生舍入误差。如果进行了大量的计算,则积累起来的误差可能会非常惊人。

(4)来自数据测量的误差。

理想情况下(如精心设计的科学实验等),应有数据最大误差估计。

对于后面三种误差来源,可以通过对相应变量和参数进行灵敏性分析,确定这些误差的允许范围。

根据各种实际情况检验模型是判断其合理性的重要依据。一个好的模型所预见的结果不应该由于原始数据或参数的微小波动而有很大的变化,因此模型的稳定性和灵敏性分析是至关重要的。

数学模型依据已有的数据和其他信息建立,它的价值在于能够通过已知的信息预测未知的东西。因此,一个好的数学模型的结果对模型所依赖的数据有较好的稳定性,这是其广泛适用性的保证。

稳定性和灵敏性分析的另一个重要方面在于对模型中所包含的各种参数的评价。在建模过程中,首先要考虑各种与所研究对象有关的因素。由于这些因素的大小是可变的,因此在计入模型时往往以参数的形式表现出来。模型对这些参数的灵敏性反映了各种因素影响结果的显著程度;而通过模型对参数的稳定性和灵敏性分析,又可以反映模型的实际合理性。

6. 模型检验

完成模型的设计及求解之后,还需要对模型的各种性能作出评价,这就是模型的检验。数学模型要接受实践的检验,因为建模的目的是要研究和解决原型的实际问题。而数学模型是经过简化和抽象得到的,即使这个数学模型在组建过程中的逻辑推导准确无误,也并不意味着模型是成功的。它必须接受实践的检验。只有经检验被认为是可以接受的模型才能付诸使用。

一个模型是否反映了客观实际,可与实际观测情况进行比较。如果模型结果的解释与实际状况相吻合或基本一致,表明这个模型经检验是符合实际问题的,可以将它用于对实际问题进行进一步的分析讨论。如果模型结果的解释很难与实际状况相吻合或不一致,表明这个模型与所研究的实际问题是不符合的,不能直接将它应用于所研究的实际问题。这时假如数学模型的组建过程没有问题,就需要返回到建模前,检查关于问题所做的假设是否恰当,检查是否忽略了不应该忽略的因素或者还保留着不应该保留的因素。进而对假设进行必要的修正,重复前面的建模过程,直到组建出经检验符合实际问题的模型。

7. 模型修改

实际问题比较复杂,但由于理想化后抛弃了一些次要因素,因此建立的模型与实际问题就不完全吻合了。此时,要分析假设的合理性,保留合理部分,去掉或修改不合理部分,再次分析实际问题中的主次因素。如果某一因素被忽略而导致前面模型的失败或部分失败,则再建立模型时应把它考虑进去。修改时可能去掉(或增加)一些变量,有时要改变一些变量的性质,如把变量看成常量,常量看成变量,连续变量看成离散变量,离散变量看成连续变量,或改变变量之间的函数关系,如线性改为非线性,非线性改为线性。修改模型时也要重新考虑约束条件,增加、减少或修改约束条件。建模本身并不是最终目的,最终目的是解决实际问题。因此,还应当将所得结果返回现实原型中进行检验,看它是否符合客观实际;若不符合,再进行修正或重新建模,直到符合客观实际。一个真正适用的数学模型,是需要不断改进和完善的。

8.模型应用

数学模型应用非常广泛,可以说已经应用到各个领域,而且已经渗透到社会学科、生命学科、环境学科等多种学科。由于建模是预测的基础,而预测又是决策与控制的前提,因此数学模型可用于对许多部门的实际工作进行指导,以达到节省开支、减少浪费、增加收入的目的。特别是对促进科学技术和工农业生产的发展具有重要意义。

数学模型的应用价值取决于它的适用范围,因此推广所建立的模型能扩大模型的应用范围,从而提高其使用价值。一般来说,可将模型中某些固定量改为可调性参数以扩大其适用范围。

将一个数学模型应用于实际问题,主要是通过对模型做进一步的分析和讨论得到的,使用代数的、分析的或数值的方法给出模型的解。从理论上讨论解的性质,必要时也可以写出计算程序或者使用恰当的软件包由计算机进行模拟。把数学上和计算机运算所得到的结果再返回到实际问题中去,用以对实际问题给出解释,解决实际问题或加深对问题的认识,从而达到使用数学模型解决实际问题的目的。需要注意的是,从数学模型中得到结论的主要目的是解决实际问题,因此当用它来解决实际问题时,其语言应该是非数学工作者所能理解的语言。这时,过多、过深地使用数学语言将影响模型的使用效果,要学会使用通俗的语言表达数学上的结论,使它能为更多的人所接受。

数学建模的步骤如图 1-1 所示。

对于具体的实际问题,在利用数学建模方法求解时,通常有两种情形。

(1)在多数场合,由实际问题抽象出来的数学模型可纳入某类已知的数学模型或子模型。这时,可利用已有的数学知识求出相应的数学结果,再将所得结果返回到原来的实际问题中。

(2)在某些场合,由实际问题抽象出来的数学模型不能纳入已知的数学模型。在这种情况下,有待于建立新的数学理论,这便是数学家的发现和创造。

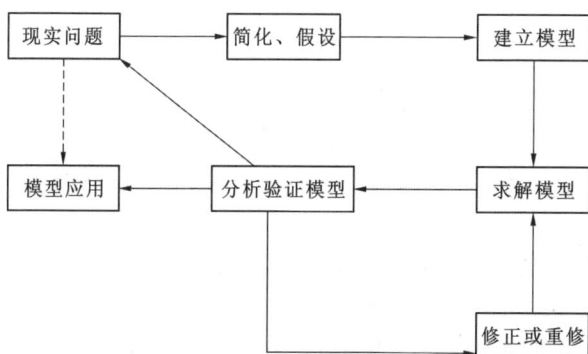

图 1-1　数学建模的步骤

运用数学建模方法的过程可用图 1-2 表示。

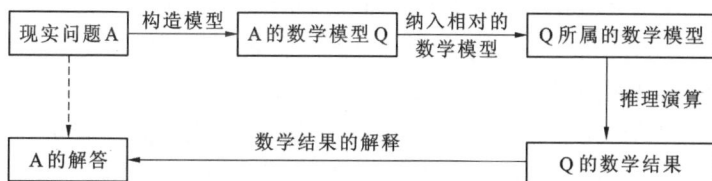

图 1-2　运用数学建模方法的过程

1.1.4　对数学建模的进一步认识

1. 数学建模的特征

首先,数学建模是用数学知识解决实际问题的主要方法,其关键是经过数学抽象将实际问题转化为数学问题,即建立数学模型。

其次,数学模型与原型之间一般不是同构对应,而只是对原型的数量相依关系的反映。因此,利用数学方法得到的数学模型的解需要返回到原型中去得到具体的解释和检验,如果这个模型的解与原型不符合,则需重新建立或修改数学模型。一般来讲,解决比较复杂的问题时,往往需要对其数学模型进行多次修改才能获得成功。

最后,数学建模是以数学为工具,采用迂回的手段来达到解决问题的目的的一种方法,它反映了数学方法的辩证性质。

2. 数学模型与数学问题、数学应用题

数学模型和我们通常见到的数学问题是不同的。数学问题的叙述是严谨的、明确的,通常它的答案是唯一的、确定的;而数学模型所描述的实际问题有时并不十分明确,且描述这个问题的模型和答案通常不是唯一的。对于同一个现象可以有不同的模型来描述它,从而会得到不同的答案。一般来说,数学问题的假设是逻辑推理过程中的自然需要或是研究范围的一个严格的界定;但对数学模型来说,假设则是建模者在建模过程中用来明确和简化实际问题的一个主要手段,操作起来要灵活得多并且需要有较高的技巧。数学问题的分析与求解过程有赖于严格的逻辑推理和恰当的数学工具以及技巧的使用;而数学模型的组建则更多地依赖于对实际问题的理解和想象力,其把有关的变量按照实际问题的要求组合在一起。数学问题的结论是明确的,通常它可以使用封闭的数学表达式来表示;而数学模型则既可以用数学式,也可以用图、表来表示,数学模型的结论通常不是封闭的,它需要推广以改变研究的方法或者使模型适用于复杂的情况,甚至有些模型的结论是悬而未决有待进一步探讨的。

数学模型是使用数学来解决实际问题的桥梁,对它进行研究和分析主要运用数学的理论、方法。由于我们的目的是解决实际问题,在分析过程中应用数学理论时,数学上的自然的结论不一定是研究数学模型所需要的结果。像在中学数学中所遇到的应用题那样,只要套用公式就能解决的问题在实际的数学建模中是很少见到的。将分析模型所得到的数学结论返回到实际中去解决问题同样需要创造性的工作,这往往并非简单地套用现有的数学公式或定理就能奏效的。因此不能认为数学模型就是数学应用题,特别是不能认为数学模型就是套公式。

3.建立数学模型的一般要求

(1)足够的精度,即要求把本质的关系和规律纳入考虑范围,去掉非本质的因素。

(2)简单,便于处理。

(3)依据要充分,即要依据科学规律、经济规律来建立公式和图表。

(4)尽量借鉴标准形式。

(5)模型所表示的系统要能操纵和控制,便于检验和修改。

4.数学模型的优劣标准

数学建模是一个从实际到数学,再从数学到实际的过程。由于现有的模型仅依赖于问题中的数据,根据模型得到的结果是否符合实际是衡量模型好坏的重要标准。作为一个成功的模型,其应该有较强的实际背景,最好是直接针对某个实际问题的,应该是经过实际检验表明是可以接受的,应该能够使我们对所研究的问题有进一步的了解,应该尽可能地简单以利于使用者理解和接受。

　　总之,只有抓住了本质,建立的模型才具有合理性。一个数学模型的优与劣,最根本的区别在于是否采用了恰当的方法,是否合理地描述了实际问题,而不在于是否用到了高深的数学知识。

　　5.数学建模的原则

　　在一个实际问题中,往往有很多因素同时对所研究的对象发生作用,应该全面地对这些因素加以考虑。这项工作可以分三步进行:①列举各种因素。②选取主因素计入模型。③考虑其他因素的影响,对模型进行修正。

　　数学模型应当是对实际问题的本质的刻画,建模时必须有对现实问题去粗取精、去伪存真的归纳加工过程。但建模时究竟保留什么因素、忽略什么因素并没有一定的范式,这要根据建模者对实际问题的理解、研究的目的及其数学背景来确定。应该说这是一个创造性的过程。不同的建模者针对同一实际问题可以得到不同的数学模型。如果考虑问题过于简单,模型固然明白易懂,却不易抓住问题的本质。相反,如果将所有因素不分主次一概计入模型,不仅使模型显得十分庞杂,而且事实上无法求解,反而掩盖了问题的本质。要想建立一个好的模型,就必须加以权衡,这有赖于建模者对问题本质的深刻理解。对于初学者来说,数学建模是一个较难驾驭的课题,它的处理手法相当灵活。掌握数学模型最好的办法是实践,自己一个人独立地实践或几个人一组集体实践。在开始阶段不要急于尝试工业上或科学技术上的复杂的建模问题。现实生活中就有许多值得思考的问题,其中不少问题既简单又实用,是学习数学建模的好材料。后文所列举的例子展现了实际中的数学模型是什么样子的,以利于读者去发现身边的数学模型。例题是一些极普通的问题,不需要具备很多实际的专业背景和过多过深的数学知识和方法就可以着手去尝试解决。例题中多数问题都可以找到另外的研究方法,这在数学模型中并不奇怪,也许我们会发现更巧妙的思路来改进例题所得到的结论,这是很正常的。

　　数学模型因问题不同而异,建立数学模型也没有固定的格式和标准,甚至对于同一个问题,从不同角度、不同要求出发,可以建立起不同的数学模型。因此,目前要想给出关于数学模型或数学建模的系统的理论和方法是困难的。与其说数学建模是一门技术,不如说是一门艺术。它需要熟练的数学技巧、丰富的想象力和敏锐的洞察力,需要大量阅读、思考他人做的模型,更要自己动手、亲身体验。掌握数学建模的技巧的关键是实践,只有在实践中才能不断提高建模水平。

1.2 系统仿真概述

1.2.1 系统仿真

1. 系统仿真的定义

系统仿真就是在建立数学逻辑模型的基础上,通过计算机实验,对一个系统按照一定的决策原则或作业规则由一个状态变换为另一个状态的动态行为进行描述和分析。

2. 系统仿真的实质

由系统仿真的定义,可以看出其实质如下。

(1)系统仿真是一种数值技术。

对于大多数具有随机因素的复杂系统,往往很难甚至无法用准确的数学模型表述,从而也无法采用解析的方法求解,常采用数值计算方法实现对这类系统场景的仿真,比如,采用数值方法模拟核电站调试。

(2)系统仿真是一种人工实验手段。

通过仿真实验我们能够对所研究的系统进行类似于物理实验、化学实验那样的实验,它和现实系统的主要差别在于仿真实验依据的不是现实系统本身及其所存在的实际环境,而是作为系统映象的系统模型以及相应的人工环境。显然,仿真结果的正确程度完全取决于仿真模型和输入数据是否客观地、正确地反映现实系统。

(3)系统仿真主要依靠计算机实现。

由于计算机可以加速仿真过程和减少误差,因此计算机仿真在整个系统仿真中占据着非常重要的地位。

(4)系统仿真能够反映系统的动态变化。

尽管在系统仿真中,我们要研究某些特殊时间点的系统状态,但一般来说,系统仿真是对系统状态在时间序列中的动态写照。

(5)系统仿真能够解决系统的随机性问题。

大多数的管理系统仿真属于随机性系统仿真。但是在某些情况下,为简化起见,我们可以采用确定性系统仿真来处理所研究的问题。

3.系统仿真在管理决策中的作用

系统仿真作为一种辅助管理决策和系统设计的现代化管理技术,具有以下几个方面的作用。

(1)深入了解和改进现有的实际运行系统。

如果在实际系统中进行实验,往往要花费大量的人力、物力、财力和时间,有时甚至是不可能实现的。而采用计算机仿真,可以在系统正常工作且不受干扰的情况下,通过仿真实验和结果分析,对现有系统在拟定工作条件下的性能作出正确的分析与评价,并预测其未来发展,提出改进方案。

(2)分析与评价新系统。

对于所设计的新系统,在未确定系统优劣的情况下,可以采用计算机仿真,对新系统的可行性和经济效益作出正确的分析与评价,帮助人们选择较优的系统设计方案。

(3)在不同的决策方案中择优。

在宏观与微观管理决策中,通过收集、处理和分析有关信息,可以拟定多个不同的决策方案,它们具有不同的决策变量和参数组合。针对这些不同的决策方案,进行多次计算机仿真运行,按照既定的目标函数对不同的决策方案进行分析比较,从中选出最优方案,辅助管理决策。

在交通运输和物流系统的规划、设计和管理中,有很多系统问题,如铁路编组站的作业组织、列车运行、动态交通分配、信号交叉口车辆运动、仓储规模与库存管理、物料运输调度、物流成本估算等,都需要运用系统仿真的方法研究解决。

1.2.2　系统仿真步骤

一般地,系统仿真需要经过问题描述和系统定义、建立系统模型、收集和整理数据资料、建立仿真模型并编制程序、调试程序并确认模型、实验设计、计算机仿真运行、仿真结果分析、建立文档、实施仿真决策等步骤,如图1-3所示。

1.问题描述和系统定义

这是系统仿真的首要阶段。在进行系统仿真前,必须对将研究的问题进行正确的定性或定量分析,明确系统仿真的目的和任务。在这个阶段要正确定义所研究的系统边界、组成和环境,正确决定评价仿真方案优劣的准则,即衡量系统性能或输出结果的目标函数。这个阶段工作的质量将直接影响系统仿真的质量和效率。

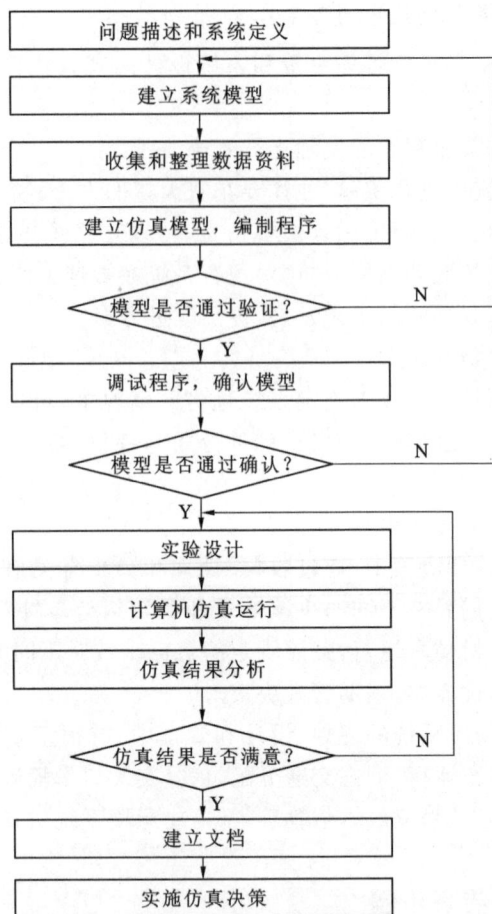

图 1-3 系统仿真的步骤

2.建立系统模型

根据系统结构、管理决策原则和作业规则,分析系统及各组成部分的状态变化和参数之间的数学逻辑关系,在此基础上建立所研究系统的数学逻辑模型。系统模型应该正确反映实际系统的本质,并且要繁简适宜。模型过于简化,无法全面、真实地反映实际系统,达不到研究系统的目的;模型过于详细,又会使模型显得烦琐,弱化了影响系统状态变化的主要因素,问题难以求解。因此,在建立系统模型时,可先建立考虑系统主要因素的较为简单的模型,之后再逐步完善模型。

3.收集和整理数据资料

在系统仿真中,需要输入大量的数据,这些数据的正确性直接影响仿真输出结果的正确性。因此,正确地收集和整理数据资料是系统仿真的一个重要步骤。数据资料包括数学模型计算所需的参数以及基础资料、各项随机变量的分布函数及其相应参数、系统各组成部分的相互关系的定性分析资料。

4.建立仿真模型,编制程序

运用通用的计算机程序语言或专用的仿真语言,将系统的数学逻辑模型转变为主要由计算机程序组成的仿真模型,以便在计算机上进行仿真运行。在这个阶段,要进行模型的验证,考察计算机仿真程序是否正确地反映系统的数学逻辑模型,必要时应进行相应的修改。

5.调试程序,确认模型

调试计算机程序,并进行调试性仿真运行,分析调试结果,进行模型的确认,主要检验所设计的数学逻辑模型是否正确地反映了现实系统的本质。在模型确认的过程中,需要相应地修改模型和调整计算机程序,直至数学逻辑模型的精度满足要求。

6.实验设计

根据仿真任务的目的,建立系统仿真运行的实验条件。其主要是指合理地设计由不同可控变量与参数组合的仿真方案,设定系统的初始条件,确定仿真运行长度,决定随机样本大小和独立仿真运行次数,等等。

7.计算机仿真运行

根据设定的系统仿真运行实验条件,进行计算机仿真运行,以获得丰富的仿真输出资料。应详细、准确地记录每次仿真运行的输入参数和输出结果,供分析之用。

8.仿真结果分析

仿真结果分析主要包括以下几个方面:由于仿真结果是一种实验数据,因此要计算样本均值、均值方差以及置信区间等指标来分析仿真结果的统计特征;进行灵敏度分析,考察输入参数变化对输出结果的影响;依据设定的目标函数,选择较优的方案。

9.建立文档

将经过验证、确认和运行考核的系统模型、计算机仿真程序以及相应的输入资料、输出资料和分析结论,建立文档以备查询。这些文档一方面供系统分析与设计人员改进和深化完善模型时参考,另一方面供管理决策人员完善决策和实施决策之用。

10. 实施仿真决策

实施经过计算机仿真实验辅助作出的管理决策。

1.2.3　系统仿真的应用和发展

系统仿真在应用需求的牵引下和有关学科发展的推动下,已经发展成为一项能在工业、农业、商业、教育、军事、交通、社会、经济、医学、娱乐、生活服务等众多领域广泛应用的技术,并发展成为人们认识和改造客观世界的一项通用性技术。国际上一致认为,系统仿真是迄今为止最为有效、经济的综合集成方法,是推动科技进步的战略技术。今天,在工程或非工程领域的系统规划、分析、设计、实施、维护、管理、人员培训等众多方面,掌握系统仿真方法、运用系统仿真工具已经成为基本的技能要求。

系统仿真技术近年来在交通运输与物流领域得到了广泛的应用,其重要性日益为人们所认识。下面对系统仿真在交通领域与物流领域中的作用进行简要介绍。

1. 系统仿真的应用

(1)交通运输系统。

以铁路运输系统为例,运输组织系统仿真的目标是建立基于路网的铁路运输仿真实验平台,在计算机上构造铁路运输生产布局与运输环境,仿真活动设备在固定设备上的移动过程,在不同程度上实现对路网条件下铁路运输生产状况和过程的动态仿真。利用仿真实验,可以对与列车运行组织相关的问题,如设备配置、运行组织方法和作业计划实施进行方案预测、评估、分析和检验。

(2)道路交通系统。

道路交通仿真是复现道路交通流时间与空间变化的技术,可分为宏观仿真、中观仿真和微观仿真。宏观仿真对交通系统的要素及行为的细节描述较为粗略,交通流可以通过流密速关系等一些集聚性的宏观模型来描述;中观仿真对交通系统的要素及行为的细节描述程度较高,对交通流的描述往往以若干辆车构成的队列为单元,能够描述队列在路段和节点的流入、流出行为,对车辆的车道变换之类的行为也能够以简单的方式近似描述;微观仿真对交通系统的要素及行为的细节描述程度最高,对交通流的描述是以单个车辆为基本单元的,车辆在道路上的跟车、超车及车道变换等微观行为都能得到较真实的反映。

(3)物流系统。

在物流系统研究中,系统仿真技术主要应用于物流系统规划与设计、仓储规模与库存管理、物料运输调度、物流成本估算以及物流系统的可靠性分析等。

2.系统仿真的发展

计算机仿真技术是一项应用技术。在近年来计算机、网络、图形图像、多媒体、软件工程、信息处理等技术发展的促进下,计算机仿真技术发展十分迅速。系统仿真技术发展的方向主要集中在以下几个方面。

(1)面向对象仿真与基于多智能体(multi-agent)技术的仿真。

面向对象仿真(object-oriented simulation)在理论上突破了传统仿真的观念,它根据组成系统的对象及其相互作用关系来构造仿真模型,模型的对象通常表示实际系统中相应的实体,从而缩小了模型与实际系统之间的差距,而且分析、设计和实现系统的观点与人们认识客观世界的自然思维方式极为一致,因而增加了仿真研究的直观性和易理解性。面向对象仿真具有内在的可扩充性和可重用性,因而为仿真大规模复杂系统提供了极为方便的手段。面向对象仿真容易实现与计算机图形学、人工智能/专家系统和管理决策科学的结合,从而可以形成新一代面向对象的仿真建模环境,更便于在决策支持和辅助管理中推广和普及仿真决策技术。

agent是指能够在复杂环境中执行任务的自主实体。multi-agent技术凭借其高度的并发性、强大的建模能力、对分布环境的适应性和良好的可扩充体系结构,得到广泛的应用,是当今计算机科学领域、信息工程领域和网络通信领域十分活跃的前沿技术之一。agent是并发执行的自主实体,具有逻辑规范的推理系统,采用语言行为协议和消息传递方式相互通信。agent成员之间相互协同,相互服务,共同完成一个任务,其自身的目标和行为不受其他agent成员的限制,它通过竞争或协商等手段协调解决各agent成员的目标和行为之间的矛盾和冲突。

(2)可视化、多媒体与虚拟现实仿真技术。

面向对象的仿真方法,提供了更为自然、直观的系统仿真框架,而实施框架则要进一步探讨创建高逼真的信息环境,使真实化环境、模型化的物理环境与用户融为一体,使作为研究主体的人身临其境,这种对人机和谐的仿真环境的探索已广泛展开,诸如可视化仿真(visual simulation)、多媒体仿真(multimedia simulation)、虚拟现实(virtual reality)等。

通过可视化仿真,数据及其他形成的信息通过可视化处理创建仿真分析环境或仿真虚拟环境,参试人员可通过视觉信息掌握系统中变量之间、变量与参数之间、变量与外部作用之间的变化关系,直接了解系统的静态与动态特性,通过信息系统展示的动态变化规律,深化对系统模型概念化和形象化的理解,而且可能获得灵感和启发,发现数据信息不能展示的现象。

通过多媒体仿真,利用系统分析的原理和信息技术,以更接近自然的多媒体形式建立描述系统内在变化规律的模型,并在计算机上以多媒体的形式再现系统动态演变过程,从而获取有关系统的感性和理性认识。

通过虚拟现实,由计算机全部或部分生成多维感觉环境,参与者可获得各种感官信号的刺激,如视觉、听觉、触觉等,产生身临其境的感觉,能体验、接受和认识客观世界中的事物。同时,人与虚拟环境之间可以进行多维信息的交互,参与者从定性和定量综合集成的虚拟环境中可以获得对客观世界中客观事物的感性和理性认识,从而深化概念,建造新的构想和创意。

(3)分布式交互仿真。

分布式交互仿真(distributed interactive simulation,DIS)是计算机仿真技术与网络技术相结合的产物,是"采用协调一致的结构、标准、协议和数据库,通过局域网、广域网将分布在各地的仿真设备互联并交互,同时可由人参与交互作用的一种综合环境"。DIS系统在功能上主要有分布性、交互性、实时性、集成性、开放性等特点。

(4)智能仿真。

计算机仿真与人工智能/专家系统的结合,推动系统仿真进入了新的领域。知识库仿真系统可以达到相关领域专家处理问题的水平,自动建模与仿真程序生成可以取代部分仿真建模与编程人员的工作,智能化仿真决策系统可辅助决策人员进行科学决策。人工智能与计算机仿真的关系表现为人工智能可以帮助人们进一步认识仿真,并利用人工智能技术实现智能建模、智能仿真和智能仿真查询应用,使计算机仿真技术进入一个新的智能化仿真阶段。

随着计算机技术的迅速发展,系统仿真技术在交通运输与物流系统的规划和管理中也将起到更加重要的作用。运用系统仿真技术,可以对交通运输与物流系统的规划和管理进行分析和决策,特别是对存在多种随机性变量及复杂逻辑关系的交通运输离散事件系统,系统仿真技术的作用更加重要。

系统仿真作为一门交叉学科,涉及系统工程、建模理论、计算机技术、网络技术、图形图像技术、软件工程、自动控制等相关知识。本书以系统仿真技术在交通运输与物流系统的规划和管理中的应用为指导,重点介绍系统仿真的基本概念、步骤和程序、建模方法、随机变量的生成、离散事件系统的仿真结果分析、仿真实验设计及优化以及部分应用实例。本书在内容组织上强调实用性,因此,读者在学习和参考本书时,应注重系统仿真方法的实际运用,特别是在仿真建模、仿真系统开发及仿真结果分析等方面的实际训练,以达到应有的学习效果。

1.2.4 系统仿真术语

系统仿真涉及如下三个要素:真实系统、数学模型和数字计算机。根据真实系统建立数学模型叫建模;用模型在数字计算机上做实验叫仿真。在系统仿真中,要用到许多基本的仿真术语,如实体、属性、活动、系统状态、事件、系统的环境、模型验证、模型确认等,下面具体介绍这些术语。

1. 实体

一个系统边界内部的客观对象称为实体,可分为永久性实体和临时性实体。

(1)永久性实体:指经常处于系统之内且数量保持相对稳定的实体。

(2)临时性实体:指先进入系统并在经过相应环节以后离开系统,且其在系统内的数量经常发生变化的实体。

在排队系统中,顾客、服务员以及系统的其他设施是系统中的实体,其中顾客可以看作临时性实体,而服务员以及系统的其他设施可认为是永久性实体。

图1-4为铁路编组站排队系统。系统中的列车、机车、列检组、驼峰、线路等是系统中的实体,其中列车是临时性实体,而机车、列检组、驼峰、线路等是永久性实体。

图1-5为物流配送中心随机库存系统。入库子系统:无序的入库商品首先要验收,然后组装成集装单元货物。存储子系统:入库商品在各保管区分类保管。出库子系统:出库时按提货单进行拣选、汇合、验收、装车、出库。该系统中到达的货物、库存的货物、发出的货物、库存设施是系统中的实体,其中,到达的货物、库存的货物、发出的货物等是系统的临时性实体,而库存设施等是系统的永久性实体。

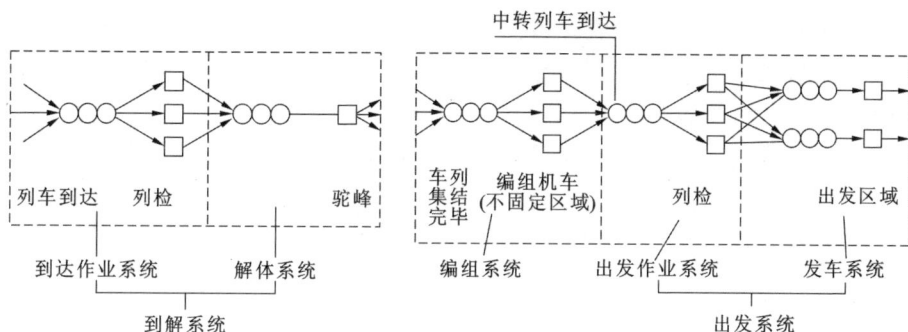

图1-4 铁路编组站排队系统

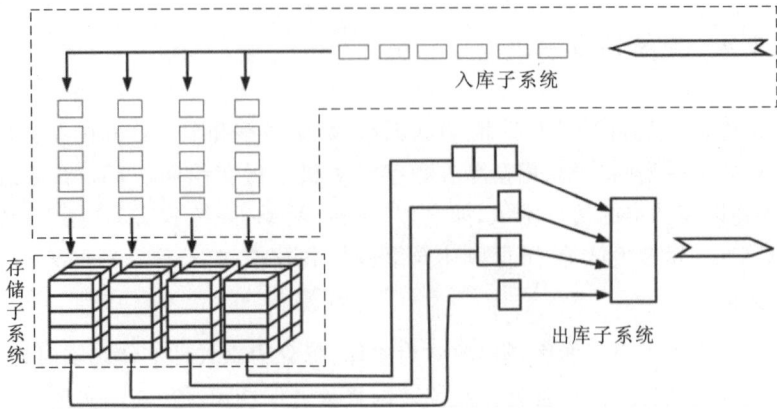

图 1-5　物流配送中心随机库存系统

2.属性

属性是指系统实体的特性。

在排队系统中,可用顾客达到强度、服务员的服务强度、排队场地的容量等来描述系统中的各实体特性。

在编组站排队系统中,描述到达作业系统实体特性的变量和参数包括列车到达强度(列车到达间隔时间)、到达场线路数量、到达列检作业时间、列检组数量等;描述解体系统实体特性的变量和参数包括解体列车输入强度、列车解体作业时间、驼峰作业方案等;描述编组系统实体特性的变量和参数包括集结完毕列车的输入强度、列车编组作业时间、编组牵出线数量等;描述出发系统实体特性的变量和参数包括出发列车输入强度、出发场线路数量、列车出发作业时间、出发列检作业时间等。

在道路信号交叉口系统中,描述发车子系统实体特性的变量和参数包括平均达到率;描述运动子系统实体特性的变量和参数包括车头时距;描述显示子系统实体特性的变量和参数包括交叉口的停车率及车辆延误时间;描述信号灯时序子系统实体特性的变量和参数包括周期长度及绿信比。

在随机库存系统中,描述预订到货子系统实体特性的变量和参数包括提前订货时间、提前时间内需要量;描述实际库存量子系统实体特性的变量和参数包括每周期期望库存量、每周期期望缺货数;描述重新订货子系统实体特性的变量和参数包括订货点、订货量等。

3.活动

活动是指占用一定的时间和资源,导致系统状态改变的一定过程。发生于系统内部的活动称为系统的内生活动;发生于环境并对系统产生影响的活动称为系统的外生活动。

在排队系统中,顾客接受服务、排队等待等都是顾客在系统中的活动。

在编组站排队系统中,活动包括到达作业、解体作业、编组作业、出发作业以及发车作业等。

在道路信号交叉口系统中,活动包括发车、运动、显示及信号灯时序等。

在随机库存系统中,活动包括预订货物作业、实际库存量统计作业以及重新订货作业等。

4. 系统状态

系统状态是指在某时间点对系统的所有实体、属性和活动的描述。

在排队系统中,某一时间点上,系统中顾客的数量及正在进行的活动、服务员繁忙或空闲的状态、排队设施的占用情况等都可以是该系统的状态。

在编组站排队系统中,某一时间点上,处于不同作业状态的列车和车辆的数量、列检组繁忙或空闲的情况等都是该系统的状态。系统可能在以下几种情况下发生状态变化:列车到达到达场、车列解体完毕、车辆进入编组系统、车列编组完毕、车列进入出发场等。

在随机库存系统中,某一时间点上的库存货物数量、进货和发货的数量等都是该系统的状态。对于库存货物的数量,存在缺货和足货两种不同的状态。系统可能在以下几种情况下发生状态变化:预订货物到达、预订货物发送等。

5. 事件

事件是指引起系统状态发生瞬间变化的事实,可以是一个实体的产生或消失、系统实体属性值的改变或者一项活动的开始或结束。事件可以分为时间事件和状态事件。

(1)时间事件:按系统的作业规则在预定时间发生的事件。

(2)状态事件:当系统状态符合某种条件时发生的事件。

在排队系统中,顾客到达、顾客开始接受服务、顾客接受服务完毕、顾客离开系统等是系统的事件。其中,顾客到达为时间事件,可能会引起系统的队长增加,也可能会引起系统服务台状态从"闲"变成"忙"。顾客接受服务完毕为状态事件,可能会引起系统的队长变短,也可能会引起系统服务台状态从"忙"变成"闲"。此外,某一事件的发生可能会引起别的事件发生,如"顾客接受服务完毕"事件可能会引发"顾客离开系统"事件。

在编组站排队系统中,列车到达、到达列检作业开始和完毕、车列解体作业开始和完毕、车辆进入编组场开始集结、车列集结完毕、车列编组作业开始和完毕、车列进入出发场、出发列检作业开始和完毕、列车出发等是系统的事件。其中,列车到达、到达列检作业完毕、车列解体作业完毕、车列编组作业完毕、出发列检作业完毕、列车出发等是时间事件;而到达列检作业开始、车列解体作业开始、车列集结完毕、车列编组作业开始、出发列检作业开始等是状态事件。

在道路信号交叉口系统中,发生的事件有车辆到达交叉口、车辆经过交叉口、车辆离开交叉口等。其中,车辆到达交叉口是时间事件,车辆离开交叉口是状态事件。

在随机库存系统中,发生的事件有货物需求发生事件、货物到达事件、库存检查事件、订货事件等。其中,货物到达事件是时间事件,订货事件是状态事件。

6. 系统的环境

存在于系统周围的对象和过程(实体和活动)称为系统的环境。系统的内生活动和外生活动确定了系统的边界。

7. 模型验证

检验计算机仿真程序是否正确反映了系统模型。

8. 模型确认

检验系统模型是否正确描述了现实系统。

1.2.5 系统仿真的类型

系统仿真有三种类型:离散型、连续型和复合型。一般地,系统仿真的主要自变量为仿真时间,其他变量为因变量,因变量可表示为时间的函数。

1. 离散型仿真

离散型仿真中,因变量在与事件时间有关的具体仿真时间点呈离散性变化,如图 1-6 所示,而仿真时间可以是连续的或离散的,这取决于因变量的离散性变化是在任何时间点变化还是仅在某些特殊时间点变化。

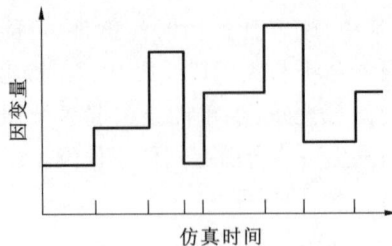

图 1-6 离散型仿真中因变量随仿真时间的变化

例如,对编组站排队系统进行的仿真中,车列在到达作业系统、解体系统、编组系统、出发作业系统及发车系统中的作业状态可以分别用列车到达、排队等待、正在作业、离开及车列数表示,各状态变量将在离散的时间点上发生变化。

对公共汽车的运行状态进行的仿真中,运行状态变量包括行驶、到站停车、受交通信号灯控制而暂时停车、车上乘客人数及售票金额等,公共汽车在行驶过程中受拥挤程度、交通信号灯等随机因素的影响,各状态变量将在离散的时间点上发生变化。车上乘客人数仅在到站停车的时间点上发生变化,同时由于乘客目的地的随机性和不同车站乘客乘车的随机性,车上乘客人数和售票金额等将是离散型随机变量,其数值仅在离散的时间点上发生跃变。

图 1-7 表明了在公共汽车的运行状态仿真中,状态变量的动态变化特征。

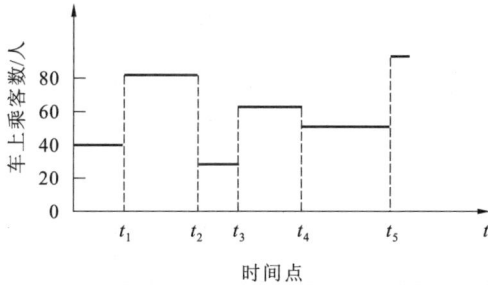

图 1-7 在公共汽车运行状态仿真中车上乘客数的动态变化特征

2.连续型仿真

连续型仿真中,因变量随仿真时间呈连续性变化,如图 1-8 所示。同样地,仿真时间可以是连续的,也可以是离散的。

例如,飞机的飞行高度与飞行速度的关系、导弹的飞行轨迹,以及人口变化的动态方程等,都可构造成连续型仿真模型。图 1-9 表明了在飞机飞行状态仿真中,状态变量的动态变化特征。

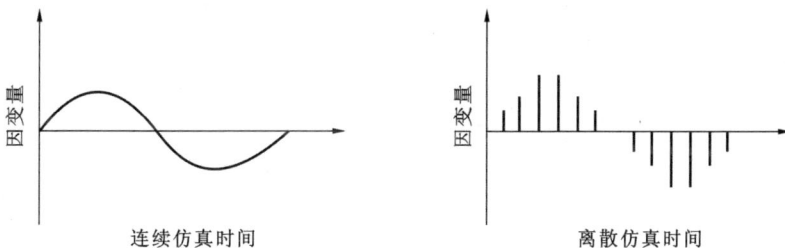

图 1-8 连续型仿真中因变量随仿真时间的变化

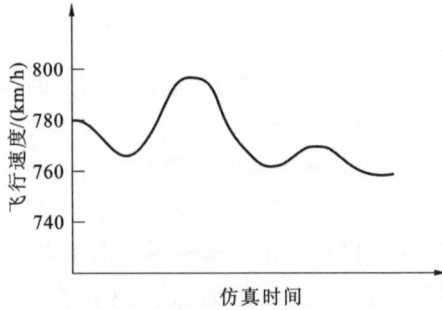

图 1-9　在飞机飞行状态仿真中飞行速度的动态变化特征

3. 复合型仿真

如图 1-10 所示,复合型仿真中,因变量随仿真时间呈连续性及离散性变化,或者呈连续性变化但有离散性突变。自变量仿真时间可以是连续的,也可以是离散的。

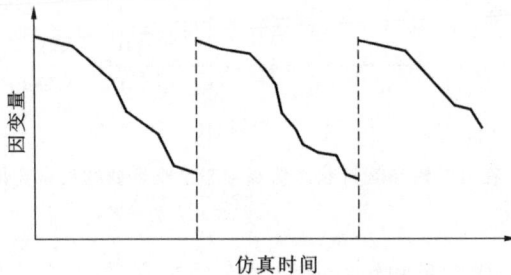

图 1-10　复合型仿真中因变量随仿真时间的变化

例如,油船向港口炼油厂输送原油的过程,就是一种典型的复合型仿真模型。当油船到达港口并与输油管道连接时,系统中输入原油流量、油罐贮量及炼油量等状态变量均呈连续变化状态,但是,当油船输完油离港时,或油船船队均处于航行中时,系统的输入原油流量将降至 0。而当油罐贮量达到最低贮量时,停止向炼油厂供油,则炼油量也将降至 0。因此系统的状态变量将呈现离散与连续交替变化的状态。

图 1-11 表明了在油船向港口炼油厂输送原油过程的仿真中,状态变量的动态变化特征。

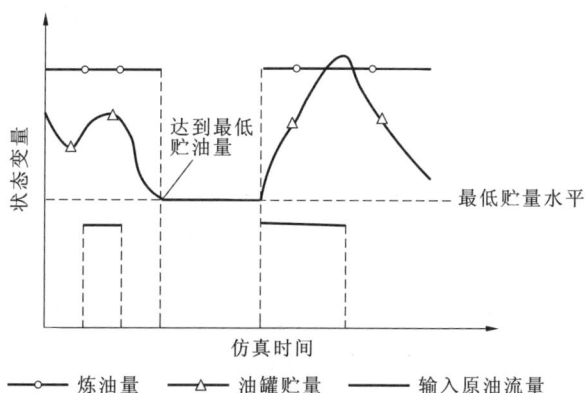

图 1-11　在油船向港口炼油厂输送原油过程的仿真中状态变量的动态变化特征

1.2.6　系统仿真模型建立的基本原则

系统仿真模型的质量将直接影响系统仿真的精度和效率。系统仿真建模是系统仿真的首要环节。一般来说,建立系统仿真模型应该遵循以下原则。

1.客观真实性

作为系统仿真基础的系统模型必须客观真实地反映所研究的现实系统的本质。现实系统是十分复杂的,因此,建立系统仿真模型也具有一定的难度。

在建模中要对现实系统进行全面、深入、细致的调查研究,掌握大量的资料,取得感性认识。将丰富的感性材料去粗取精、去伪存真、由此及彼、由表及里,完全把握现实系统,反映系统的本质和内部规律,形成概念和理论的系统,从感性认识飞跃到理性认识。系统模型源于现实系统,但又高于现实系统,系统模型能够更深刻、更集中地反映现实系统的主要特征和规律。

2.目的性

系统仿真的研究目的通常可以分为以下几个方面。

(1)评价系统:依据既定的准则,对一个现实系统或计划建立的新系统进行性能评价。

(2)方案比较:对不同的管理决策或系统设计方案进行分析比较,从中选择较优方案。

(3)系统预测:预测系统在既定条件下的工作绩效和未来发展情况。

(4)灵敏度分析:在众多的影响因素中找出哪些是对系统工作影响最大的因素,并分析它的影响程度。

(5)系统优化:准确地判断出在何种决策变量或影响因素的组合下,能够获得最佳的系统响应。

(6)探求函数关系:通过系统仿真探明决策变量或影响因素与系统响应之间的具体函数关系。

对于同一个系统,研究的目的不同,仿真模型也不同。

3.清晰性

一个模型必须能清楚、明确地描述所研究的系统结构及其重要的内在联系,避免含糊不清、模棱两可和二义性,要易于为人们所理解和掌握。

一个复杂的系统往往由多个子系统组成,相应地,一个复杂系统的模型也可能由多个子模型组成。这时,要清晰地表述模型结构和子模型之间的相互关系。

4.继承和创新相结合

在系统建模中,要综合运用管理工程、系统工程、应用数学和计算机科学等多学科的理论和方法。要尽量利用或借鉴有关学科已经开发的有关模型,充分利用它们提供的各种方法,如数学解析法、统计分析方法、各种运筹学方法等。并根据问题特征,对已有方法进行有针对性的改进。如此,通过在继承的前提下创新解题方法,推动问题得到有效解决。

2 建模仿真之数据描述性统计分析

2.1 数据来源

2.1.1 数据决策的重要性

英国的《不列颠百科全书》对统计给出了一个简单明了且形象生动的定义：统计是收集和分析数据的科学与艺术。这句话告诉我们，统计学的研究对象是数据。统计能做两件事：一是收集数据，二是分析数据。俗话说："巧妇难为无米之炊。"那么，对统计来说，我们不能做无数据之炊。

必须注意的是，巧妇可以等丈夫买来米之后下锅，我们却不能等数据下锅，不能认为所谓统计工作就是有了数据之后用数学方法去分析数据，这是对统计的误解。分析数据仅仅是统计的一项工作。统计还有另一项工作，那就是收集数据。而且收集数据所花的时间、财力与精力不比分析数据少，甚至会更多。有种说法称，收集到高质量（能说明问题）的数据比分析数据更为重要，这样的说法并不过分。为什么这样说呢？那是因为数据是决策的一个非常重要的依据。

1.商场选址

上海克莉丝汀食品店选址时，与地图方位相比，公司网点开发部更看中新店铺实际可吸纳的客流量，通过专人用计表器测算可能的客源，达到一定的数量后他们才会提交报告。这是他们在网点选址前要做的必要的定量分析。除用计表器测客流量外，克莉丝汀有一整套扩张全攻略。他们在做网点规划时，首先根据该城市居民人均可支配收入考虑网点数；再根据公司的定位，将网点定在客流量最集中的地方，在南京路、淮海路和豫园商场等商圈网点并不多见，网点主要是跟着社区走,沿着地铁走,而且很多店铺都选在十字路口拐角处,四面都可以看到克莉丝汀的招牌。

肯德基在开一家新店前会进行如下的商圈研究。

(1)周边情况:周边商厦、饮食店、学校、娱乐场所、公交站点的数量和分布等。

(2)半径范围:从拟建的餐厅出发,朝不同方向步行 0.5 分钟、1 分钟、1.5 分钟乃至 5 分钟所能到达的上述设施的准确位置。

(3)人流量测试:在拟建的餐厅处,周一至周日,每天按不同时段严格统计人流量。

2.品牌的认知度与购买意愿

康泰克"早一粒,晚一粒"的广告用语曾经家喻户晓。但自 2000 年 11 月 15 日起,媒体曝光其含有 PPA(苯丙醇胺)后,占国内感冒药市场六成的康泰克突然退出市场。这给中美天津史克制药有限公司(简称中美史克)带来了巨大的损失。但仅事隔 9 个月,2001 年 8 月,不含 PPA,代之以 PSE(盐酸伪麻黄碱),同时保留扑尔敏成分的新康泰克上市。中美史克敢于耗资 1.45 亿元上马新康泰克,和其前期所做的市场调查有关。北京美兰德信息咨询有限公司对北京、上海等 20 座城市的感冒药市场进行的调查表明,康泰克在全国享有 89.6% 的认知度,90% 的被调查者表示"会接受"或"可以接受"康泰克重回市场。正因为确信约 90% 的人知道康泰克,确信 90% 的人愿意继续使用不含 PPA 的康泰克,中美史克才确信康泰克可以复活。

企业在开发新产品前都要进行市场调查,了解顾客对品牌的认知度与购买意愿等情况。所谓品牌的认知度,就是对品牌内涵及价值的认识与理解程度。市场调查与研究的内容非常丰富。例如,调查什么问题,向谁调查,调查多少人,如何保证调查质量,以及调查数据的处理分析等,这些都要用到统计的理论和方法。

我们这里所说的数据并不仅仅是数值的意思。数据的英文是"data",它是拉丁文"datum"的复数形式,其含义简单地说是"事实资料"。本书所说的数据既包括数值型资料,也包括文字型资料。

下面简要介绍收集数据时所用的调查、观察和试验这 3 个方法,以及在收集数据时应该注意的一些问题。

2.1.2 调查数据

调查有两种类型:普查(又称全面调查)与抽样调查。一般来说,普查是为某个特定目的专门组织的某个地区甚至全国的一次全面调查。我国在 1953 年组织了第一次全国人口普查,接着于 1964 年与 1982 年分别组织了第二次与第三次全国人口普查。在第三次全国人口普查之后,我国按世界各国的惯例,逢"0"年进行人口普查。1990 年、2000 年、2010 年、2020 年分别组织了第四次、第五次、第六次、第七次全国人口普查。人口调查的英文"census"来源于拉丁文"censere",意指收税。普查涉及每一个个体,调查工作量大,所需要的人力、物力、财力和时间都非常多,因而只能间隔一段比较长的时间再进行一次。两次普查之间,可使用抽样调查获取数据。例如,我国今后每隔 10 年,逢"0"年将进行人口普查。而在两次人口普查之间,逢"5"年将进行人口抽样调查。

前面所说的"商场选址""康泰克要不要复活"等问题的数据都是通过抽样调查获得的。所谓抽样调查,就是仅调查一部分个体。人们习惯称这一部分被调查的个体为样本,称样本的大小为样本容量,而将所研究的个体的全体称为总体。从总体抽取样本的过程称为抽样。抽样调查就是由部分样本数据推断总体的数量规律性,或简单地说,抽样调查即由样本推断总体。例如,民意调查,简单地说,就是就某一问题对一部分人提问,然后将他们的回答汇总在一起,推测整个社会对这个问题的看法。

抽样调查如图 2-1 所示。

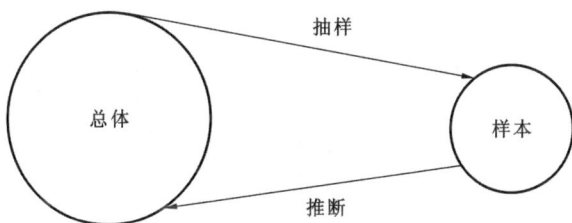

图 2-1　抽样调查

我国从 20 世纪 80 年代起就在每两次人口普查的中间进行一次全国 1‰ 人口抽样调查。所谓 1‰ 人口抽样调查,就是抽取全国总人口的 1‰ 进行调查,然后由这 1‰ 人口的数据推断我国总人口的数量规律性。我国于 1987 年、1995 年、2005 年和 2015 年分别组织了第一次、第二次、第三次和第四次全国 1‰ 人口抽样调查。此外,1987 年与 2006 年分别组织了第一次与第二次全国残疾人抽样调查。

由于仅调查一部分个体,因此根据抽样调查的部分数据推断总体的数量规律难免有误差。然而其推断有统计的理论和方法支撑,因此抽样调查可以控制误差。例如对于民意调查来说,所谓控制误差,通常就是考虑这样一个问题:究竟向多少人提问,才能使汇总得到的结论和整个社会的实际情况很接近? 控制误差,也就是考虑样本容量多大为好,抽怎样的一组样本进行调查,如何抽取样本,如何调查,以及如何由样本推断总体等,这些都要用到统计理论和方法。

和普查相比,抽样调查不失为一个既节省人力、财力、物力和时间,又可靠的调查方法。普查花费的时间长、精力多,而抽样调查花费的时间和精力比普查少得多,强调速战速决。普查调查每一个个体,这样得出的结论理应是最精确的。但长时间的工作使得人的精神不容易集中,调查和登记数据很有可能会出错。因而普查后,通常还要使用抽样调查的方法来评价普查数据的登记质量。而速战速决的抽样调查工作时间不长,人的精神更易集中,能控制好数据质量,调查和登记数据反而不会出大错。

2.1.3 观察数据

下面是观察数据的两个事例,它们都很有趣,发人深省。

1.尿布与啤酒

超市,尤其是小型超市,常将婴幼儿的尿布与啤酒放在一起出售,这是因为店主在观察营业数据时发现,这一天如果尿布卖得多,啤酒往往也卖得多,而且尿布与啤酒通常是同一个人买的。进一步观察发现,既买尿布又买啤酒的人往往是男性。一般家里没有尿布了,孩子母亲照顾孩子,孩子父亲去买尿布。孩子父亲买尿布时顺便拿了啤酒。这个例子说明超市每天都有"海量般"的营业数据。对这些观察数据进行统计分析将获得许多对经营超市有用的信息,例如哪些货物畅销,哪些货物滞销,哪些类别的货物应该放在一起,哪些类别的货物应该放在让人容易拿到的地方等。

2.格朗特对"死亡公报"中数据的观察分析

从 1604 年起,英国伦敦教会每周发行一本"死亡公报"。公报记录了一周内死亡者和出生者的名单。死者按 81 种死因(内含 63 种病因)分类。公报中男性和女性按不同地区分开统计。英国人格朗特对从 1604 年第 1 期至 1662 年第 3000 多期公报中的数据进行观察、整理、分析。在当时没有电脑的情况下,格朗特整理这批数据的工作量可想而知。1662 年,他的著作《关于死亡率的自然观察和政治观察》(简称《观察》)出版。该书出版之后评价很高,格朗特立即被当年刚成立的英国皇家学会吸收为会员。

格朗特的《观察》被认为是近代统计学发展的起点。书中有很多表是格朗特对公报的数据进行整理后列出的,并给出了如下一系列结论。

(1)新生儿的男女性别比为 14:13。

(2)各年龄组男性死亡率皆高于女性。

（3）与成年人相比，新生儿的死亡率较高。

（4）与乡村相比，大城市的死亡率较高。

（5）一般疾病和事故的死亡率较稳定。

（6）传染病的死亡率波动较大，传染病流行时的死亡率比不流行时的死亡率高得多。

众所周知，生男生女机会均等。格朗特根据3000多期"死亡公报"中的新生儿数据，得出新生儿的男女性别比为14∶13。如果只经过为数不多的观察，是得不出"新生儿的男女性别比为14∶13"这个结论的。只有经过很多次的观察，才能发现这样的一个结论。这就是统计学中的"大数法则"。观察、整理和分析海量的数据，根据"大数法则"，可以发现自然与社会现象的客观规律。

尽管新生儿中女少男多，但随着年龄的增加，女性人数减少得慢，而男性人数减少得快，性别比越来越小。例如，2006年底，上海市 60 岁及以上老年人口性别比为86.2；65 岁及以上老年人口性别比为81.3；80 岁及以上老年人口性别比为62.6；100 岁及以上老年人口性别比为 25.9。

在数据尤其是在海量的数据中寻找信息的工作，通常被比喻为采掘矿藏。原始数据是杂乱无章的。本书介绍的分析数据的方法和理论，将有助于我们从杂乱无章的数据中提炼出有用的信息。矿石中含有很多的杂质，只有剔除了杂质才能把矿提炼出来。与此相类似地，杂乱无章的原始数据中既包含着有用的信息，也包含着无用甚至误导我们的信息。识别并剔除或校正这些无用的甚至误导我们的信息的工作至关重要。这个工作也需要使用统计的理论和方法。必须指出的是，识别并剔除或校正异常值的工作依赖于人们对统计数据敏锐的观察力，以及对问题的实际背景的理解。下面让我们看看格朗特在《观察》中是如何做的。

格朗特在《观察》中提出了数据是否可信的问题。倘若有人篡改数据（数据有水分），或书写记录有误、度量仪器失灵等，则这样得到的观察数据称为异常值。格朗特在《观察》中发现了这样一个异常情况，其与黑死病（the black death，鼠疫）有关。1347—1352 年，黑死病在欧洲暴发，导致 2500 多万人丧生。在随后的 300 多年间，黑死病仍然周期性地暴发。黑死病是传染病，其死亡率波动较大。在黑死病流行时其死亡率高，在它不流行时其死亡率低。1603 年 4—12 月和 1625 年 4—12 月都是黑死病流行时期。格朗特发现这两个时间段的死亡情况（见表2-1）有很大的不同，1625 年黑死病死亡人数的比例 68.4％比 1603 年的 81.9％降低了很多，这引起了格朗特的注意。

表 2-1　　　　　　　　　　黑死病死亡情况的比较

时间	死亡总人数/人	黑死病死亡人数/人	黑死病死亡人数所占的比例/%
1603 年 4—12 月	37294	30561	81.9
1625 年 4—12 月	51758	35417	68.4

由表 2-1 可知：

1603 年 4—12 月，非黑死病死亡人数为 37294－30561＝6733（人）；

1625 年 4—12 月，非黑死病死亡人数为 51758－35417＝16341（人）。

考虑到一般疾病的死亡率比较稳定，因而格朗特认为，1625 年 4—12 月非黑死病死亡人数并非是 16341 人。进一步调查发现，不少死者家属行贿，死亡原因本该登记为因黑死病死亡的被改为其他原因死亡。这也就是说，伦敦教会"死亡公报"记载的 1625 年 4—12 月死于黑死病的 35417 人被识别为异常值，死于黑死病的真实人数大于 35417 人。这也就是通常所说的数据有水分。

发现了异常值之后，接下来的问题就是如何对它进行校正。下面给出一个简单的校正方法。

正如格朗特所说，1625 年前后，在黑死病未流行时，非黑死病年死亡人数基本上稳定在 7000～8000 人。故平均而言，在 4—12 月这 9 个月里，非黑死病年死亡人数在 5250～6000 人。在黑死病流行的 1603 年 4—12 月，非黑死病死亡人数为 6733 人。将这几个方面的情况综合在一起，可以估计 1625 年 4—12 月非黑死病死亡人数为 6500 人，从而可以估计 1625 年 4—12 月黑死病死亡人数为 51758－6500＝45258 人。也就是说，将原先观察到的黑死病死亡人数，即异常值 35417 人校正为 45258 人。所以 1625 年 4—12 月黑死病死亡人数所占的比例为 45258÷51758 ＝ 87.4%。这就仅比计算得到的 1603 年 4—12 月黑死病死亡人数所占的比例 81.9% 稍大一些。这样看来，将 1625 年 4—12 月黑死病死亡人数，即有水分的异常值 35417 人校正为 45258 人是比较合理的。当然，这仅仅是个案，所采用的方法并不能照搬用以解决其他的有水分的异常值的识别与校正问题。此类问题的解决往往需要具体问题具体分析，依赖于我们对所研究的问题的实际背景的理解。

异常值产生的原因除篡改数据（数据有水分）之外，还可能是书写记录有误、度量仪器失灵等。下面介绍的"莱茵河多长"就是书写记录有误产生异常值的一个例子。

莱茵河是世界上最繁忙的水道之一,它的长度在欧洲排名第三,仅次于伏尔加河和多瑙河。莱茵河源头在瑞士格劳宾登州阿尔卑斯山区。它流经列支敦士登、奥地利、德国和法国,直到荷兰湾的出海口。截至 2017 年,从各大百科全书、官方文件到学校教科书,都说莱茵河总长 1320km。德国科隆大学的生物学家布鲁诺·克雷默在查阅资料时,无意中发现莱茵河的长度并非一贯认为的 1320km,而是大约 1230km。克雷默说,20 世纪初,许多文献记载莱茵河总长约 1230km。首次错误出现在 1932 年的《克瑙尔氏百科全书》中。很可能当时有人粗心地把十位和百位上的数字颠倒,将莱茵河的长度误写为 1320km。随后人们就互相引用这一错误的数字。而某些专业书籍中记载的正确数字——莱茵河总长约 1230km,此前却没有引起人们的重视。克雷默测算,莱茵河总长应该为 1233km 左右。

判断两个量有没有关系、有什么样的关系是数据分析的一个目的。例如,格朗特通过数据分析发现死亡率与性别、年龄、居住地以及疾病类型等都有关系;一般疾病与传染病相比,一般疾病的死亡率较稳定而传染病的死亡率波动较大;导致意外死亡的原因可能是传染病,也可能是(意外伤亡)事故,两者相比,传染病的死亡率波动较大而事故的死亡率较稳定。需要指出的是,在分析观察数据时找到的两个量之间的关系有可能是"假"的,也就是说,所观察到的仅仅是表面现象,它们其实没有这种关系。

辛普森(E. H. Simpson)是英国统计学家,他于 1951 年提出了一个悖论:两组数据,分开讨论得到某种性质,可合并考虑却得到不一样的结论。

后来为纪念辛普森,人们将他提出的这种类型的悖论称为辛普森悖论。分析数据,尤其是分析观察数据时,必须注意分开讨论与合并考虑会不会发生矛盾,即有没有发生辛普森悖论。怎样分开讨论至关重要。这就需要我们在分析两个量时,寻找到第三个量。显然,如何寻找第三个量非常关键,解决这个问题需要具体问题具体分析。

2.1.4 试验数据

除了观察和调查,数据还可以通过试验得到。最为简单的试验方法就是模拟。

1. 随机化对照比较双盲试验

脊髓灰质炎俗称小儿麻痹症。20 世纪 60 年代以前,脊髓灰质炎是令人惧怕的疾病之一,严重威胁着人类的健康,尤其是儿童的健康。美国总统富兰克林·罗斯福年轻时就不幸染上脊髓灰质炎。在他任职期间,美国开展了规模空前的根治脊髓灰质炎的研究。研究的一项重要工作就是寻找脊髓灰质炎的病因。经研究发现,它是由一种病毒引起的。研究的另一项重要工作就是制定脊髓灰质炎的预防措施。天花也是由病毒引起的,当然,引起天花与引起脊髓灰质炎的是两种不同的病毒。既然天花可通过接种疫苗来预防,那么脊髓灰质炎亦可以,于是,研制疫苗也是预防脊髓灰质炎的主要工作。

20世纪50年代初,美国小儿麻痹症防治基金会(NFIP)召开的顾问委员会会议认为,由匹兹堡大学乔纳斯·索尔克(Jonas Salk)研制的疫苗,在实验室试验中被证实不仅安全、可靠,而且能在人体中产生大量抗体。但疫苗能否推广使用,还需要进行一次大规模的现场试验。1954年,美国公共卫生总署决定组织脊髓灰质炎疫苗试验。试验对象是那些最容易感染小儿麻痹症的人群——小学一、二、三年级的学生。这是一个对照比较的试验,比较接种疫苗与没有接种疫苗的儿童有没有差别,看看疫苗究竟有没有作用。

关于脊髓灰质炎的现场试验,很容易想到的一个试验方案是:与过去比。考虑到1953年儿童并没有接种疫苗,若1954年儿童接种疫苗后脊髓灰质炎发病率较1953年相比明显下降,就说明疫苗有效。这个试验方案经过论证,被认为是不可行的,其原因就在于脊髓灰质炎是一种流行病,而流行病的发病率每年变化很大。1930—1953年美国脊髓灰质炎发病记录如图2-2所示。

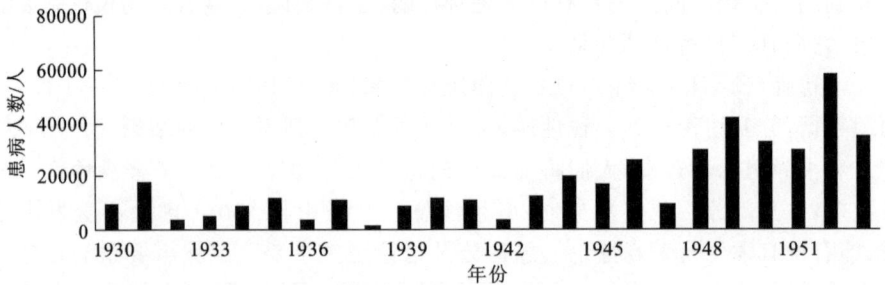

图 2-2 1930—1953 年美国脊髓灰质炎发病记录

从图2-2中可以看出,1952年有近6万个病例,而1953年只有不到4万个病例。1952年和1953年儿童都没有接种疫苗,但是它们的病例数相差很大。由此看来,接种疫苗后(1954年)的低发病率可能是由于疫苗有效,也可能是因为当年没有流行此病。

人们习惯与过去比。例如,在判断一种新药(或一种新的治疗方案)有没有价值的时候,人们常会在一组病人身上做试验,并与过去使用原有的药(或旧的治疗方案)的情况相比较。对于这种类型的对照比较务必小心,因为除了服用的药(或采用的治疗方案)不同,过去与现在很可能还有一些不同,而这些不同有可能影响疗效。

接种疫苗是有风险的。一旦疫苗有问题就会危及儿童的健康。因而儿童接种疫苗,必须取得其父母的同意。由此提出一个试验方案:取得父母同意的儿童接种疫苗,父母不同意的儿童不接种疫苗,将这两组儿童进行比较。通常将接种疫苗的这一组儿童称为处理组,而将没有接种疫苗的这一组儿童称为对照组。经过论证,这个试验方案仍然不可行。

引起脊髓灰质炎的病毒十分普遍,大多数成年人在一生的某个时期可能都曾感染过脊髓灰质炎病毒。有的成年人发病,有的成年人没有发病。没有发病的成年人很可能从来没有意识到自己感染过脊髓灰质炎病毒。感染了脊髓灰质炎病毒,不论有没有发病,自身对病毒产生了抗体,就会终身免疫。这就可用来解释一个奇怪的现象,脊髓灰质炎似乎"偏爱"那些卫生保健条件较好的人。人们发现,居住条件较好的地区得脊髓灰质炎的人较多。那些卫生条件很差的地区,婴儿刚诞生很可能就已经接触到脊髓灰质炎病毒,但母亲遗传的免疫力可能在保护他。因而居住条件差的地区得脊髓灰质炎的人比较少。一般来说,父母同意儿童接种疫苗的家庭的受教育程度往往比较高,家境比较富裕,居住条件相对较好。而父母不同意儿童接种疫苗的家庭的受教育程度往往比较低,家境比较贫穷,居住条件相对差。人们发现,愿意参加试验的儿童,其逃学次数明显少于其他儿童。由此可见,处理组儿童的家庭与对照组儿童的家庭有显著的差异。在疫苗有效的时候,这样的差异很可能使得接种疫苗的处理组儿童脊髓灰质炎的发病情况并没有明显地比没有接种疫苗的对照组儿童的发病情况好。也就是说,在疫苗有效的时候,这个试验方案不利于人们看到疫苗的效果。

事实上,儿童不接种疫苗也必须取得其父母的同意,这是因为不接种疫苗也有风险。一旦疫苗有效,则没有接种疫苗的儿童若感染了脊髓灰质炎,同样会对其健康产生危害。无论儿童是否接种疫苗,都必须取得其父母的同意。也就是说,处理组和对照组的儿童都应来自父母同意参与试验的家庭。接下来的问题是如何将这些父母同意参与试验的儿童分配到处理组或对照组。根据人的判断将这些儿童划分为两组的方法实施起来不仅不容易,而且很有可能导致不均匀。所谓"均匀",就是处理组与对照组的儿童各个方面的情况都差不多。倘若一组男生多另一组女生多,一组健康的儿童多另一组健康的儿童少,一组学习成绩好的多另一组学习成绩差的多,一组家庭收入高的多另一组家庭收入低的多,一组性格开朗活泼的多另一组性格开朗活泼的少,那么这样的两组显然就不是均匀分组。由此看来,根据人的判断分组不仅费人力、财力、物力和时间,而且不可靠,难以分得均匀。最简单、最恰当的分组方法就是随机分配。例如,扔一枚均匀的硬币,以 50% 对 50% 的机会将儿童分配到处理组或对照组。根据概率统计的理论可以知道,随机分配得到的处理组与对照组在各个方面的情况差不多完全一致。父母同意参与试验的儿童越多，分成的两组就会越均匀。

整个试验期间都需要医生给处理组（接种疫苗）和对照组（没有接种疫苗）的儿童进行诊断，检查参加试验的儿童是否感染了脊髓灰质炎。因为难以诊断某个人是否有脊髓灰质炎的症状，所以在诊断的过程中有不少的疑难病例。一般来说，人们倾向于希望疫苗成功。由此看来，倘若医生知道哪些接种了疫苗，哪些没有接种疫苗，则他很有可能有这样一种倾向，在诊断接种疫苗的儿童时将一些疑难病例轻率地诊断为非脊髓灰质炎，而不加以深入的检查；在诊断没有接种疫苗的儿童时将一些疑难病例轻率地诊断为脊髓灰质炎，同样不加以深入的检查。医生必须做到"盲"，他不知道参加试验的儿童谁在处理组（接种疫苗），谁在对照组（没有接种疫苗）。同样的道理，参加试验的儿童也必须做到"盲"，他不知道自己以及别人是在处理组还是在对照组。做到这样两个"盲"的试验称为双盲试验。双盲试验给处理组的儿童接种疫苗，给对照组的儿童接种安慰剂。安慰剂看上去和疫苗一模一样，但它不会产生抗体。1954年的脊髓灰质炎的现场试验大规模实施的是随机化对照比较双盲试验：处理组和对照组都来自父母同意参与试验的儿童。用随机分配例如抽签的方法将父母同意参与试验的儿童分配到处理组或对照组。整个试验在双盲的情况下进行，也就是说，不管是儿童还是医生，都不知道谁在处理组，谁在对照组。

在脊髓灰质炎疫苗的随机化对照比较双盲试验中，医生通过诊断就可了解疫苗的疗效和人的健康状况，因而大规模的现场试验是可行的。但对很多试验设计问题来说，难以做到大规模的现场试验。例如，某化工厂经研究分析发现，某种产品的产量与化学反应温度、化学反应时间和催化剂用量这3个因子有关。为寻求最佳生产工艺，随机选择化学反应温度、化学反应时间和催化剂用量进行大规模的现场试验显然是不可取的。这是因为化工生产试验的时间长，成本非常高，而且掌控现场试验的难度很大，所以试验次数不宜过多。做尽可能少的试验，获取尽可能多的信息。寻找最佳生产工艺，需要精心设计试验。

为减少试验次数，精心设计试验的第一步，是仔细分析寻找因子的代表性数值。例如，经过分析，化学反应温度、化学反应时间和催化剂用量这3个因子都可考虑取3个水平（代表性数值）：

①化学反应温度的3个水平为60℃、70℃和80℃；

②化学反应时间的3个水平为1h、1.5h和2h；

③催化剂用量的3个水平为2kg、2.5kg和3kg。

将各个因子的各个水平组合在一起，每次只做一次试验，共需做3×3×3＝27次试验。

接着仔细考虑，能否只对不同水平的某些组合做一次试验，但又能对每一个因子的各个水平的重要性进行比较,从而找到诸因子的最优水平组合。上述这3个因子中每个因子都取3个水平的试验设计问题,可以考虑采用3×3拉丁方设计方案。

2.拉丁方设计

上述例子中,每个因子都取3个水平的拉丁方设计方案,如表2-2所示,其中的A、B和C分别表示催化剂用量的3个水平:2kg、2.5kg和3kg。

表2-2   3×3拉丁方设计方案

化学反应时间	化学反应温度		
	60℃	70℃	80℃
1h	A	B	C
1.5h	B	C	A
2h	C	A	B

表2-2的3×3拉丁方设计方案需要做9次试验:(60℃,1h,A)、(70℃,1h,B)、(80℃,1h,C)、(60℃,1.5h,B)、(70℃,1.5h,C)、(80℃,1.5h,A)、(60℃,2h,C)、(70℃,2h,A)、(80℃,2h,B)。

它比各个因子的各个水平完全组合在一起的27次试验少做了18次试验,省去了很多的试验时间与精力,节约了大量的资金。

图2-3是对每个因子都取3个水平的试验设计方案图示,其中x轴、y轴和z轴分别表示第一个因子(化学反应温度)、第二个因子(化学反应时间)和第三个因子(催化剂用量),各个因子的3个水平依次记为1、2和3。图2-3中9个试验点●代表不完全的3×3拉丁方设计方案所做的9次试验。试验点●与·合在一起共有27个点,代表各个因子的各个水平完全组合在一起的27次试验。

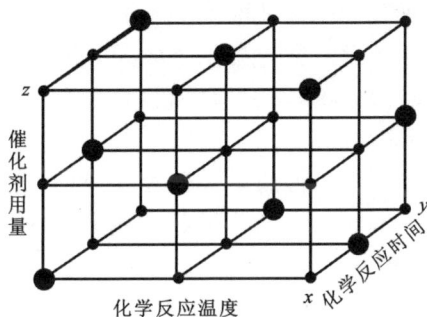

图2-3 对每个因子都取3个水平的试验设计方案

图 2-3 的前后、上下和左右各有 3 个面,每个面上都有 6 条边。观察发现,每个面上都有 3×3 拉丁方设计的 3 个试验点●,且每条边上有且仅有 1 个试验点●。总之,这 9 个试验点●在空间均衡地分布着。这样均衡安排的试验有一个非常好的性质,即每一个因子的每一个水平都参与了 3 次试验,并且它和其他任意一个因子的任意一个水平都有且仅有一次组合。

为方便计算,通常将拉丁方设计试验的观察值记录在拉丁方设计中,例如,将上述案例中 9 组试验的观察值记录在如表 2-2 所示的 3×3 拉丁方设计方案中,结果见表 2-3。其中 A=24 的意思是在(60℃,1h,A)的试验方案下得到的观察值——化工产品的产量为 24。其余依此类推。下面采用直观分析的方法,寻找拉丁方设计方案的因子的最优水平。

表 2-3   **3×3 拉丁方设计方案与试验观察值**

化学反应时间	化学反应温度			合计
	60℃	70℃	80℃	
1h	A=24	B=20	C=19	63
1.5h	B=28	C=21	A=34	83
2h	C=22	A=17	B=32	71
合计	74	58	85	—

首先对化学反应温度的 3 个水平,即 60℃、70℃和 80℃进行比较,看其中哪一个最优。

第一个水平 60℃与表 2-3 第一列的 3 组试验"(60℃,1h,A),(60℃,1.5h,B),(60℃,2h,C)"有关。这 3 个试验的观察值分别是 24、28 与 22。它们的和 74 可直观地看成与"(60℃,1h,A)+(60℃,1.5h,B)+(60℃,2h,C)"有关,也就是与 60℃下,3 个水平的化学反应时间和催化剂用量有关。

同样的道理,表 2-3 最后一行的第二个数 58 可直观地看成与"(70℃,1h,B)+(70℃,1.5h,C)+(70℃,2h,A)"有关,也就是与 70℃下,3 个水平的化学反应时间和催化剂用量有关。

同样的道理,表 2-3 最后一行的第三个数 85 可直观地看成与"(80℃,1h,C)+(80℃,1.5h,A)+(80℃,2h,B)"有关,也就是与 80℃下,3 个水平的化学反应时间和催化剂用量有关。

由此可见,表 2-3 最后一行的 3 个数中的最大值 85 所对应的 80℃就是最佳化学反应温度。

类似地,表 2-3 最右边一列中的 63、83 和 71 的最大值 83 所对应的 1.5h 就是最佳化学反应时间。

寻找最佳催化剂用量的过程也很简单,只需将表 2-3 中的 3 个 A、3 个 B 和 3 个 C 的观察值分别相加即可。

3 个 A 的观察值相加:24＋34＋17＝75。

3 个 B 的观察值相加:20＋28＋32＝80。

3 个 C 的观察值相加:19＋21＋22＝62。

最大值 80 所对应的 B(2.5kg)就是最佳催化剂用量。至此,我们找到的最优水平组合为(80℃,1.5h,2.5kg)。这个最优水平组合并不在 3×3 拉丁方设计方案(表 2-2)的 9 个试验方案之中。

上述寻找因子最优水平组合的方法直观、简单。但必须指出的是,由这个粗浅的直观方法找到的因子的最优水平组合是否是最优的,还有待深入讨论。解决拉丁方设计的检验问题需要用到比较多的统计理论和方法,本书从略。

判断所找到的因子最优水平组合是不是最优的,需要继续做试验或经实践验证。例如在化工产品的拉丁方设计中,我们找到的最优水平组合需要通过实践验证它究竟是不是最佳的。

必须指出的是,拉丁方设计方案要求因子之间互不关联,即没有交互作用。交互作用不难理解。例如有两种药物 A 和 B,药物 A 单独服用与药物 A 和 B 一起服用,对疾病的治疗效果是不是一样的? 又如药物 B 可以小剂量服用,也可以大剂量服用,那么药物 A 和小剂量药物 B 一起服用与药物 A 和大剂量药物 B 一起服用,对疾病的治疗效果是不是一样的? 倘若不一样,则表明药物 A 和药物 B 有交互作用。可想而知,药物之间有没有交互作用的研究非常重要。因子之间有交互作用时的试验设计问题比较复杂,本书从略。

拉丁方设计方案公平、均衡地对待每一个因子的每一个水平,它使得每一个因子的每一个水平参与同样次数的试验,并且它和其他任意一个因子的任意一个水平有且仅有一次组合。表 2-4 是 2×2、3×3 和 4×4 拉丁方设计方案。

表 2-4   不同拉丁方设计方案

2×2	3×3	4×4
A B B A	A B C C A B B C A	A B C D D A B C C D A B B C D A

拉丁方设计方案都是正方形排列的,用拉丁字母 A、B、C、D 等表示。正因为如此,人们称这样的设计为拉丁方设计。拉丁方设计的内容非常丰富。除拉

丁方设计外,试验设计的内容还包括正交设计、参数设计、不完全区组设计、回归设计、均匀设计等。

2.2 数据类别

数据既包括数值型资料,也包括文字型资料。数值型资料按其取值划分通常有以下两种类型。

(1)计量数据。如人的身高、体重……,产品的长度、直径、重量……,股票的价格、市盈率……它们的取值可以是某个区间内的任意一个实数。

(2)计数数据。如企业职工人数、成交股票股数、单位时间内通过某交叉路口的汽车数等。它们在整数范围内取值,大部分还仅在非负整数范围内取值。

文字型资料通常有以下两种类型。

(1)观察值不是数,而是事物的属性,如人的性别(男、女),婚姻状况(未婚、有配偶、丧偶、离婚等),物体的颜色、形状。这一类资料称为名义定性资料,简称名义资料。我们常用数来表示属性的分类。例如,用数"1"和"2"分别表示男和女。这些数只是一个代码,没有大小关系,也不能进行运算。即"1"与"2"不能比较大小,"1+2"也没有意义。表示名义定性资料的这一类数据称为名义定性数据,简称名义数据。

(2)有些事物的属性存在顺序关系,如人的文化程度由低到高可分为"文盲""小学""初中""高中、中专""大专、大学"5类。又如顾客对某商场营业员服务的评价分为"满意""一般""不满意"3类。这一类数据称为有序定性资料,简称有序资料。我们常用数来表示属性的分类与顺序。例如,分别用数0、1、2、3、4表示"文盲""小学""初中""高中、中专""大专、大学";分别用3、2、1表示顾客对服务的评价"满意""一般""不满意"。这些数只起顺序作用,表示类与类之间的差别,是不能运算的。例如,"满意"比"一般"好,但"好多少"是无法计算的,即"3-2"是没有意义的。这一类数据称为有序定性数据,简称有序数据。事实上,名义资料和有序资料通常也称为名义数据和有序数据。

综上,计量数据和计数数据统称为定量数据,名义数据和有序数据统称为定性数据。

此外,数据还可以按其收集到的时间分为横截面数据和时间序列数据两种类型。在同一时间点上收集到的数据称为横截面数据。例如,2010年12月24日(周五)从上海证券交易所上市的A股股票中挑选25只股票,它们的股票名称、股票类别、上周收盘价、本周收盘价、本周成交股数、市盈率等数据就是横截面数据。对这批数据进行统计分析是为了比较不同的股票在这一天的表现。

在不同的几个时间点上收集到的数据称为时间序列数据。例如，为分析上证指数在过去 6 个月的走势，我们收集了过去 6 个月每个交易日的上证指数数值，这样收集得到的数据就是时间序列数据。又如 1979—2010 年上海市各年度保险费收入、赔款和给付以及赔付率数据也是时间序列数据（见表 2-5）。

表 2-5 中有 3 个时间序列数据，从中可以看出上海市年度保险费收入、赔款和给付以及赔付率的变化趋势。[①] 表 2-5 中各年度保险费收入、赔款和给付以及赔付率这 3 个量是横截面数据。由此看来，表 2-5 中的数据是时间序列—横截面数据，通常称这样的数据为面板数据。从表 2-5 中不仅可以看到各个变量的变化趋势，而且可以对变量进行比较，分析变量之间的关系，以及这种关系的变化趋势。

表 2-5　　　　**上海市各年度保险费收入、赔款和给付以及赔付率**

年份	保险费收入/万元	赔款和给付/万元	赔付率/%
1979	1578	673	42.7
1980	6967	1341	19.2
1981	9452	3224	34.1
1982	11105	2144	19.3
1983	13250	4462	33.7
1984	17582	3626	20.6
1985	22725	5385	23.7
1986	30428	6829	22.4
1987	40306	9180	22.8
1988	53772	15466	28.8
1989	73739	18936	25.7
1990	89906	22179	24.7
1991	111579	44667	40.0

---

① 事实上，上海市年度保险费收入、赔款和给付以及赔付率这 3 个量可以细分。例如，年度保险费收入可细分为年度产险和寿险的收入，或细分为年度中资和外资保险公司的收入，由年度保险费收入还可以计算保险深度（保费收入占地区生产总值的比例）和保险密度（人均保费收入）。这样一来，每一年的横截面数据包含着很多个变量。由此可见，对面板数据的研究分析是非常有意义的。

续表

年份	保险费收入/万元	赔款和给付/万元	赔付率/%
1992	111000	42300	38.1
1993	144600	58900	40.7
1994	211976	119088	56.2
1995	257344	127478	49.5
1996	524000	150000	28.6
1997	875900	191000	23.4
1998	1029200	286700	27.9
1999	1152100	394600	34.3
2000	1272300	362000	28.5
2001	1802500	388200	21.5
2002	2393400	498500	20.8
2003	2899300	619700	21.4
2004	3071100	708600	23.1
2005	3336200	874600	26.2
2006	4070400	913100	22.4
2007	4826400	1398200	29.0
2008	6000600	1840900	30.7
2009	6650300	1767400	26.6
2010	8818600	1945400	22.0

2.3 定性数据的描述性统计分析

2.3.1 定性数据的列表描述

【例 2-1】 为了解人们对饮料的偏好,向 50 名被访者调查"在下列 5 种饮料中,您最喜欢喝的是哪一种饮料? 可口可乐、苹果汁、橘子汁、百事可乐、杏仁露"。

调查得到的结果如表 2-6 所示。

表 2-6 　　　　　　　　　　　**被访者最喜欢喝的饮料**

序号	饮料名称	序号	饮料名称	序号	饮料名称	序号	饮料名称	序号	饮料名称
1	可口可乐	11	百事可乐	21	杏仁露	31	杏仁露	41	可口可乐
2	杏仁露	12	苹果汁	22	可口可乐	32	可口可乐	42	可口可乐
3	可口可乐	13	橘子汁	23	可口可乐	33	可口可乐	43	苹果汁
4	可口可乐	14	百事可乐	24	苹果汁	34	百事可乐	44	可口可乐
5	橘子汁	15	杏仁露	25	可口可乐	35	可口可乐	45	杏仁露
6	橘子汁	16	橘子汁	26	杏仁露	36	橘子汁	46	百事可乐
7	百事可乐	17	百事可乐	27	橘子汁	37	杏仁露	47	杏仁露
8	可口可乐	18	杏仁露	28	可口可乐	38	橘子汁	48	苹果汁
9	苹果汁	19	苹果汁	29	百事可乐	39	苹果汁	49	杏仁露
10	可口可乐	20	可口可乐	30	可口可乐	40	苹果汁	50	杏仁露

表 2-6 记录的 50 名被访者最喜欢喝的饮料名称就是数据。具体地说,它是名义定性资料。这些资料让人眼花缭乱,不得要领。如果统计每一种饮料出现的次数(频数),可以看到"可口可乐"出现了 17 次,"苹果汁"出现了 8 次,"橘子汁"出现了 7 次,"百事可乐"出现了 7 次,"杏仁露"出现了 11 次。将这些结果汇总成频数频率分布表(见表 2-7)。从表 2-7 中可以看出,喜欢"可口可乐"的频数最高,"杏仁露"其次,"苹果汁""橘子汁"和"百事可乐"受欢迎的程度差不多。这样的信息单凭观察表 2-6 的原始数据是不容易得出的。

表 2-7 　　　　　　　　**被访者最喜欢喝的饮料的频数频率分布**

饮料名称	频数	频率/%
可口可乐	17	34
苹果汁	8	16
橘子汁	7	14
百事可乐	7	14
杏仁露	11	22
合计	50	100

启动 Excel 中文版"数据"菜单上的"数据透视表和数据透视图(P)"命令就可以制作表 2-7 所示的频数频率分布表,其步骤如下。

(1)建立数据文件。将原始数据放在 A 列的第 2 至第 51 个单元格内,且在 A 列的第 1 个单元格上输入项目名称"饮料名称"①。

(2)选择"数据"下拉菜单。

(3)选择"数据透视表和数据透视图(P)"选项。

(4)选择"Microsoft Office Excel 数据列表或数据库(M)",选择"数据透视表(T)",选择"下一步"。

(5)在选定区域栏中键入"a1:a51",选择"下一步"。

(6)选择"现有工作表",键入"d1",选择"完成"。②

(7)首先将项目"饮料名称"拖入行字段,然后将"饮料名称"拖入中间部分。

为输入方便,可以用 1、2、3、4 和 5 分别作为可口可乐、苹果汁、橘子汁、百事可乐和杏仁露的代码。则表 2-6 记录的 50 名被访者最喜欢喝的饮料名称就转化为 50 个数。这就是名义定性数据。有了名义定性数据,启动 Excel 制作频数频率分布表有下面两种方法。

方法一　在将表 2-8 记录的 50 名被访者最喜欢喝的饮料名称转化为名义定性数据之后,仍可使用"数据"菜单上的"数据透视表和数据透视图(P)"命令制作频数频率分布表,步骤(1)到步骤(7)与前面所述的完全相同,只是多了一个步骤(8):在输出的交叉分组列表的左上角右击鼠标,选择"字段设置(N)",然后在数据透视表字段的对话框的汇总方式(S)菜单中选择"计数"。

方法二　启动 Excel 中文版"工具"菜单上的"数据分析"命令也可以制作频数频率分布表,其步骤如下。

(1)建立数据文件。用 1、2、3、4 和 5 分别作为可口可乐、苹果汁、橘子汁、百事可乐和杏仁露的代码。将原始数据放在 A 列的第 1 至第 50 个单元格内。

(2)Excel 要求输入数据分组的情况。因而在 B 列的第 1 个至第 5 个单元格上依次输入饮料的代码 1、2、3、4 和 5。

(3)按下面的顺序制作频数频率分布表。

①选择"工具"下拉菜单。

②选择"数据分析"选项。

③在分析工具框中选择"直方图"。

④在直方图对话框中:

a. 在输入区域栏中键入"a1:a50";

b. 在接收区域栏中键入"b1:b5";

---

① 在 A 列的第 1 个单元格上必须输入项目名称"饮料名称"。

② 在步骤(6)键入"d1"的意思是,让输出的频数分布表的左上角位于 D 列的第 1 个单元格。

c. 选择输出区域,并在输出区域栏中键入"d1";

d. 单击"确定"按钮。

如果我们还想考察这些饮料受欢迎的程度是否与性别有关,那就需要在调查的时候记录被访者的性别。调查结果如表2-8所示,它是表2-6的拓展。

表 2-8 　　　　　　　　　　**被访者的性别与最喜欢喝的饮料**

性别	饮料名称	性别	饮料名称	性别	饮料名称	性别	饮料名称	性别	饮料名称
男	可口可乐	男	百事可乐	女	杏仁露	女	杏仁露	男	可口可乐
男	杏仁露	女	苹果汁	男	可口可乐	女	可口可乐	男	可口可乐
男	可口可乐	男	橘子汁	男	可口可乐	女	可口可乐	男	苹果汁
女	可口可乐	女	百事可乐	女	苹果汁	男	百事可乐	男	可口可乐
男	橘子汁	男	杏仁露	男	可口可乐	男	可口可乐	女	杏仁露
女	橘子汁	女	橘子汁	女	杏仁露	女	橘子汁	男	百事可乐
女	百事可乐	男	百事可乐	女	橘子汁	女	杏仁露	女	杏仁露
女	可口可乐	女	杏仁露	女	可口可乐	女	橘子汁	女	苹果汁
男	苹果汁	女	苹果汁	女	百事可乐	女	苹果汁	女	杏仁露
男	可口可乐	男	可口可乐	男	可口可乐	女	苹果汁	女	杏仁露

根据表2-8可制作饮料名称和性别的交叉分组列表(见表2-9)。表2-9告诉我们,在50名被访者中,男性和女性各有25人。这些饮料受欢迎的程度与性别是有关系的。男性被访者最喜欢可口可乐,其次是百事可乐;而女性被访者最喜欢杏仁露,其次是苹果汁。表2-9是两种方式分组的交叉表,类似地有三种或更多种方式分组的交叉表。

表 2-9 　　　　　　　　　　**饮料名称和性别的交叉分组**

饮料名称	性别		合计
	男	女	
百事可乐	5	2	7
橘子汁	3	4	7
可口可乐	13	4	17
苹果汁	2	6	8
杏仁露	2	9	11
合计	25	25	50

　　启动 Excel 中文版"数据"菜单上的"数据透视表和数据透视图(P)"命令,除了可以制作频数频率分布表(见表2-7),还可以制作两种方式分组的交叉表(见表2-9)。制作交叉表的步骤与制作频数频率分布表基本相同,但有以下不同。

　　①步骤(1)建立数据文件时,除了在 A 列的第 1 个单元格上输入项目名称"饮料名称",并且将饮料名称放在 A 列的第 2 至第 51 个单元格内,还需在 B 列的第 1 个单元格上输入另一个项目名称"性别",并且将性别男或女放在 B 列的第 2 至第 51 个单元格内。

　　②步骤(5)在选定区域栏中键入"a1:b51"。

　　③步骤(7)除了首先将项目"饮料名称"拖入行字段,还需将项目"性别"拖入列字段,最后将"饮料名称"或"性别"拖入中间部分。

　　④建立数据文件时,如果输入的是代码(1、2、3、4 和 5 分别作为可口可乐、苹果汁、橘子汁、百事可乐和杏仁露的代码,0 和 1 分别作为男性和女性的代码),则多了一个步骤:在输出的交叉分组列表的左上角右击鼠标,选择"字段设置(N)",然后在数据透视表字段的对话框的汇总方式(S)菜单中选择"计数"。

2.3.2　定性数据的图示描述

　　条形图(又称柱形图、直方图)是用宽度相同的长方形的高低或长短来表示数据变动特征的图形。条形图中长方形可以竖放也可以横放。竖放时,常在横轴上标记定性数据的类别,在纵轴上表示频数或频率。每一类都对应一个长方形,这个长方形的高度表示该类别的频数或频率。图 2-4 是"被访者最喜欢喝的饮料"条形图。

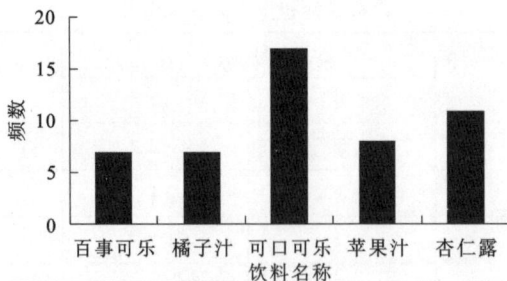

图 2-4　被访者最喜欢喝的饮料

　　启动 Excel 中文版"插入"菜单上的"图表(H)"命令,就可制作"被访者最喜欢喝的饮料"条形图(见图 2-4)。利用 Excel 软件的图表功能画条形图的方法从略。此外,在启动 Excel 中文版"工具"菜单上的"数据分析"命令制作频数频率分布表的最后,只需要在直方图对话框中选择输出区域,再选择图表输出,则 Excel 不仅能给出频数频率分布表,还能给出条形图。

圆形图(又称饼图)用一个圆及圆内几个扇形的面积来表示数据的频数(频率)分布。定性数据的每一类对应一个扇形,它的中心角等于 360°乘以该类别出现的频率。图 2-5 是"被访者最喜欢喝的饮料"圆形图,启动 Excel 中文版"插入"菜单上的"图表(H)"命令,利用 Excel 软件的图表功能即可画出来。

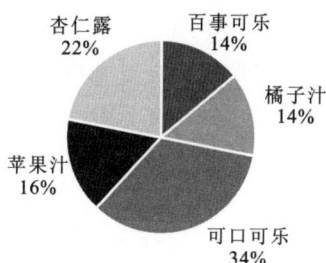

图 2-5 被访者最喜欢喝的饮料

2.3.3 定性数据的数值描述

1. 众数

数据的平均大小(集中趋势、中心位置)常用众数(mode)来度量。所谓众数,就是出现频率最高的那个数。在"最喜欢喝哪一种饮料"的例子中,众数提供了被调查者偏好的信息。

由表 2-7 知,"可口可乐"是众数,喜欢喝可口可乐的人最多。

由表 2-9 知:

(1)男性:"可口可乐"是众数。在男性中喝可口可乐的最多。

(2)女性:"杏仁露"是众数。在女性中喝杏仁露的最多。

众数的意义不难理解,应用也很广泛。例如农贸市场卖蔬菜的小贩,一天下来他最关心的是今天的青菜、鸡毛菜、白菜、菠菜……哪一种蔬菜卖得最多。农贸市场上某类商品的价格常以众数值为代表。有时,频数最高的数可能不止一个,这时,就存在不止一个众数。如果数据中有 2 个众数,则称此数据为双众数的;如果有 3 个或 3 个以上的众数,则称此数据为多众数的。在多众数的情况下,众数对于描述定性数据的平均大小意义不大。

2007 年,公安部对我国 13 亿多户籍人口的一项统计分析显示:"王"姓是第一大姓,有 9288.1 万人;"李"姓其次,有 9207.4 万人;第三是"张"姓,有 8750.2

万人。他们分别占全国人口总数的 7.25%、7.19% 和 6.83%。而 2006 年初,国家自然科学基金委员会、中国科学院遗传与发育生物学研究所历时两年的百家姓统计研究的结果是李、王、张分列前 3 位。看来在谁是中国第一大姓的问题上还有争议。原因很可能在于,2006 年版的是抽样调查,调查的范围包括港澳台地区,共调查得到 3 亿人口的数据。而 2007 年版的样本不含港澳台地区的数据。2006 年版的数据表明,王姓的分布北多南少,港澳台地区都是李姓多而王姓少,台湾地区李姓超过王姓几十万人。看来,包括港澳台地区,"李"姓是中国第一大姓。

对交通事故驾驶员肇事的内在因素进行分析,观察值取 4 个值:"察觉得晚""判断失误""驾驶错误"和"其他"。这是名义定性数据。对 2000 例交通事故进行分析,结果如表 2-10 所示。在 2000 次观察中,"察觉得晚"出现了 1191 次,其频率(59.6%)最大。因而众数是"察觉得晚",它是交通事故驾驶员肇事最主要的内在因素。

表 2-10　　　　　　　　　　　**交通事故驾驶员肇事的内在因素**

内在因素	事故数/起	频率/%
察觉得晚	1191	59.6
判断失误	697	34.8
驾驶错误	96	4.8
其他	16	0.8
合计	2000	100.0

至于"察觉得晚"为什么是最主要的内在因素,以及驾驶员为什么会察觉得晚,这些问题的原因分析不属于统计分析的范畴。统计分析揭示的是统计规律,而统计规律的解释需要用到其他领域的知识,这时学科交叉结合就能产生巨大的力量。对驾驶员察觉得晚的原因分析如下:

根据人体生理学,人眼看到的信息先传递给大脑,大脑再向肢体传递命令需 1.5s。对于速度为 100km/h 的汽车,当驾驶员发觉险情再用脚踩刹车时,车已经前进约 40m,况且刹车后车辆还会滑行更长的距离。这就是高速公路上多辆汽车连环相撞的原因。由此不难理解"察觉得晚"为什么是最主要的内在因素。为避免驾驶员因察觉得晚肇事,交通管理部门在交通事故容易发生的地段设置醒目标志,要求驾驶员保持足够的车距,不要疲劳驾车,严禁酒后驾车等。

表 2-10 告诉我们,虽然驾驶员"察觉得晚"因素出现的频率最大(为 59.6%),但还不能将这个因素作为引起交通事故的主要原因。人们通常所谓的

"主要"是指频率占 80％以上的情形,欲找到"主要"(或者说最具代表性)的肇事因素集,可应用主次因素排列分析法,其步骤如下。

(1)将交通事故驾驶员肇事的内在因素按频数从大到小排列。

(2)计算频率和累积频率,得表 2-11。

表 2-11 **交通事故驾驶员肇事内在因素的主次因素排列分析**

内在因素	事故数/起	频率/％	累积频率/％
察觉得晚	1191	59.6	59.6
判断失误	697	34.8	94.4
驾驶错误	96	4.8	99.2
其他	16	0.8	100.0

(3)顾名思义,所谓累积频率,就是前面几个频率的和。例如,第二个累积频率为 94.4％,它等于前两个频率 59.6％与 34.8％的和,其意思是 94.4％的交通事故是由这两个原因引起的。根据累积频率在 80％及以上的因素为主要因素的原则,可知驾驶员肇事主要的内在因素是察觉得晚与判断失误,要减少交通事故,应首先从这两方面着手。

人们在生产实践中发现,大部分的质量问题往往由少数几个原因引起,找出这几个原因,是解决质量问题的关键。排列图可以在影响产品质量的众多因素中寻找主要因素,以明确改进质量的方向。

【例 2-2】 一批产品中有 976 个不合格品。按不合格品产生的主要相关因素分类,得表 2-12。

表 2-12 **不合格品产生的主要相关因素频数分布**

因素	频数	因素	频数
操作	22	工艺	89
设备	526	材料	47
工具	292		

对表 2-12 的数据进行主次因素排列分析,得表 2-13。根据累积频率在 80％及以上的因素为主要因素的原则,可知不合格品产生的主要相关因素是设备与工具,要减少不合格,应首先从这两方面着手。

表 2-13 不合格品产生的主次因素排列分析

因素	频数	频率/%	累积频率/%
设备	526	53.89	53.89
工具	292	29.92	83.81
工艺	89	9.12	92.93
材料	47	4.82	97.75
操作	22	2.25	100.0

道路交通事故时有发生,工厂在生产过程中难免会有不合格品。这些资料中含有很多对于管理工作有用的信息,若不充分挖掘开发这些资料中所包含的有用的信息,那是极大的浪费。采用主次因素排列分析法进行分析,就能找到交通事故驾驶员肇事的主要内在因素,以及不合格品产生的主要原因。

主次因素排列分析法是帕累托原则在质量管理工程方面的应用。帕累托(Vilfredo Pareto,1848—1923),意大利经济学家。他发现意大利的社会财富的分配很不平均。1906年,他提出了一个非常著名的规律:社会80%的财富掌握在20%的人手里。帕累托的发现被朱兰(Joseph M. Juran)和其他人推广,其中以朱兰的推广最为重要。1941年,朱兰将帕累托在经济学领域的发现推广到质量问题,提出80%的问题由20%的原因引起。朱兰把它叫作"少数几个主要的和多个微不足道的"。最后根据此发现得到了一条各个领域通用的原则:20%的事情常常对80%的结果负责。这条原则就是帕累托原则或"80-20原则"。以下是帕累托(80-20)原则的示例:

(1)一个图书馆有20%的书本的借出次数,这占整个图书馆借出馆藏次数的80%。

(2)一个部门有几个雇员经常缺席,他们负缺席问题的大部分责任。

(3)10%的客户的订货额占企业营业额的75%。

(4)保险公司有40件赔款损失,其中6件的损失占总损失的80%。

(5)车间里有15部机器,65%的停机事故由其中的3部引起。

(6)大部分的质量问题往往由少数几个原因引起。

商界把帕累托(80-20)原则简称为"八二法则",即80%的销售额是由20%的"VIP"客户贡献的。商界往往对其余的、居于大多数的80%的普通客户不大关心。有时这80%的普通客户甚至成了无人问津的"沉默的长尾"。商界之所以这样,是出于成本和效率的考虑。他们只集中精力关注重要的人或重要的事,也就是"头部",而不得不将处于"尾部"、需要付出更多的精力和成本才能关注到的大多数人或事忽略。但是在网络时代,人们有可能以很低的成本且很高的效率去关注"尾部"。事实上,"尾部"产生的总体效益甚至会超过"头部","沉默的长尾"隐藏着巨大的商机。《长尾理论》(The Long Tail)很畅销,它引用不少案例,说明了长尾的威力:亚马逊书店有超过一半的销售量来自其排行榜上排13万名之外的图书;美国最大的在线DVD影碟租赁商Netflix(奈飞)公司有1/5的出租量来自其排行榜3000名以外的影碟题材;而在线音乐零售商Rhapsody排行榜1万名以外的曲目下载数量甚至超过了排行榜前1万名的曲目。最为典型的案例是谷歌,占据谷歌半壁江山的广告服务项目AdSense,它面向的客户是数以百万计的中小型网站和个人,谷歌将这些数量众多的群体汇集在一起,赚取了非常可观的经济利润。

要真正获得"沉默的长尾"隐藏着的巨大的商机并非易事,关键是需要对"长尾"重新组合。将分散的、弱小的、独立的和细微的个体组成这样一条长长的尾巴,是需要技术和手段的。显然,"八二法则"和"长尾理论"相随相伴,并不冲突。它们很可能适用于不同的领域。

2. 中位数

定性数据有两类:名义数据和有序数据。它们的平均大小(集中趋势、中心位置)都可以用众数来度量。此外,有序数据的平均大小还可以用中位数来度量,见例2-3。

【例2-3】 某儿童活动中心对游客进行问卷调查,其中的两个问题如下:

(1)您对活动设施有什么样的评价?

(2)您对工作人员的服务态度有什么样的评价?

调查结果如表2-14所示。

表2-14 游客对活动设施及服务态度的评价

评价	活动设施		服务态度	
	百分比/%	累积百分比/%	百分比/%	累积百分比/%
很不满意(1)	4.9	4.9	1.2	1.2
不满意(2)	18.2	23.1	11.7	12.9
一般(3)	30.3	53.4	42.2	55.1
满意(4)	35.9	89.3	36.5	91.6
很满意(5)	10.7	100.0	8.4	100.0

表2-14的观察值取5个值:很不满意、不满意、一般、满意、很满意。这是有序名义数据,其代码可分别取1、2、3、4和5(见表2-14的第1列)。这些数只起

顺序作用,表示类与类之间的差别,是不能运算的。

由表2-14中的百分比可以看到,游客对"活动设施"的评价,众数是"满意";对"服务态度"的评价,众数是"一般"。这告诉我们:对"活动设施"感觉"满意"的游客最多,而对"服务态度"感觉"一般"的游客最多。

中位数(median),是指将数据按由小到大递增的顺序排列后位于中间的数值。由此可见,中位数具有这样的性质:

(1)在中位数左边有一半的数。

(2)在中位数右边有一半的数。

对于例2-3而言,欲计算中位数,首先要将感觉"很不满意"的游客排在最前面,接下来依次是感觉"不满意""一般"和"满意"的游客,将感觉"很满意"的游客排在最后面。然后寻找排在中间位置的游客,看他是什么样的感觉,他的感觉就是中位数。由表2-14中的累积百分比可以看到,游客对"活动设施"的评价,中位数是"一般";对"服务态度"的评价,中位数也是"一般"。这告诉我们:对"活动设施"和"服务态度"感觉"很不满意""不满意"和"一般"的游客分别各有一半;对"活动设施"和"服务态度"感觉"一般""满意"和"很满意"的游客也分别各有一半。

综上所述:

(1)对"活动设施"的评价,众数是"满意",中位数是"一般"。

(2)对"服务态度"的评价,众数是"一般",中位数也是"一般"。

只有既看众数,又看中位数,才能更好地了解数据的全貌。

有的时候,例如人口统计中的年龄,通常计算其中位数。表2-15是历次人口普查的上海市常住人口的年龄中位数。

表2-15　　　　　　　　上海市常住人口的年龄中位数

人口普查时间	年龄中位数
1964年第二次人口普查	19.4岁
1982年第三次人口普查	29.2岁
1990年第四次人口普查	33.9岁
2000年第五次人口普查	37.6岁
2010年第六次人口普查	36.0岁

1964年第二次人口普查时,上海市常住人口的年龄中位数为19.4岁,它的意思是,1964年在上海市,有一半常住人口的年龄不到19.4岁,有一半常住人口的年龄超过19.4岁。表2-15告诉我们,上海市常住人口的年龄中位数有逐

步提高的趋势。这说明上海市一点点地步入老龄化。相对于 2000 年第五次人口普查,2010 年第六次人口普查的年龄中位数略有下降,这与上海市常住人口中有越来越多的外来人口不无关系。根据 2010 年第六次人口普查资料,上海市外来人口的年龄中位数是 29 岁。相对于常住人口,外来人口年轻得多。大量外来青年到沪,增强了上海市人口的活力,在一定程度上延缓了上海市人口老龄化的进程。

2.4　定量数据的描述性统计分析

2.4.1　定量数据的列表与图示描述

【例 2-4】　内径是某合金钢圆筒的一个重要的质量指标。即使是同一批生产的圆筒,其内径也不完全相等,所以圆筒的内径是个变量。既然是变量,人们自然会会心它的分布情况。现以人的身高为例,说明"分布"这个词的含义。所谓分布,直观地说就是各种身高的人占有多大的比例,例如身高不到 170cm,身高在 170~175cm,或身高超过 175cm 的人在整个人群中的比例。由此可见,各种内径的圆筒分别占有多大的比例,哪一内径的圆筒最多,哪一内径的圆筒其次,哪一内径的圆筒最少,显然是人们很关心的问题。

要回答这些问题,首先要有数据。数据来自对圆筒内径的测量。测量 200 个圆筒的内径(单位:mm),所得数据如下。

43.4	34.4	53.3	45.1	48.4	40.3	36.1	47.5	46.5	42.7
51.3	36.3	44.3	49.7	38.6	42.1	36.9	43.3	46.6	50.5
49.1	41.9	47.9	38.1	43.5	45.2	40.3	37.4	46.2	42.9
47.6	55.9	40.3	38.9	47.2	51.5	54.2	54.9	38.4	51.7
37.3	41.9	51.3	45.6	49.5	36.2	43.6	37.2	48.0	36.1
43.3	42.1	48.8	53.4	32.1	47.6	50.9	43.1	54.5	41.3
45.6	48.5	46.0	47.7	50.1	45.4	45.0	46.1	45.5	43.9
53.6	43.3	44.5	32.1	47.7	48.1	39.8	44.4	45.7	43.8
47.1	45.7	46.4	43.2	34.0	43.1	45.2	52.2	45.6	56.0
51.1	45.2	50.7	59.1	47.0	54.2	44.9	44.1	43.8	51.7
48.3	38.6	40.4	52.2	43.4	41.7	44.2	51.2	41.7	44.7

46.0	42.8	50.4	44.5	43.0	41.7	54.4	51.5	40.8	42.2
41.1	49.4	48.6	41.7	46.2	40.9	39.5	44.0	48.7	48.7
47.4	45.5	40.8	49.2	50.3	51.6	47.6	49.5	52.3	48.2
41.5	42.4	37.7	47.3	45.3	45.0	42.8	49.0	42.0	45.9
50.3	44.9	45.4	45.2	36.5	54.8	40.7	49.3	49.1	47.2
42.7	47.2	47.6	47.7	31.1	50.1	39.4	51.3	35.7	49.3
37.3	47.9	49.3	44.8	42.3	48.4	47.7	43.7	47.3	47.1
38.0	46.3	40.1	56.8	43.1	38.1	41.8	39.7	49.2	53.1
43.4	38.8	52.3	52.2	45.9	45.2	41.1	41.7	44.8	39.4

这 200 个数据是计量定量数据。它们杂乱无章,不经过整理难以发现其内在的规律。首先构造它的频数频率分布表,步骤如下。

(1)启动 Excel 中文版"数据"菜单上的"排序(S)"命令将 200 个圆筒的内径数据由小到大排列,得到最小值 31.1 和最大值 59.1。

(2)将数据分组。一般取组数 5～20,组距≈(最大值—最小值)/组数。200个圆筒的内径数据分为 15 组,组距为 2。为了方便从直方图中找到原始数据隐含着的信息,必须选取适当的组数和组距。组数分得太多或太少都难以发现规律。

(3)列出 200 个圆筒的内径数据的频数频率分布表(见表 2-16)。

表 2-16 **200 个圆筒内径数据的频数频率分布**

内径/mm	频数	频率/%
30～32	1	0.5
32～34	3	1.5
34～36	2	1.0
36～38	12	6.0
38～40	12	6.0
40～42	22	11.0
42～44	29	14.5
44～46	31	15.5
46～48	28	14.0
48～50	23	11.5
50～52	18	9.0
52～54	9	4.5
54～56	8	4.0

续表

内径/mm	频数	频率/%
56~58	1	0.5
58~60	1	0.5
总计	200	100.0

注:组的上限在组内。例如第一组 30~32,指比 30 大、比 32 小,以及等于上限 32 的数都在这一组内,下限 32 不在这一组。

由表 2-16 可以看到,圆筒内径很大和很小的是少数,多数是中间状态,从中间往两头看,内径大和内径小的比例基本相等。这种趋势用直方图能更明显地显示出来。200 个圆筒的内径数据的直方图如图 2-6 所示。

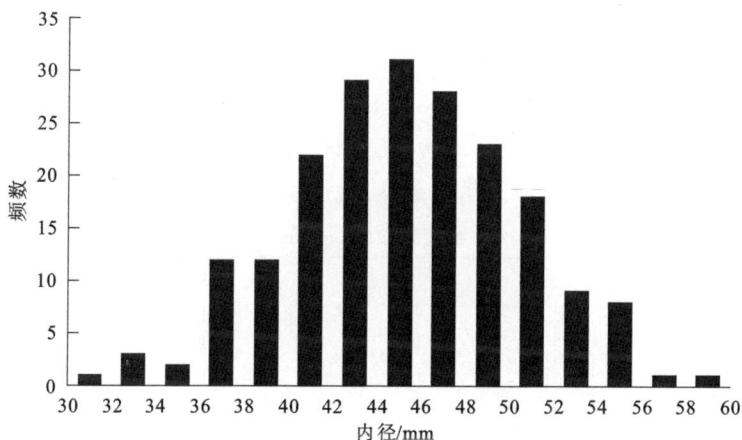

图 2-6　200 个圆筒内径数据

表 2-16 的圆筒内径数据的频数频率分布表和图 2-6 的圆筒内径数据直方图都是利用 Excel 软件制作出来的。其方法与用 Excel 制作定性数据的频数频率分布表和直方图的步骤相类似,只有一处稍有不同。

Excel 要求输入数据分组的情况。对定性数据来说,输入的是代码;对定量数据来说,输入的是每一组的上限。因而在 B 列的第 1 至第 15 个单元格上依次输入每一组的上限:32、34、…、58 和 60。Excel 默认每一组的下限是上一个组的上限。上限在这一组内,下限不在这一组,而在前一组内。

1. 钟形对称直方图

图 2-6 的直方图呈钟形近似对称,简称钟形对称。所谓钟形对称,就是直方图"中间高,两边逐渐降低,左右近似对称"。如例 2-4 各类产品的质量指标如长度、重量、外径、抗拉强度、延伸率等的直方图都是呈钟形对称的。除产品的质量

指标之外,人的生理特征如身高、体重、脉搏等也都可以用钟形对称直方图表示。就身高而言,无论是女性还是男性,其分布都有这样的趋势:长得很高和很矮的是少数,多数是中间状态,从中间往两头看,长得高和长得矮的比例基本相等,且两头的比例越来越小。下面是某中学高三年级 120 个男学生身高的数据。

【例 2-5】 某中学高三年级 120 个男学生的身高(单位:cm)数据如下。

161	157	174	166	161	165	177	161	170	175	170	161
180	174	174	166	172	162	176	168	173	169	169	177
168	176	165	173	164	166	167	166	159	169	177	165
166	170	170	175	170	174	174	172	170	173	169	162
170	176	169	172	167	180	177	165	176	173	155	165
176	160	172	186	164	167	180	177	165	168	176	167
168	175	176	173	183	171	173	167	175	176	178	161
167	168	169	172	170	172	171	167	173	171	169	177
172	170	167	165	161	166	166	180	181	166	166	170
153	169	165	168	168	171	164	167	175	178	166	174

将测得的 120 个数据按不同高度分组,所得频数频率分布如表 2-17 所示。

表 2-17   **身高频数频率分布**

身高/cm	频数	频率/%
151～154	1	0.83
155～157	2	1.67
158～160	2	1.67
161～163	8	6.67
164～166	21	17.50
167～169	24	20.00
170～172	22	18.33
173～175	18	15.00
176～178	15	12.50
179～181	5	4.17
182～184	1	0.83
185～187	1	0.83
总和	120	100

除了产品的质量指标与人的生理特征,自然界中很多类型的数据,例如测量误差、炮弹弹落点的纵向和横向偏差、农作物的产量、某地区的年降雨量等都可以用钟形对称直方图表示。在众多直方图中,钟形对称直方图占据非常重要的地位。

2. 正态曲线

测量 200 个圆筒的内径,是为了了解企业生产的圆筒的质量情况。企业生产的圆筒很多,由于人力、财力与时间的关系,我们难以测量所有的圆筒。况且圆筒一般是流水线生产的,要想测量所有圆筒是不可能做到的。只能根据少量的例如 200 个圆筒内径的直方图,去推测企业生产的圆筒的内径的分布情况。200 个圆筒的内径数据的直方图呈钟形对称(见图 2-6)。当然,这是钟形近似对称的。倘若一一测量企业生产的圆筒的内径,那么,很多乃至无穷多个内径数据的直方图应是钟形完全对称的。也就是说,圆筒内径的分布是钟形完全对称的。

打个比方,假设上海市有 10 万名高三年级男学生,现要求他们都到大操场集合,自左至右按身高由低到高排列,同样身高的男学生排成一直列。不难想象,排列好的轮廓线(见图 2-7)呈钟形完全对称,它有个最高点,也就是说,中间状态即身高为 170cm 的人最多。比中间状态高的人中,越是长得高的人越少,而比中间状态矮的人中,越是长得矮的人也越少,因而轮廓线从中间状态开始向左和向右逐渐下降。轮廓线关于中间状态左右对称,例如比中间状态 170cm 高 6cm(身高 176cm)的人和矮 6cm(身高 164cm)的人一样多。上海市所有中学高三年级男学生身高的分布呈钟形完全对称。

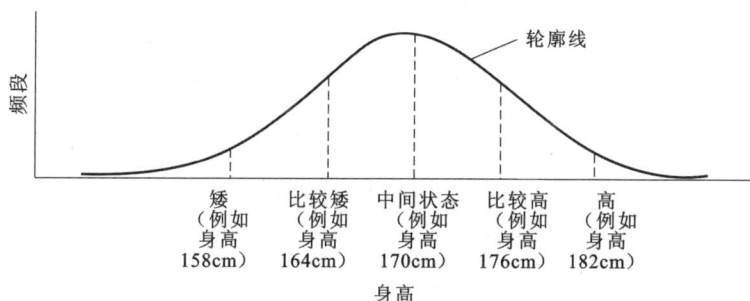

图 2-7 上海高三年级男学生身高轮廓线

钟形完全对称简称钟形对称。总的来说,企业生产的所有圆筒内径的分布呈钟形对称,所有高三年级男学生身高的分布呈钟形对称,这指的是钟形完全对称。而对于抽样得到的部分,例如 200 个圆筒内径的直方图呈钟形近似对称,120 个高三年级男学生身高的直方图呈钟形近似对称。我们不难画出很多条钟形(完全)对称曲线,那么究竟什么样的钟形对称曲线才可以用来描述产品的质量指标(例如圆筒的内径)和人的生理特征(例如身高)的分布？经过很多人不断地尝试摸索,德国科学家高斯(Gauss,1777—1855)于 1809 年在研究测量误差分布时,根据测量误差的钟形对称直方图,给出了一条钟形对称的正态曲线,并基于正态曲线提出了正态分布。200 多年来的理论研究和实践应用,充分说明了高斯的这项工作对人类文明的影响非常大。正因为正态分布的地位如此重要,德国 10 马克的纸币(见图 2-8)除印有高斯的头像外,还在头像的左边印有正态曲线。至于高斯给出的钟形完全对称的正态曲线是怎样画的,它有怎样的曲线方程,这个问题将在第 3 章讨论。

图 2-8　德国 10 马克的纸币

高斯这种思考推理方法,就是由部分推断整体,将实验观察上升至理论。当然,提出的理论是否正确可用,尚需之后的理论研究与实践应用来加以验证。图 2-9 描述了正态分布是怎样引入并被大家接受的。而这正说明了,数据分析可以看作一门实验科学。

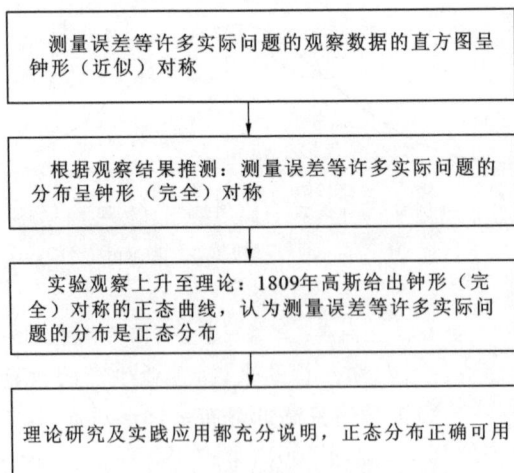

图 2-9　正态分布的引入

3.直方图偏斜

定量数据的直方图除呈钟形对称之外,还有一类数据,尤其是来自经济方面的数据,其直方图呈正偏斜,右边有一条又长又重的尾巴。看下面的例子。

【例 2-6】 某保险公司 150 起事故的理赔款额(单位:元)的情况如下所示。

943	672	2939	1601	578	1449	1565	1369	1417	1549
819	1703	578	744	1690	532	790	1175	1509	1493
809	2478	1432	2134	1239	380	3596	717	1601	695
3603	1220	2105	1276	1440	1204	2076	825	790	512
1384	2814	2257	656	454	1472	936	1437	1996	896
2516	914	1698	1399	2104	2036	1444	2769	879	967
2608	1173	489	1078	1477	1136	1160	938	1034	927
553	595	368	913	1435	1112	552	1660	1097	720
1119	1842	2970	2065	975	931	1721	933	627	1687
1375	727	790	1178	826	949	1896	911	2862	3285
1551	797	1082	884	833	1940	1144	570	636	2145
1051	458	1288	691	647	874	1676	1018	975	1607
776	1050	843	758	685	1911	451	843	1638	742
4526	1623	470	999	1536	302	972	601	1659	1676
1377	1878	2050	1358	435	848	906	2261	1171	502

其频数频率分布如表 2-18 所示。

表 2-18　　　　　　　　　**保险赔款额频数频率分布**

赔款额/元	事故数/起	百分比/%
0～400	3	2.00
401～800	35	23.33
801～1200	44	29.33
1201～1600	26	17.33
1601～2000	20	13.33
2001～2400	10	6.67
2401～2800	4	2.67
2801～3200	4	2.67
3201～3600	2	1.33

续表

赔款额/元	事故数/起	百分比/%
3601~4000	1	0.67
4001~4400	0	0.00
4401~4800	1	0.67
合计	150	100.0

它的直方图呈正偏斜,右边有一条又长又重的尾巴,如图 2-10 所示。之所以称它为尾巴,是因为它越来越薄。而尾巴重是相对于钟形对称直方图而言的。由于它很长,所以当钟形对称直方图的尾巴衰减到几乎没有的时候,赔款额直方图右边的尾巴还在,它显然比钟形对称直方图的尾巴要厚一些。

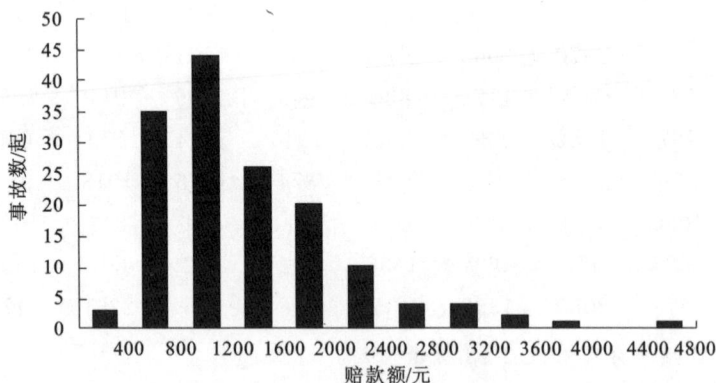

图 2-10　赔款额的直方图

尾部表示发生特大赔款的概率。特大赔款会不会发生,这是保险公司最担心的风险之一。尽管尾部概率不大,也就是说,发生特大赔款是个小概率事件,但很显然,保险公司绝不能低估尾部的概率。正因为保险公司理赔款额的直方图呈正偏斜,右边有一条又长又重的尾巴,所以保险公司发生特大赔款的概率不是一个很小的数。也正因为保险公司理赔款额的直方图呈正偏斜,不是钟形对称,所以不能认为保险公司理赔款额的分布是正态分布。倘若误认为它是正态分布,误认为它尾巴不长,造成的后果之一就是低估尾部(发生特大赔款)的概率,给公司的经营带来风险。

我们知道,150 起事故中最大赔款额是 4526 元。这是不是说赔款额超过 4600 元的事故是不可能发生的?倘若这样认为,那这家保险公司就冒险了。我们应该观察更多的事故,看看有没有赔款额超过 4600 元的。假如这家保险公司年限不长,或公司往年的理赔资料不全,则可借鉴其他保险公司的理赔资料。还可通过专家讨论,根据经验推测赔款额超过 4600 元的概率。此外我们可以应用概率统计的理论和方法,基于现有的保险赔款额记录,估计这个概率。这种类型的估计问题很有实际应用价值。例如,建造大坝时经常会遇到这样一个问题:欲在某地建一座能抵御百年一遇洪水的大坝,但只有该地区近 50 年的水文资料,例如该地区近 50 年间每年的最高水位,该如何建造大坝?该问题可理解为大坝的高度比近 100 年的最高水位还要高。即应用统计中的极值理论和方法,基于该地区近 50 年间每年的最高水位这 50 个数,估计出该地区近 100 年的最高水位。当然,与这个高度相对应的还有一个置信水平(概率),例如 95%。因而完整地说,近 100 年中任何一年的洪水都不会超过这个高度,其置信水平为 95%。或等价地说,洪水超过这个高度的可能性不足 1%,其置信水平为 95%。

对保险公司、银行等而言,他们所关心的是风险值(value at risk)。所谓某公司的风险值,是指该公司可能蒙受的损失没有超过风险值的置信水平(概率),用 β 表示。

在实际应用中,置信水平 β 的选取要根据不同的需要来确定。1966 年,巴塞尔(Basel,瑞士西北部一城市)委员会的银行资本充足率条款中要求 $\beta=99\%$。1996 年摩根大通银行(J. P. Morgan)选择 $\beta=95\%$。因而,银行若准备有风险值这么多的资本,那么其不能应付损失导致破产的可能性只有 $1-\beta$ 这么大。按巴塞尔委员会的标准,破产的可能性为 1%;而按摩根大通银行的标准,破产的可能性为 5%。总之,风险值要求我们关注并计算"大损失的小概率"。

在数据直方图呈正偏斜时,处理这类数据有很多方法,其中一个较为简单、常用的方法是作对数变换。取了对数之后所得到的数据直方图有可能呈钟形对称。现以例 2-6 中某保险公司 150 起事故的理赔款额数据为例来说明。赔款额及赔款额的对数如表 2-19 所示。

表 2-19 　　　　　　　　　　　　**赔款额及赔款额的对数**

赔款额/元	赔款额的对数	赔款额/元	赔款额的对数	赔款额/元	赔款额的对数	赔款额/元	赔款额的对数	赔款额/元	赔款额的对数
943	6.84	2516	7.83	1551	7.35	1369	7.22	1842	7.52
578	6.36	489	6.19	1288	7.16	1493	7.30	1178	7.07
...	...	...	...	...	...	...	...	...	...
3596	8.19	552	6.31	451	6.11	2769	7.93	1623	7.39
790	6.67	627	6.44	1659	7.41	927	6.83	1358	7.21

启动 Excel 中文版"插入"菜单上的"函数(F)"命令就能计算赔款额的对数。事实上,在单元格上输入对数函数名,就能直接计算这 150 个赔款额的对数,而

且速度非常快。直接计算的步骤如下。

(1)建立数据文件,将原始数据放在 A 列的第 2 至第 151 个单元格内,且在 A 列的第 1 个单元格上输入项目名称"赔款额"。

(2)在 B 列的第 1 个单元格上输入项目名称"赔款额的对数",且在 B 列的第 2 个单元格上输入对数函数名"= ln(a2)",点击"确定"按钮,则 B 列的第 2 个单元格上显示的数就是 A 列的第 2 个单元格上赔款额的对数。这里的"ln"是自然对数的意思,它以 e= 2.7182818…为对数的底。

(3)鼠标沿着 B 列的第 2 个单元格往下拉,直到 B 列的第 151 个单元格内,则 B 列的第 2 个、第 3 个直到第 151 个单元格上显示的数分别是 A 列的第 2 个、第 3 个直到第 151 个单元格上赔款额的对数。这 150 个赔款额对数的频数频率分布见表 2-20。其数值分布如图 2-11 所示。

表 2-20 　　　　　　　　　保险赔款额对数的频数频率分布

赔款额的对数	频数	频率/%
0~5.8	1	0.67
5.8~6.1	3	2.00
6.1~6.4	15	10.00
6.4~6.7	21	14.00
6.7~7.0	33	22.00
7.0~7.3	30	20.00
7.3~7.6	25	16.66
7.6~7.9	13	8.67
7.9~8.2	8	5.33
8.2~8.5	1	0.67
合计	150	100.00

注:组的上限在组内。例如第一组 0~5.8,指比 0 大、比 5.8 小,以及等于上限 5.8 的数都在这一组内,下限 0 不在这一组。

图 2-11 中,赔款额取了对数之后右边那条又长又重的尾巴缩进去了,其直方图呈钟形对称。

为什么取了对数之后,图 2-10 右边那条又长又重的尾巴会缩进去呢?表 2-20 各个分组区间的上限 $x=400,800,\cdots,4400,4800$,这些数越来越大,相邻两个数的间隔都是 400。而取了对数之后,$\ln x=5.991,6.685,7.090,7.378,7.601,7.783,7.937,8.071,8.189,8.294,8.389,8.476$,这些数也越来越大,但

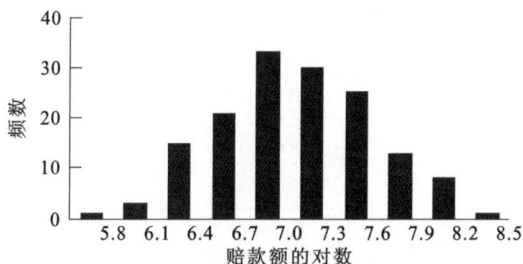

图 2-11　赔款额对数

其相邻两个数的间隔都不相等,并且逐渐减小。它们的间隔依次为

$6.685-5.991=0.694, 7.090-6.685=0.405, 7.378-7.090=0.288,$

$7.601-7.378=0.223, 7.783-7.601=0.182, 7.937-7.783=0.154,$

$8.071-7.937=0.134, 8.189-8.071=0.118, 8.294-8.189=0.105,$

$8.389-8.294=0.095, 8.476-8.389=0.087。$

因此取了对数之后好像把右边大的数拉到左边去了,越是大的数拉过去越多,这就是取了对数之后图 2-10 右边那条又长又重的尾巴会缩进去的原因。

正因为赔款额取了对数之后的直方图呈钟形对称,故通常认为赔款额的对数的分布是正态分布。当某个量(事物)取了对数之后的分布是正态分布,则称这个量为对数正态分布。因而赔款额的分布就是对数正态分布,对数正态分布常用于描述经济方面数据的分布。

除了钟形对称、正偏斜这两种常见类型的直方图,在实际情况中还有一些直方图是负偏斜,即左边有一条又长又重的尾巴,甚至有的直方图看上去毫无规律可言。要看出这些直方图隐含着的信息,必须具体问题具体分析。

根据 2010 年上海市第六次人口普查资料,上海市常住人口年龄的分布情况如表 2-21 与图 2-12 所示。

表 2-21　　　　　　　　**2010 年上海市常住人口的年龄分布**

年龄组/岁	人数/人	百分比/%
0～4	793295	3.4462
5～9	632783	2.7489
10～14	556800	2.4189
15～19	1121198	4.8707
20～24	2620350	11.3833
25～29	2571154	11.1696

续表

年龄组/岁	人数/人	百分比/%
30～34	2128100	9.2449
35～39	1921281	8.3464
40～44	1877737	8.1573
45～49	1800675	7.8225
50～54	1802721	7.8314
55～59	1723410	7.4868
60～64	1138342	4.9452
65～69	665356	2.8904
70～74	523047	2.2722
75～79	555109	2.4115
80～84	351529	1.5271
85～89	172942	0.7513
90～94	52312	0.2273
95～99	10124	0.0440
100～104	868	0.0038
105 及以上	63	0.0003
合计	23019196	100.0000

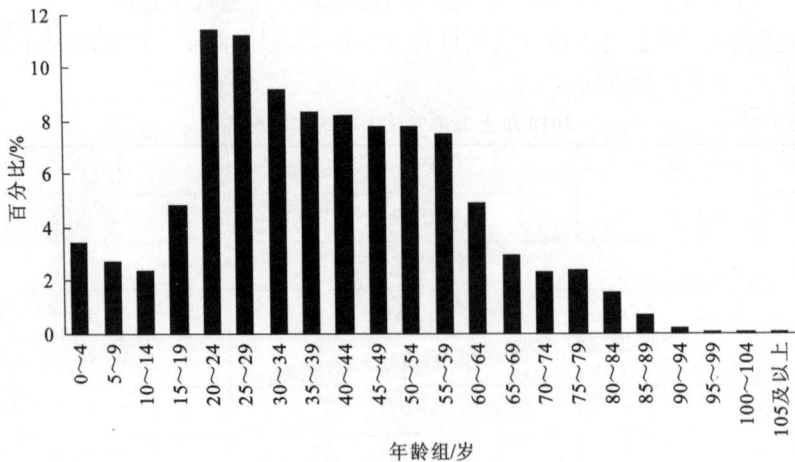

图 2-12　2010 年上海市常住人口的年龄分布

由图 2-12 可以看到,2010 年上海市常住人口的年龄分布出现峰谷交替的现象。这与上海市几十年来社会经济的变化情况有关。65～79 岁有 3 组数据,它们形成了直方图的一个谷,谷底在 70～74 岁组。这个谷形成的原因和 3 组数据的这些人出生在 1931—1945 年之间有关。45～59 岁这 3 组数据形成了直方图的一个峰,峰顶在 50～54 岁组。这个峰形成的原因与 3 组数据的这些人出生在 1951—1965 年之间有关。1951—1960 年没有实行计划生育政策,之后开始实行计划生育政策,所以 45～49 岁组比峰顶 50～54 岁组低了一些。1966—1976 年期间没有很好地实行计划生育政策,所以 35～44 岁百分比又上升了。可能大家会说,1976 年之后,计划生育政策得到了严格的执行,那为什么 20～34 岁又是直方图的峰?其原因就在于 45～59 岁这 3 组数据形成了峰,人口多,他们的子女也多。这些子女基本上是 20～34 岁。类似地,0～14 岁这 3 组数据的变化趋势与 25～39 岁这 3 组数据的变化趋势也有关系。可以想象,2010 年 20～24 岁的人成家之后,他们的子女也会比较多。倘若根据 2020 年第七次人口普查的资料画出上海市常住人口的年龄分布的直方图,就很有可能发现,2020 年 0～14 岁是直方图的一个峰,峰顶大致在 5～9 岁。人口问题的研究比较复杂,事关国计民生。人口统计是统计研究领域的一个非常活跃的分支。

2.4.2　定量数据的集中趋势的数值描述

关于合金钢圆筒的内径,人们除了关心圆筒内径是如何分布的,还关心圆筒内径的平均大小为多少。

1. 平均数

假设一批数据共有 n 个数,它们分别记为 $x_1, x_2, \cdots, x_n$。x_i 的下标"i"通常没有意义,仅仅是个代码,但有的时候它表示依时间先后次序得到的第 i 个数。这 n 个数的平均大小很自然地可以用其平均数(average,简称平均或均值)$\bar{x}$ 来表示,其中

$$\bar{x} = \frac{x_1 + x_2 + \cdots + x_n}{n}$$

x 上面的一根横线读作"bar",这是通用的标记。例如,$\bar{y}$ 表示 $y_1, y_2, \cdots, y_m$ 的平均数。

利用 Excel"函数"命令就能直接计算平均数。计算例 2-4 所列的 200 个圆筒的内径数据的平均数的步骤如下。

(1)建立数据文件,将例 2-4 的原始数据放在 A 列的第 1 至第 200 个单元格上。

（2）在任意一个单元格例如 B 列的第 1 个单元格上输入平均数函数名"＝average(a1：a200)"。

（3）点击"确定"按钮，则 B 列的第 1 个单元格上显示的数 45.2915，就是所求的 200 个圆筒的内径数据的平均数 $\bar{x}=45.2915$。

下面列举一些例子以说明平均数应用的广泛性。

（1）推销员每获得一份订单平均需向顾客提出 4.6 次成交要求。推销员需要有不怕挫折、不怕失败的心理素质。

（2）日本一家调查公司对百货零售企业的跟踪调查结果显示：

①一位不满意的顾客平均会向 9 个人抱怨；

②在停止购货的顾客中，平均有 14％的顾客是因为对产品不满意；

③平均有 80％的销售额来自老顾客，60％的新顾客来自老顾客的热情推荐；

④在每一位投诉顾客的背后，平均有 26 位同样不满意却保持沉默的顾客，其中 6 位的不满意程度较高。

（3）美国 TRAP 公司的调查结果显示：

①对 5 美元以下的小额商品不满意的顾客中，平均有 96％未提出抱怨，其中不再重复购买的顾客平均占 63％。

②对 100 美元以上的大额商品，若不满意则提出抱怨的顾客平均占 73％。

③如果可以补救并且处理得当，平均有 70％的不满意顾客在转向满意之后仍然可能继续购买该企业的产品或服务。从顾客抱怨转变为顾客忠诚是可能的。

（4）药师在对美国纽约州的一所医院全年 289411 份处方进行详细审查后，发现 905 份处方有错误，平均每天出现 2.5 份错误处方。医生的工作年限和经验与处方的错误率有极为密切的关系。第一年工作的医生平均错误率为0.425％，第二年工作的医生平均错误率为 0.234％，第三年工作的医生平均错误率为0.198％，第四年工作的医生平均错误率为 0.081％。

（5）上海市部分年份户平均人口统计如表 2-22 所示。

表 2-22　　　　　　　　　　上海市部分年份户平均人口统计

统计量	1949 年	1950 年	1960 年	1970 年	1980 年	1990 年	1997 年	2000 年	2001 年	2005 年	2010 年
户平均人口/人	4.9	4.6	4.5	4.2	3.8	3.1	2.9	2.8	2.77	2.66	2.49

（6）某路口早高峰时，绿灯亮 2 分 10 秒平均通过 250 辆车，若有人闯红灯，则最多通行 120 辆。

平均数大家都熟悉,且应用非常广泛。但是将平均数作为数据的中心位置的代表有时存在不足之处。看下面的两篇报道。

(1)2001年3月5日,《经济参考报》刊登了一篇标题为《平均数代表不了大多数》的文章。文章指出,时任江苏省委书记回良玉对记者说:"2000年,江苏省农民人均年纯收入增长了2.9%。但这个增长是由并不占多数的农民的收入增长拉动的。"2000年,江苏农民减收户达60%,平收、增收的农户只占1/3强。回良玉说:"对此我们必须有清醒的认识。平均数代表不了大多数。"

(2)2001年4月30日,《学习时报》刊登了一篇标题为《农业部长实说"三个掩盖",部分富裕户增收掩盖了普通农民减收》的文章。文章指出,时任农业部常务副部长万宝瑞说当时出现了"三个掩盖":部分富裕户增收掩盖了普通农民减收;非农兼业户增收掩盖了纯农户减收;东部农民增收掩盖了中西部农民减收。

由这两篇报道可以看出,平均数有增长,但不明显,其原因就在于光看平均数是看不到数据全貌的。尤其在数据比较特别,例如其直方图不是钟形对称,有一些数异常大或异常小的时候,将平均数作为数据的中心位置的代表,有明显的不足之处。例2-7说明了平均数的缺陷。

【例2-7】　某企业有雇主雇员共101人,他们的工资情况如表2-23所示。

表2-23　　　　　　　　　　　某企业雇主雇员的工资情况

工资/元	人数/人	工资/元	人数/人	工资/元	人数/人
200000	1	20000	6	4000	18
80000	1	10000	1	3000	1
60000	3	6000	5	2500	10
50000	3	5000	12	2000	40

经计算,该小型企业的平均工资为10000元:

$$\frac{1\times200000+1\times80000+3\times60000+\cdots+10\times2500+40\times2000}{101}=10000(元)$$

可见其平均工资还是比较高的。但事实上,可以看到在全部101个雇主雇员中,只有14个人的工资超过平均工资,而有86个人的工资低于平均工资,甚至有40个人的工资只有平均工资的1/5。

平均工资比较高的原因就在于最高工资(20万元)非常高,是最低工资(2000元)的100倍,从而掩盖了有几乎40%的人的工资只有最高工资的1/100的事实。由此看来,除了计算平均数,还有必要计算一些数,以全面、客观、公正地反映数据的平均大小。作为平均数的补充,可以计算切尾平均数。

切尾平均数(trimmed mean),简称切尾平均或切尾均值,就是去掉一个最大值和一个最小值后计算平均数,或者在数据很多的时候计算 $\alpha\%$(如 5%)切尾平均数等。所谓 5% 切尾平均数,就是把数据由小到大排列后,把排在前面的 5% 个数,以及排在后面的 5% 个数都去掉,然后对剩下的 90% 个数取平均值。

由于例 2-7 中某企业雇主雇员共 101 人,因此工资的 5% 切尾平均数就是去掉最高工资的 5 个人与最低工资的 5 个人,然后计算剩下的 91 个人的平均工资,从而得到 5% 切尾平均工资为 6263.74 元。这比计入所有雇主雇员共 101 人的平均工资 10000 元要合理得多。当然,切尾平均工资还不是十分合理。这是因为它与平均工资 10000 元相类似,在全部 101 个雇主雇员中只有 15 个人的工资超过切尾平均工资,却有 86 个人的工资低于切尾平均工资,更有 40 个人的工资不到切尾平均工资的 1/3。

利用 Excel"函数"命令就能直接计算切尾平均数,其计算步骤类似于用 Excel"函数"命令计算平均数。若计算例 2-4 所列 200 个圆筒的内径数据的 5% 切尾平均数,仅需在任意一个单元格上输入切尾平均数函数名"＝trimmean①(a1:a200,0.05)",则得 200 个圆筒的内径数据的 5% 切尾平均数 45.3258。它与内径的平均数 45.2915 相差无几。当一批数据的直方图呈钟形对称时,其平均数与切尾平均数是差不多的。

2. 中位数

本章 2.3 节中提到定性有序数据的平均大小可以用中位数来度量。不仅如此,中位数还可用来度量定量数据的平均大小(集中趋势、中心位置)。顾名思义,数据的中位数是这样一个数,在它的左边和右边有一样多的数。由此得中位数的计算方法:

假设这组数据有 n 个数:$x_1, x_2, \cdots, x_n$,将这些数按由小到大的次序排列,则

(1)当 n 为偶数时,中间两个数的平均值为中位数。

(2)当 n 为奇数时,中间那个数为中位数。

例 2-7 中有 101 个数,由小到大排列后,第 51 个位置上的数(3000)为中位数,由于这家企业 101 个雇主雇员中各有 50 个人的工资不到和超过中位数 3000 元。若用中位数 3000 元作为这家企业雇主雇员工资的平均大小的度量,则比较合理。

倘若例 2-7 中企业雇主的工资从 20 万元增加到 30.1 万元,则平均数就从原来的 1 万元增加到 1.1 万元,增加了 1/10,但中位数保持不变,仍然是 3000 元。故有以下结论:

---

① trimmean 是 trimmed mean(切尾平均数)的缩写。

（1）当特别大的数变得更大时，平均数敏感，会随之变大；而中位数稳健，保持不变。

（2）当特别小的数变得更小时，平均数敏感，会随之变小；而中位数稳健，保持不变。

根据上面的分析，对例 2-7 来说，用稳健的中位数来表示这些数据的平均大小比较恰当。

利用 Excel"函数"命令就能直接计算中位数，其计算步骤类似于用 Excel "函数"命令计算平均数。若计算例 2-4 所列 200 个圆筒的内径数据的中位数，仅需在任意一个单元格上输入中位数函数名"＝median(a1；a200)"，则得 200 个圆筒的内径数据的中位数 45.4。它与内径的平均数 45.2915，以及 5％切尾平均数 45.3258，都相差无几。当一批数据的直方图呈钟形对称时，其平均数（包括切尾平均数）与中位数是差不多的。

用平均数表示数据的平均大小很容易接受，而用中位数表示数据的平均大小总有些难以接受。事实上，平均数和中位数相辅相成，相互补充，各有其特性和优缺点。在人口统计中，平均数和中位数各有用处。本章 2.3 节在讲定性有序数据的平均大小可以用中位数来度量时，讲到人口统计中通常计算年龄的中位数。从图 2-12 可知，上海市常住人口年龄分布出现峰谷交替的现象，由此看来用中位数表示年龄的平均大小更优。在人口统计中年龄的平均大小用中位数表示，但寿命的平均大小用平均数表示，其含义显然比用中位数清楚，容易被人理解。上海居民年龄中位数和期望（平均）寿命见表 2-24。上海居民的年龄中位数逐步变大，上海居民的期望寿命也逐步增加，这都说明上海逐渐步入老龄化社会。

表 2-24　　　　　　　**上海居民年龄中位数和期望寿命**

人口普查时间	上海居民的年龄中位数/岁	上海居民的期望寿命/岁
1964 年第二次人口普查	19.4	
1982 年第三次人口普查	29.2	72.9
1990 年第四次人口普查	33.9	男性：73.2；女性：77.7
2000 年第五次人口普查	37.6	男性：76.71；女性：80.81
2010 年第六次人口普查	36.0	82.51

期望寿命的计算比年龄中位数的计算要复杂得多。这是因为计算期望寿命必须知道死亡时间。例如有 10 个人，为了计算这 10 个人的平均寿命，我们必须耐心地作长时期的观察，记录他们的寿命。再将他们的寿命加在一起，然后除以

10,这样得到的平均数才是这 10 个人的平均寿命。由于这种方法耗时长,故计算期望寿命通常使用的方法是利用调查资料。例如人口普查除调查生存情况外,还调查死亡情况。根据人口普查中的生存和死亡数据,利用统计的理论和方法,首先计算各个不同年龄的人的死亡概率,然后计算期望寿命。例如 1990 年在上海出生的婴儿,期望寿命为 75.4 岁。期望寿命的计算过程较为复杂,本书从略。

需要注意的是,今后如果听说平均收入、平均工资、平均分数或平均高度,就应该想到这个平均究竟是平均数,还是中位数。另外还要注意,稳健的中位数与敏感的平均数各有其用处。例如:

(1)在平均数比中位数大很多的时候,数据中可能有特别大的数,这个特别大的数是不是异常值? 倘若是异常值,应想办法对它进行校正;倘若不是异常值,那它为什么这么大? 它隐含着什么样的信息?

(2)在平均数比中位数小很多的时候,数据中可能有特别小的数,这个特别小的数是不是异常值? 倘若是异常值,应想办法对它进行校正;倘若不是异常值,那它为什么这么小? 它隐含着什么样的信息?

如果数据的直方图呈钟形对称,则平均数和中位数相差不大。而如果数据的直方图呈正偏斜,右边有一条又长又重的尾巴,则平均数和中位数有比较大的差别,且平均数往往比中位数大。例 2-4 中的 200 个圆筒内径数据的直方图呈钟形对称,其平均数和中位数分别为 45.2915 和 45.4,它们相差不大。例 2-7 中的企业 101 个雇主雇员工资的直方图显然呈正偏斜,其右边有一条又长又重的尾巴,其平均数和中位数分别为 10000 和 3000,平均数比中位数大得多。

3. 众数

本章 2.3 节中提到众数就是出现频率最高的那个数,常用来度量定性数据的平均大小。此外,定量数据的平均大小也可以用众数来度量。需要注意的是,当数据个数不多的时候计算众数的意义不大。

平均数从数的大小,中位数从数的顺序,众数从数出现的频率,描述了数据的平均大小。单用一个数不容易了解数据在平均大小(集中趋势、中心位置)上的全貌,最好将平均数、中位数和众数这 3 个数结合起来。例如某家电维修店根据维修记录发现,家电维修时间的平均天数为 8 天,中位数是 4 天,众数是 1 天。由这 3 个数就可大致了解家电维修时间的分布情况,维修时间是 1 天的家电最多,维修时间比 4 天少以及比 4 天多的家电一样多,有一些家电的维修时间很长以至于平均维修时间为 8 天。对于这些维修时间特别长的家电需仔细观察分析,从中很可能发现有用的信息。例 2-7 中企业 101 个雇主雇员工资的众数是 2000 元。将平均数、中位数和众数说明补充到表 2-23 中,得到表 2-25。

设想一下,倘若我们不知道该小型企业每个雇主雇员的工资,仅知道他们工资的平均数是 1 万元,中位数是 3000 元,众数是 2000 元,那根据这 3 个数就能知道,这家小型企业雇主雇员工资分布的大致情况:工资为 2000 元的人最多;工资比 3000 元高和低的人一样多;由于平均数 1 万元比中位数大得多,因此有的人的工资特别高。

表 2-25   **某企业雇主雇员的工资分布情况**

工资/元	人数/人	说明
200000	1	
80000	1	
60000	3	
50000	3	
20000	6	
10000	1	平均数
6000	5	
5000	12	
4000	18	
3000	1	中位数
2500	10	
2000	40	众数

尽管中位数和众数,包括切尾平均数都有不少的优点,但一般来说度量数据的平均大小(集中趋势、中心位置)用得比较多的还是平均数 $\bar{x}$。

利用 Excel"函数"命令就能直接计算众数,其计算步骤类似于用 Excel"函数"命令计算平均数与中位数。若计算例 2-4 所列 200 个圆筒的内径数据的众数,仅需在任意一个单元格上输入众数函数名"=mode(a1:a200)",就可以得到 200 个圆筒的内径数据的众数 41.7。它与内径的平均数 $\bar{x}$=45.2915,以及中位数 45.4,都相差不大。

(1)当一批数据的直方图呈钟形对称时,其平均数、中位数与众数差不多大。

(2)当一批数据的直方图呈偏斜时,其平均数、中位数和众数相差比较大。

特别地,当一批数据的直方图呈正偏斜(右边有一条长尾巴)时,往往有这样的情况:平均数>中位数>众数。

4. 百分位数

为了更清楚地看到数据分布的全貌,我们还可以计算百分位数(percentile)。所谓 p 百分位数,简单地说就是数据中比 p 百分位数小的数占总数的 $100p\%$,而比它大的数占 $100(1-p)\%$。由此看来,中位数就是 0.5 百分位数。除中位数(0.5 百分位数)外,用得比较多的还有 0.25 百分位数和 0.75 百分位数。0.25 百分位数又称为下四分位数,比 0.25 百分位数小的数占全部数据的 1/4,比它大的数占 3/4。0.75 百分位数正好相反,比 0.75 百分位数大的数占全部数据的 1/4,比它小的数占 3/4,故 0.75 百分位数又称为上四分位数。一般来说,有上 p 百分位数,数据中比上 p 百分位数大的数占全部数据的 $100p\%$,而比它小的数占 $100(1-p)\%$。

有了中位数和一些百分位数就更能看清楚数据的全貌了。前文提到人的生理特征,例如身高、体重、脉搏等数据在正常的状态下,其直方图呈"中间高,两边逐渐低下去,左右近似对称"的钟形对称。但婴幼儿的生理特征比较特殊,而且这些特征备受关注,必须仔细分析。因而婴幼儿的生理特征的分布往往用百分位数表示。1995 年上海市公布了市区 0～6 岁男童和女童体格发育五项指标(体重、身高、头围、胸围和坐高)评价参考值。这些参考值都是用百分位数描述的。表 2-26 仅列举上海市市区新生婴儿体重和身高的评价参考值。

表 2-26　　　　**上海市市区新生婴儿体重和身高的评价参考值**

体格指标		$p3$	$p10$	$p20$	$p50$	$p80$	$p97$
体重/kg	男童	2.58	2.81	3.00	3.24	3.59	4.00
	女童	2.60	2.80	2.90	3.22	3.60	3.95
身高/cm	男童	47.90	48.11	49.00	50.30	51.50	53.00
	女童	46.40	47.51	48.20	49.95	51.00	52.50

注:$p3$ 是 0.03 百分位数,其余的类同。

现以新生男童的体重为例说明婴儿评价参考值的含义。$p3=2.58$kg,意思是上海市市区新生男童体重不到 2.58kg 的只有 3%。由于 $p10=2.81$kg,因此上海市市区新生男童体重在 2.58～2.81kg 的有 7%(10%－3%)。与此相类似地,上海市市区新生男童体重在 2.81～3.00kg、3.00～3.24kg、3.24～3.59kg、3.59～4.00kg 以及超过 4.00kg 的分别有 10%、30%、30%、17% 以及 3%。据此画出上海市市区新生男童体重的直方图(见图 2-13)。

图 2-13 的横坐标是体重,那纵坐标是什么?是不是比例(频率)?例如 $p20$ 与 $p50$ 之间,也就是 3.00～3.24kg 之间有 30% 的新生男童,那么以($p20,p50$)

为底边的长方形的高,也就是其纵坐标是不是 30％(即 0.3)? 由图 2-13 可以看到,其纵坐标并不是 0.3。事实上这个长方形的面积才是 0.3。这好比有 30％ 的新生男童挤在 $p20$ 与 $p50$ 之间,一排排地堆叠上去。由此可见,长方形的面积是 0.3,而长方形的高等于 1.25,计算过程为:

$$\frac{0.3}{0.24}=1.25,其中\ 0.24=3.24-3.00$$

类似地,可以求得其他各个长方形的高,从而画出上海市市区新生男童体重的直方图(见图 2-13)。虽然以 $(p20,p50)$ 为底边的长方形和以 $(p50,p80)$ 为底边的长方形面积相等,都等于 0.3,但由于前一个长方形的底边的长度为 0.24, 后一个长方形的底边的长度为 0.35(3.59-3.24),前一个底边短,后一个底边长,因而由图 2-13 可以看到,前一个长方形高,而后一个长方形低。通常人们说高的长方形的密度大,而低的长方形的密度小,从而很自然地认为前一个密度大,后一个密度小。

总之,定量数据直方图中长方形的面积是比例(频率),而长方形的高是比例(频率)除以长方形底边的长度:

$$长方形的面积=比例(频率),\quad 长方形的高=\frac{比例(频率)}{长方形的底边长}$$

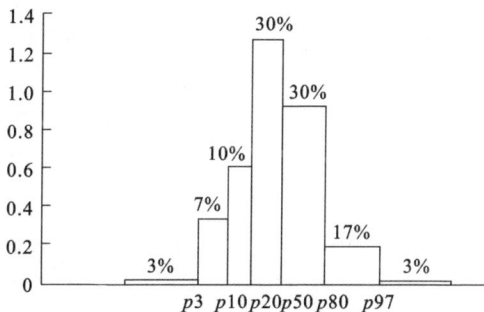

图 2-13　上海市市区新生男童体重分布

与图 2-13 不同的是,图 2-10 和图 2-11 这些定量数据的直方图都是用频数或频率作为长方形的高。严格地说,不应称它们为直方图,而应称为条形图或柱形图。由于这些(非严格意义的)直方图的长方形底边都一样长,长方形的高(密度)的大小就仅与比例(频率)有关,用频数或频率作为长方形的高也是可以的。对于大多数实际问题而言,长方形的底边往往都取一样长,人们还是喜欢用频数或频率作为长方形的高,这样做不仅简单,而且容易被大众理解。

显然,在长方形的面积是比例(频率)的直方图中,各个长方形的面积之和等于 1,即 100％。这好比所有上海市市区的新生男童都挤在图 2-13 这些长方形里面。由图 2-13 可以看到，倘若一个新生男童体重不到 $p3=2.58$kg，他应被看成是很瘦弱的。一般来说，新生男童体重在 $p50\sim p80$，即 $3.24\sim3.59$kg 之间是比较恰当的，而体重超过 4.00kg 的新生男童则被认为是过重的。

前面提到人口统计中年龄用中位数，寿命用平均数表示。年龄除了用中位数表示，还可以用百分位数表示，尤其是讨论老年人口问题时，百分位数，特别是上百分位数用得很多。国际公认，如果一个国家或地区 65 岁及以上的老年人口占总人口的比重达到 7%，则标志该地区进入老龄化；而如果超过 14%，则意味着该地区高度老龄化。65 岁及以上的老年人口占总人口的比重超过 7%，相当于，65 岁是总人口的上 p 百分位点，其中 $p\geqslant7\%$。表 2-27 为上海市 65 岁及以上的老年人口占总人口比重的变化情况。由此可见，上海市人口老龄化趋势非常明显。

表 2-27　　　　　上海市 65 岁及以上的老年人口占总人口的比重

统计量	1953 年	1964 年	1982 年	1987 年	1990 年	2000 年	2005 年	2006 年
上百分位数	1.97	3.6	7.4	8.5	9.4	11.5	14.97	15.2

不仅上海市，整个中国人口老龄化趋势也是非常明显的。2005 年，根据国家统计局公布的数据，全国 65 岁以上的老年人首次突破了 1 亿人口大关，在总人口中所占比重达到了 7.6%。而在 1982 年，老年人口所占比重还不到 5%。

利用 Excel"函数"命令就能直接计算百分位数，其计算步骤类似于用 Excel "函数"命令计算平均数、中位数与众数。若计算例 2-4 所列 200 个圆筒内径数据的百分位数，仅需在任意一个单元格上输入百分位数函数名"=percentile (a1:a200,0.05)"，就可以得到 200 个圆筒内径数据的 5% 百分位数 36.49。若计算上 5% 百分位数，则输入"=percentile(a1:a200,0.95)"，则得 200 个圆筒的内径数据的上 5%(95%)百分位数 53.63。上、下 5% 百分位数分别是 53.63 和 36.49，其中点为 45.06，它与内径的平均数 $\bar{x}=45.2915$ 相差不大。当一批数据的直方图呈钟形对称时，上、下 p 百分位数基本上关于平均数相互对称，则用图形表示数据的分布非常直观。表示数据分布的图形除了直方图还有箱线图（box plot）。画箱线图必须知道数据的 5 个数：最小值、下四分位数、中位数、上四分位数和最大值。这 5 个数概括了数据的分布情况，故称为五数概括。

利用 Excel"函数"命令就能直接计算这 5 个数，其计算步骤类似于用 Excel "函数"命令计算平均数、中位数、众数与百分位数。若计算例 2-4 所列 200 个圆筒内径数据的这 5 个数，仅需依次进行如下操作：

（1）输入"=quartile(a1:a200,0)"，然后点击"确定"按钮，则得到最小值 31.1；

（2）输入"＝quartile（a1：a200,1）"，然后点击"确定"按钮，则得到下四分位数 41.9；

（3）输入"＝quartile（a1：a200,2）"，然后点击"确定"按钮，则得到中位数 45.4；

（4）输入"＝quartile（a1：a200,3）"，然后点击"确定"按钮，则得到上四分位数 48.9；

（5）输入"＝quartile（a1：a200,4）"，然后点击"确定"按钮，则得到最大值 59.1。

制作箱线图需使用其他统计软件例如 Minitab。使用 Minitab 制作箱线图的步骤为：输入 data→stat→EDA→ boxplot。具体过程从略。

根据例 2-4 的 200 个圆筒内径数据算得的 5 个数为：31.1、41.9、45.4、48.8 和 59.1，画出的箱线图见图 2-14。图 2-14 中间的长方形含有 50％的数据。长方形中间的那条线是中位数。中位数将长方形分隔成两部分，每一部分都各含有 25％的数据。图 2-14 显示，圆筒内径数据呈对称分布。图中的"＊"表示最小值 31.1 是个异常值。至于它为什么是异常值，稍后将给予说明。

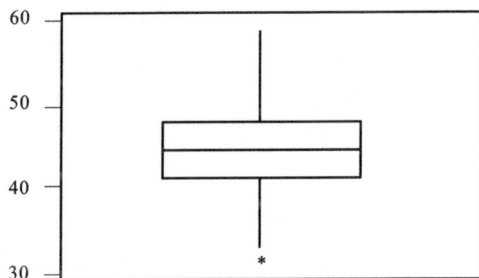

图 2-14　圆筒内径数据的箱线图

例 2-6 中某保险公司 150 起事故的理赔款额的 5 个数概括为：302、800、1127.5、1634.25 和 4526，画出的箱线图如图 2-15 所示。显然，其分布不对称，上（右）边的尾巴比较长而且重。图中的点"＊"表示最大的 4 个赔款额——3285、3596、3603 和 4526 都是异常值。

例 2-7 中某企业雇主雇员工资的五数概括为：2000、2000、3000、5000 和 200000，画出的箱线图如图 2-16 所示。显然，其分布非常不对称，下（左）边看来没有尾巴，上（右）边的尾巴很长而且重。由于有些人有同样高的工资，因此图中的 6 个"＊"并不表示只有 6 个人的工资异常高，很可能还有其他人工资异常高。

五数概括与箱线图可用来判断比较大或比较小的一个数是不是异常值。这个判断方法直观、简单，其步骤如下。

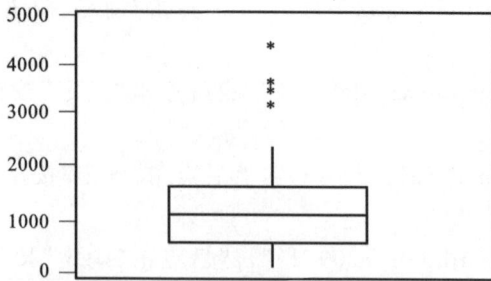

图 2-15　保险理赔款额的箱线图

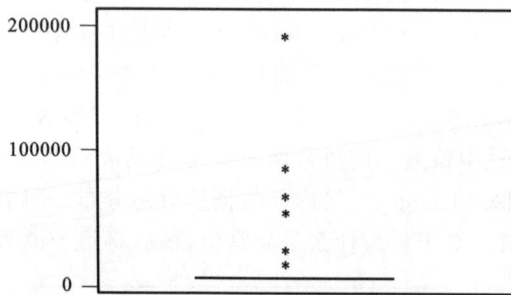

图 2-16　企业 101 个雇主雇员工资的箱线图

（1）计算四分位数间距（IQR）。

$$IQR＝上四分位数－下四分位数$$

（2）内篱笆。

$$下端内篱笆＝下四分位数－1.5×四分位数间距$$
$$上端内篱笆＝上四分位数＋1.5×四分位数间距$$

（3）外篱笆。

$$下端外篱笆＝下四分位数－3×四分位数间距$$
$$上端外篱笆＝上四分位数＋3×四分位数间距$$

（4）判断方法。

位于内外篱笆之间的数怀疑其为异常值；在外篱笆外面的数怀疑其为极端异常值。[①]

①例 2-4 中的 200 个圆筒内径数据的上、下四分位数分别为 48.8 与 41.9，判断最小值 31.1 是否为异常值的步骤如下。

a. 四分位数间距（IQR）＝48.825－41.9＝6.925。

---

①　判断一个数是否为异常值或极端异常值尚需具体问题具体分析，很大程度上依赖于我们对所研究的问题的实际背景的理解。

b.下端内篱笆＝41.9－1.5×6.925＝31.5125。

c.下端外篱笆＝41.9－3×6.925＝21.125。

d.31.1介于下端内外篱笆之间,是异常值。

②例2-6中某保险公司150起事故的理赔款额的上、下四分位数分别为1634.25和800。判断最大的4个赔款额(3285、3596、3603和4526)是否都是异常值的步骤如下。

a.四分位数间距(IQR)＝1634.25－800＝834.25。

b.上端内篱笆＝1634.25＋1.5×834.25＝2885.625。

c.上端外篱笆＝1634.25＋3×834.25＝4137。

d.最大的4个赔款额中,3285、3596与3603介于上端内外篱笆之间,是异常值;4526在上端外篱笆之外,是极端异常值。

③例2-7中某企业雇主雇员工资的上、下四分位数分别为5000和2000。判断工资10000及以上是否为异常值的步骤如下。

a.四分位数间距(IQR)＝5000－2000＝3000。

b.上端内篱笆＝5000＋1.5×3000＝9500。

c.上端外篱笆＝5000＋3×3000＝14000。

d.由此可知,工资10000是异常值;工资20000以及超过20000的14个人的工资是极端异常值。

图2-17是某学校某年级语文、数学和外文3门课程学生成绩的箱线图。比较这3个箱线图可以发现,从中位数来看,语文成绩分数最高,外文最低。此外,语文成绩高的与低的差别不大,而数学和外文成绩高的与低的差别则比较大。由此例可以看到,如果有两批或更多批的数据,画出每一批数据的箱线图,通过观察分析这些箱线图的相似处和差异处,可以对不同批的数据进行比较。箱线图的比较有很多应用,例如在证券市场对不同股票的表现进行比较,或对同一只股票在不同交易日的表现进行比较。

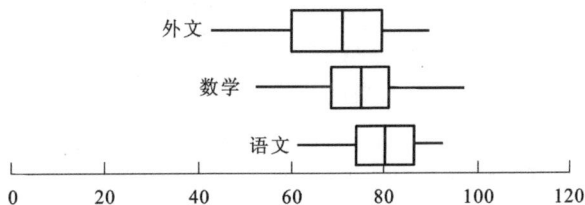

图2-17　语文、数学和外文3门课程学生成绩的箱线图

倘若该学校该年级有个学生这3门课程的成绩都是75分,那么能说他的这3门课程的成绩一样好吗?由图2-17可知,语文成绩的下四分位数和中位数分别是 73.5 分和 80 分,由此看来,这个学生的语文成绩属中下水平。数学成绩的中位数是 75 分,正好和该学生的数学成绩持平,他的数学成绩为平均中等水平。外文成绩的中位数和上四分位数分别是 71 分和 79 分,这说明该学生的外文成绩属中上水平。由此可见,看成绩的高低,不仅要看绝对分数,更要看相对分数,看他的等次。又如该学校该年级另一个学生的语文和数学成绩都是 70 分,外文成绩是 84 分。该学生这 3 门功课的成绩在箱线图中用"■"表示(见图 2-18)。由"■"所处的位置可以了解到,这个学生的外文成绩很好,语文成绩比较差,而数学成绩属中下水平。

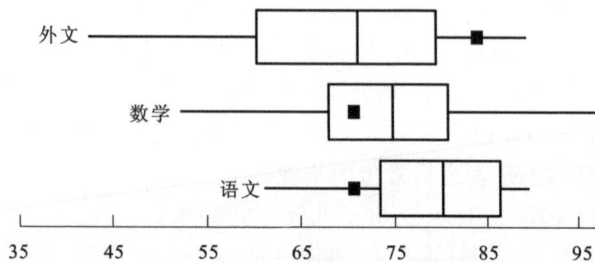

图 2-18 语文、数学和外文 3 门课程成绩箱线图上的某学生的成绩

2.4.3 定量数据的离散程度的数值描述

人们除了关心圆筒内径的分布情况及其平均大小,还关心下面这个问题:圆筒的内径有的大,有的小,参差不齐,那么其内径的离散程度如何?圆筒内径的离散程度越小,我们就说圆筒的生产过程越稳定。

为什么知道了数据的平均大小之后还需要知道数据的离散程度呢?这可以用下面的例子来解释。上海市普陀区华东师范大学附近原来有一大片平坦的农田,1958 年在这一片农田上挖了一个湖,并把挖出的土堆积成了一座山,建造了一个公园。在平坦的农田上挖一个湖并建成一座山,变化很大。但就平均高度来说,并没有发生变化。挖了湖建成山之后计算平均高度相当于把山削平,其土填满了湖。因而平坦农田的平均高度与挖了湖建成山之后的平均高度相等。但这两者的离散程度是不一样的,平坦农田上不同地点的高度没有多大差别,但挖了湖建成山之后,有的地方高出地平面,有的地方低于地平面,不同地点的高度有很大的差别。如瑞士有山(例如阿尔卑斯山)有湖(例如日内瓦湖),但瑞士的平均高度和平坦的英格兰平原是一样的。

以下方面说明了离散程度的重要性。

(1)数据能不能很好地用平均数来代表与数据的离散程度有关。

欲比较不同班级的学习成绩,仅需比较他们的平均分。也就是说,可以用平均分代表一个班级的成绩。如果这个班级学生的成绩都和平均分差不多,也就是当班级学生成绩的离散程度很小时,用平均分代表班级的成绩,其代表性较好。而如果这个班级有些学生的成绩比平均分高得多,有些比平均分低得多,也就是在班级学生成绩的离散程度很大的时候,用平均分代表班级的成绩,其代表性就比较差。数据能不能很好地用平均数来代表与数据的离散程度有关。

(2)股票价格的离散程度反映了投资的风险。

投资者当然关心股票的价格,但他更关心的是一段时间内股票价格的涨跌变化情况,也就是股票价格的离散程度。有的股票涨跌的幅度很大,这种股票的风险就大。离散程度反映了股票价格的不确定性,也反映了投资股票的风险。

(3)资产组合。

离散程度反映了不确定性,所以一项投资或一个资产组合的离散程度越大就说明该项投资的风险越大。投资者当然希望既挣得多又风险小,但鱼与熊掌不可兼得,一般难以做到既挣得最多而风险又最小,只能构造一个资产组合,例如确定最优股票类型与数量组合,使得这些股票的平均收益在不低于某个确定水平的前提下有最小的风险(最小的离散程度),或者对事先确定的风险(离散程度),有最大的平均收益。这就是美国著名经济学家、金融学家,1990 年诺贝尔经济学奖获得者哈里·马科维茨(Harry Markowitz)在《资产组合选择》一文中提出的思想。

(4)离散程度反映了生产的稳定性。

机器灌装额定标准为每袋净重 0.5kg 的袋装葡萄糖,由于受到温度、气压,以及操作工人的健康状况、心理状态、机器掌控程度等各个随机因素的影响,袋装葡萄糖的重量不可能完全相等。显然,平均重量是否为 0.5kg 是企业极为关心的一个质量指标。此外,企业还关心生产的稳定性,即离散程度如何。倘若平均重量为 0.5kg,但有的袋装葡萄糖重量超过了 0.5kg 很多,而有的比 0.5kg 少很多,也就是说机器灌装的袋装葡萄糖重量的离散程度很大,这也是不行的。因而平均大小和离散程度都是企业应该关心的。

(5)离散程度的大和小反映了机器精度的低和高。

灌装袋装葡萄糖的机器,每袋净重是可以调节的。反映机器优良性的一个很重要的指标就是精度。精度高的机器灌装的袋装葡萄糖差不多一样重,其离散程度小;精度低的机器灌装的袋装葡萄糖的重量参差不齐,其差别即离散程度大。离散程度的大和小反映了机器精度的低和高。

(6)试卷区分度的高低与考试成绩的离散程度大小有关。

以上方面似乎都说明离散程度大了不好。离散程度大了,平均数的代表性就差,股票价格就有很多的不确定性,资产组合的风险就大,生产的稳定性就差,机器的精度就低。但是在某些情形下人们不希望其离散程度太小。例如,考试是选拔人才的一种手段,倘若这些应聘者的考试成绩相差不大,其离散程度很小,就难以通过考试将应聘者区分开来,难以决定哪些人可考虑录用,哪些人不宜录用。因而考试成绩的离散程度是大一些好。一份好的试卷区分度要高,试卷区分度的高低就与考试成绩的离散程度大小有关。试卷的区分度问题是教育统计中的一个问题。

(7)挑选基本的人体部位制订服装号型。

服装牵涉人体有关部位的尺寸,例如,与成年男子上衣有关的尺寸有 8 个:身高、颈椎点高、腰围高、坐姿颈椎点高、颈围、胸围、后肩横弧和臂全长。在制作上衣时将这 8 个部位的尺寸均予以考虑,不仅烦琐,也是行不通的。为此人们从这 8 个尺寸中挑选少数几个基本尺寸,然后由基本尺寸确定上衣的号型。第一个挑选出来的是身高,第二个挑选出来的是胸围。根据这两个基本尺寸制订了成年男子上衣的号型。服装厂根据号型生产上衣,人们根据自己的身高和胸围购买上衣。为什么首先挑选出来的基本尺寸是身高?这是因为成年男子有的长得高,有的长得矮,相对于其余 7 个尺寸,身高的离散程度最大,所以根据身高容易将成年男子区分开来。考虑到身高表示人的高矮,所以选取了身高之后,在表示人的胖瘦的颈围和胸围这两个尺寸中挑选一个。由于胸围的离散程度比较大,所以它就成了第二个挑选出来的基本尺寸。综上,为制订服装号型,一般需挑选出两个基本尺寸,它们是离散程度比较大的两个尺寸。

假设一组数据共有 n 个数,分别记为 $x_1, x_2, \cdots, x_n$。由数据的直方图、箱线图和各个百分位数的值可看出这些数据的离散程度。除此之外,还可以用下面的一些数值度量其离散程度。

1.极差

$$极差\ R = 最大值 - 最小值$$

2.四分位数间距

$$IQR = 上四分位数 - 下四分位数$$

倘若最大值(或最小值)是异常值,它对极差有很大的影响,但对四分位数间距没有什么影响。四分位数间距是箱线图中间那个长方形的长度,它是数据中间部位 50% 个数中的最大值与最小值的差。一般来说,数据中间部位的数含有比较多的信息。因而人们认为四分位数间距比极差包含更多的有关离散程度的信息。正如前面所说的,四分位数间距可用来检测某一个数是否为异常值。

3.平均绝对偏差

假设有 n 个数 $x_1, x_2, \cdots, x_n$，其平均数为 $\overline{x}$。显然，倘若每一个 x_i 都与平均数 $\overline{x}$ 很接近，也就是差 $x_i - \overline{x}$ 都很小，那么这 n 个数 $x_1, x_2, \cdots, x_n$ 的离散程度就小。由此看来，这些差 $x_i - \overline{x}$ 的大小都反映了数据的离散程度。通常称 $x_i - \overline{x}$ 为 x_i 的离差，它描述了 x_i 离开平均数 $\overline{x}$ 的程度。离差 $x_i - \overline{x}$ 的值有正有负，如果将它们全都加在一起，则正负相互抵消，其和恰好等于 0：

$$(x_1 - \overline{x}) + (x_2 - \overline{x}) + \cdots + (x_n - \overline{x}) = (x_1 + x_2 + \cdots + x_n) - n\overline{x}$$
$$= (x_1 + x_2 + \cdots + x_n) - (x_1 + x_2 + \cdots + x_n) = 0$$

显然，离差 $x_i - \overline{x}$ 的符号（正或负）是与数据的离散程度没有关系的。真正有关系的是离差的绝对值。为了通过离差度量离散程度，我们首先将这些离差分别取绝对值，然后把这些绝对值加在一起：

$$|x_1 - \overline{x}| + |x_2 - \overline{x}| + \cdots + |x_n - \overline{x}| = \sum_{i=1}^{n} |x_i - \overline{x}|$$

如果和仍等于 0，这就意味着每一个 x_i 都等于平均数 $\overline{x}$：

$$x_1 = x_2 = \cdots = x_n = \overline{x}$$

这说明这 n 个数 $x_1, x_2, \cdots, x_n$ 的离散程度小到等于 0。一般来说，和等于 0 的情况很少见。在和不等于 0 时，x_i 并不全都相等。如果和比较小，则 x_i 的离散程度也比较小。考虑到和与数据的个数 n 有关，一般来说，个数 n 越多，和就越大，为消除个数 n 的影响，我们把和除以 n，也就是取平均，并把这个平均数称为平均绝对偏差，简称平均偏差（average deviation，AD）。

$$\text{AD} = \frac{|x_1 - \overline{x}| + |x_2 - \overline{x}| + \cdots + |x_n - \overline{x}|}{n} = \frac{\sum_{i=1}^{n} |x_i - \overline{x}|}{n}$$

数据的平均偏差 AD 越小，则数据的离散程度就越小。考虑到平均数反映数据的平均大小、集中趋势或中心位置，因而可以将数据的离散程度理解为数据关于平均数的离散程度。

只需要启动 Excel，输入某个函数的名称及其计算要求就可直接计算平均偏差。直接计算的第一步是建立数据文件，例如，将例 2-4 的 200 个圆筒内径数据放在 A 列的第 1 至第 200 个单元格内。接着在其任意一个单元格上输入"＝avedev[①](a1:a200)"，然后点击"确定"按钮，则得到数据的平均偏差 AD 为 4.1307。

[①]　avedev 是 average deviation（平均偏差）的缩写。

4. 方差和标准差

计算平均偏差时，为消除符号的无关影响，离差 $x_i - \overline{x}$ 取绝对值。当然，离差 $x_i - \overline{x}$ 也可以取平方。这样一来就得到了度量数据离散程度的另一个统计量：

$$s^2 = \frac{(x_1 - \overline{x})^2 + (x_2 - \overline{x})^2 + \cdots + (x_n - \overline{x})^2}{n-1} = \frac{\sum\limits_{i=1}^{n}(x_i - \overline{x})^2}{n-1}$$

s^2 称为方差(variance)。通常称

$$\sum_{i=1}^{n}(x_i - \overline{x})^2 = (x_1 - \overline{x})^2 + (x_2 - \overline{x})^2 + \cdots + (x_n - \overline{x})^2$$

为数据 $x_1, x_2, \cdots, x_n$ 的离差平方和。而方差 s^2 可以看作离差平方和 $\sum\limits_{i=1}^{n}(x_i - \overline{x})^2$ 的平均。需要注意的是，计算离差平方和 $\sum\limits_{i=1}^{n}(x_i - \overline{x})^2$ 的平均时，其分母是 $n-1$，而不是 n。为什么除以 $n-1$，而不是除以 n，这个问题比较复杂，本书仅作一个直观的解释。

离差平方和 $\sum\limits_{i=1}^{n}(x_i - \overline{x})^2$，看似是 n 项平方和，实际上是 $(n-1)$ 项平方和。下面仅就 $n=2,3$ 的情况进行验证。

(1) 当 $n=2$ 时，$\sum\limits_{i=1}^{2}(x_i - \overline{x})^2 = (x_1 - \overline{x})^2 + (x_2 - \overline{x})^2$，看似是 2 项平方和，但由于在 $n=2$ 时，$\overline{x} = \dfrac{x_1 + x_2}{2}$，所以 $(x_1 - \overline{x})^2 + (x_2 - \overline{x})^2 = \left(\dfrac{x_1 - x_2}{\sqrt{2}}\right)^2$，它其实是 1 项平方和。

(2) 当 $n=3$ 时，$\sum\limits_{i=1}^{3}(x_i - \overline{x})^2 = (x_1 - \overline{x})^2 + (x_2 - \overline{x})^2 + (x_3 - \overline{x})^2$，看似是 3 项平方和，但由于在 $n=3$ 时，$\overline{x} = \dfrac{x_1 + x_2 + x_3}{3}$，所以 $(x_1 - \overline{x})^2 + (x_2 - \overline{x})^2 + (x_3 - \overline{x})^2 = \left(\dfrac{x_1 - x_2}{\sqrt{2}}\right)^2 + \left(\dfrac{x_1 + x_2 - 2x_3}{\sqrt{6}}\right)^2$，它其实是 2 项平方和。

一般来说，数据 $x_1, x_2, \cdots, x_n$ 的离差平方和 $\sum\limits_{i=1}^{n}(x_i - \overline{x})^2$，看似是 n 项平方和，但它其实是 $(n-1)$ 项平方和。正因为如此，计算离差平方和 $\sum\limits_{i=1}^{n}(x_i - \overline{x})^2$ 的平均时，不是除以 n，而是除以 $(n-1)$。所以方差就定义为

$$s^2 = \frac{(x_1 - \overline{x})^2 + (x_2 - \overline{x})^2 + \cdots + (x_n - \overline{x})^2}{n-1} = \frac{\sum\limits_{i=1}^{n}(x_i - \overline{x})^2}{n-1}$$

s^2 的平方根 s 称为标准差(standard deviation,SD):

$$s = \sqrt{\frac{(x_1 - \overline{x})^2 + (x_2 - \overline{x})^2 + \cdots + (x_n - \overline{x})^2}{n-1}} = \sqrt{\frac{\sum\limits_{i=1}^{n}(x_i - \overline{x})^2}{n-1}}$$

方差 s^2 的单位是量纲的平方,例如测量长度得到一批数据,倘若它的单位是 m,那么方差 s^2 的单位就是 m^2。而标准差 s 的单位又变为原来的量纲 m。由此可见,标准差 s 和平均偏差 AD 有相同的量纲。

只需要启动 Excel,输入某个函数的名称及其计算要求就可直接计算方差与标准差。直接计算的第一步是建立数据文件,例如,将例 2-4 的 200 个圆筒内径数据放在 A 列的第 1 至第 200 个单元格内。接着在其任意一个单元格上输入"=var(a1:a200)",然后点击"确定"按钮,则得到数据的方差 s^2 为 26.7955;输入"=stdev(a1:a200)"[①],则得到数据的标准差 s 为 5.1764。

平均偏差 AD、方差 s^2 和标准差 s 都是用来度量数据的离散程度的,也就是数据关于平均数的离散程度。平均偏差 AD 涉及绝对值运算,而方差 s^2 和标准差 s 涉及平方运算。相对于绝对值运算,平方运算有很多的优良性,所以度量离散程度用得比较多的是方差 s^2 和标准差 s。

事实上,还可以利用工具菜单的数据分析功能计算一系列数值,包括平均数、中位数、方差与标准差。其步骤如下。

(1)建立数据文件,例如将例 2-4 的 200 个合金钢圆筒内径数据放在 A 列的第 1 个至第 200 个单元格上。

(2)选择 Tools(工具)下拉菜单。

(3)选择 Data Analysis(数据分析)选项。

(4)从 Analysis Tools(分析工具)框中选择 Descriptive Statistics(描述统计)。

(5)在 Descriptive Statistics 对话框中进行如下操作:

①在 Input Range(输入区域)栏中键入"A1:A200";

②选择 Output Range(输出区域);

③在 Output Range 栏中键入 C1(让输出的频数分布表的左上角位于 C1 单元格),选择 Summary Statistics(汇总统计);

④单击"OK"(确定)按钮。

---

① var 和 stdev 分别是 variance(方差)和 standard deviation(标准差)的缩写。

此时屏幕上将出现一个以 C1 单元格为左上角的一列数值。其中的 mean、median、mode、standard deviation 与 sample variance 分别是 200 个合金钢圆筒内径数据的平均数、中位数、众数、标准差与方差。count 是数据个数 $n=200$，sum 是 200 个内径数据的总和 9058.3，minimum 是最小值 31.1，maximum 是最大值 59.1，range 是极差 $R=$ 最大值－最小值 $=28$。

除了这些大家已了解的数，下面再介绍 3 个数。

5. 标准误、偏度、峰度

标准误(standard error)，严格地说，这里计算的是均值的标准误。均值标准误用于均值的估计。它的计算公式为

$$均值标准误 = \frac{标准差}{\sqrt{数据个数}} = \frac{5.176432654}{\sqrt{200}} = 0.366029063$$

偏度(skewness)越是接近 0，直方图就越对称。200 个合金钢圆筒内径数据的偏度为－0.131191139，与 0 相当接近。因而即使没有画出这 200 个观察数据的直方图(见图 2-6)，我们也能想象这 200 个观察数据的直方图呈钟形对称。又如例 2-6 中某保险公司 150 起事故的理赔款额的直方图(见图 2-10)呈正偏斜，右边有一条又长又重的尾巴。经计算，这 150 个理赔款额数据的偏度比较大，等于 1.48248853。一般来说有以下几个思路。

(1)若偏度是正的，则倾向于认为直方图呈正偏斜[见图 2-19(a)]，右边有一条又长又重的尾巴，均值往往在中位数的右边，取均值右边值的可能性小于取均值左边值的可能性。

(2)若偏度是负的，则倾向于认为直方图呈负偏斜[见图 2-19(b)]，左边有一条又长又重的尾巴，均值往往在中位数的左边，取均值右边值的可能性大于取均值左边值的可能性。

(3)若偏度近似等于 0，则倾向于认为直方图呈钟形对称，均值和中位数相差不大。

(a)正偏斜   (b)负偏斜

图 2-19 直方图的正负偏斜

在数据个数 n 比较大的时候，判断偏度是否接近 0 的一个简单方法是：

若 $\left| \sqrt{\dfrac{n}{6}} \times 偏度 \right| \geqslant 2$，则认为偏度不接近 0；反之，则认为偏度接近 0。

正态分布是由呈钟形对称的直方图导出的。由此可见，若偏度不接近 0，则认为正态分布不成立。例如，例 2-6 中 150 个理赔款额数据的偏度就比较大，等于 1.48248853，由此判断理赔款额的分布不是正态分布。当然，若偏度接近 0，还不足以认为正态分布成立，只能说它是对称分布。在偏度接近 0 的时候，通常还需看峰度大小。

峰度(kurtosis)，顾名思义，它反映直方图的峰的尖峭程度。200 个合金钢圆筒内径数据的峰度为 -0.116454914，与 0 相当接近。因而这 200 个观察数据的钟形对称直方图的峰的尖峭程度与正态分布差不多。一般来说：

(1)若峰度是负的，则倾向于认为直方图的峰较正态分布平坦[见图 2-20(a)]，总体具有不足的峰度。

(2)若峰度是正的，则倾向于认为直方图的峰较正态分布尖峭[见图 2-20(b)]，总体具有过度的峰度。

(3)若峰度近似等于 0，则倾向于认为直方图的峰的尖峭程度与正态分布差不多。

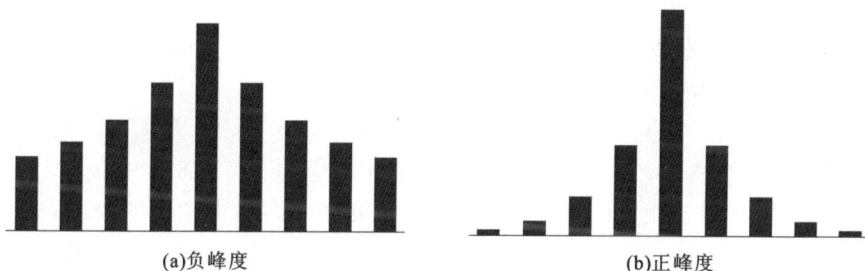

(a)负峰度　　　　　　　　　　　　(b)正峰度

图 2-20　直方图的正负峰度

在数据个数 n 比较大的时候，判断峰度是否接近 0 的一个简单方法是：

若 $\left| \sqrt{\dfrac{n}{24}} \times 峰度 \right| \geqslant 2$，则认为峰度不接近 0。反之，则认为峰度接近 0。

一般来说，考察一批数据的直方图是否呈钟形对称(正态分布)，首先看偏度是否近似等于 0。若偏度不接近 0，则认为正态分布不成立。若偏度近似等于 0，还需考察峰度是否等于 0。若峰度不接近 0，则认为正态分布不成立。

2.4.4　经验法则

人们通过观察发现，对于直方图呈钟形对称的数据来说，数据几乎都在离平均数 $\bar{x}$ 3 个标准差 s 的范围内，这就是所谓的 3σ 原则。下面我们利用有钟形对称直方图的例 2-4 中的 200 个圆筒的内径数据与例 2-5 中的 120 个高三年级男学生的身高数据验证 3σ 原则,也就是验证:$\overline{x}+3s$ 几乎包含所有的数据 x_1,x_2,$\cdots$,x_n;或者说,"$\overline{x}-3s\leqslant x_1$,$x_2$,$\cdots$,$x_n\leqslant\overline{x}+3s$"几乎为真。

(1)例 2-4 中的 200 个圆筒内径数据的平均数 $\overline{x}=45.2915$,标准差 $s=5.1764$,$\overline{x}-3s=29.7623$,$\overline{x}+3s=60.8207$。由于 200 个圆筒内径数据的最小值为 31.1,大于 29.7623,最大值为 59.1,小于 60.8207,因而这 200 个圆筒内径都在离平均数 $\overline{x}$ 3 个标准差 s 的范围内。

(2)例 2-5 中的 120 个高三年级男学生身高数据的平均数 $\overline{x}=169.8917$,标准差 $s=5.8335$,$\overline{x}-3s=152.3912$,$\overline{x}+3s=187.3922$。由于 120 个高三年级男学生身高数据的最小值为 153,大于 152.3912,最大值为 186,小于 187.3922,因而这 120 个高三年级男学生身高都在离平均数 $\overline{x}$ 3 个标准差 s 的范围内。

这两个实例都说明,$\overline{x}\pm 3s$ 包含所有的数据。人们发现有一些呈钟形对称的直方图,$\overline{x}\pm 3s$ 并不包含所有的数据。根据高斯提出的正态分布理论,3σ 原则应精确地表述为:对于直方图呈钟形对称的数据来说,约有 99.73% 的数在离平均数 $\overline{x}$ 3 个标准差 s 的范围内。

我们之所以测量 200 个圆筒的内径,以及测量 120 名高三年级男学生的身高,是为了了解企业生产的圆筒的内径的分布情况,以及全市高三年级男学生身高的分布情况。根据 3σ 原则可以作这样的推断:

(1)企业生产的约 99.73% 的圆筒的内径在 29.7623～60.8207mm 之间;

(2)全市约 99.73% 的高三年级男学生身高在 152.3912～187.3922cm 之间。

在统计中,将企业生产的圆筒的内径、全市高三年级男学生的身高称为总体,并且把 200 个圆筒的内径测量数据,以及 120 名高三年级男学生的身高数据称为样本数据,简称样本,从而把根据样本数据算得的平均数、方差等称为样本平均数(或样本均值)、样本方差等。由此看来,3σ 原则应更精确地表述为:对于直方图呈钟形对称的样本数据来说,总体中约有 99.73% 的数在离平均数 $\overline{x}$ 3 个标准差 s 的范围内。

这个推理方法与图 2-6 描述的引入正态分布的推理方法是一致的,都是由部分推断整体,也就是由样本推断总体。

在统计中,将基于某一组数据根据某个公式计算出来的数例如平均数、方差称为样本平均数(或样本均值)、样本方差,它们都称为统计量。本章用数值方法整理分析数据其实就是构造各种不同的统计量,从不同的侧面去刻画数据。

人们通过进一步的观察,根据正态分布的理论,将 3σ 原则推广到下面所述的经验法则。

对于直方图呈钟形对称的数据来说(见图 2-21):

(1)约有 68.27％的数离平均数 $\overline{x}$ 在 1 个标准差 s 的范围内(在 $\overline{x}-s$ 和 $\overline{x}+s$ 之间)。

(2)约有 95.45％的数离平均数 $\overline{x}$ 在 2 个标准差 s 的范围内(在 $\overline{x}-2s$ 和 $\overline{x}+2s$ 之间)。

(3)约有 99.73％的数离平均数 $\overline{x}$ 在 3 个标准差 s 的范围内(在 $\overline{x}-3s$ 和 $\overline{x}+3s$ 之间)。

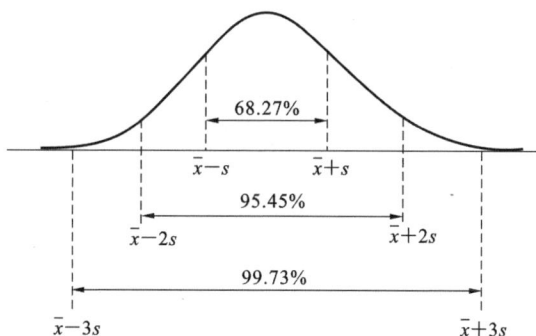

图 2-21　钟形对称直方图的经验法则

必须注意的是,经验法则是针对钟形对称直方图的数据而言的。因而在考虑使用经验法则的时候,应首先画数据的直方图,看看它的直方图是否呈钟形对称。如果数据的直方图不呈钟形对称,经验法则就不适用。

例 2-4 中的 200 个圆筒内径数据的直方图呈钟形对称(见图 2-6)。我们已经算得它的平均数 $\overline{x}=45.2915$,标准差 $s=5.1764$,且已用这批数据验证了 3σ 原则,也就是验证了 3 个标准差时的经验法则。下面验证 1 个与 2 个标准差时的经验法则。

(1)200 个圆筒内径数据在 $\overline{x}-s=45.2915-5.1764=40.1151$ 和 $\overline{x}+s=45.2915+5.1764=50.4679$ 之间有 136 个数,比例为 136/200＝68.0％。这个比例和经验法则中的 68.27％相差不大。

(2)200 个圆筒内径数据在 $\overline{x}-2s=45.2915-2\times5.1764=34.9387$ 和 $\overline{x}+2s=45.2915+2\times5.1764=55.6443$ 之间有 191 个数,比例为 191/200＝95.5％。这个比例和经验法则中的 95.45％相差更小。

用例 2-4 中的 200 个圆筒内径数据验证经验法则的结果如表 2-28 所示。

表 2-28　　　　　**用 200 个圆筒内径数据验证经验法则**

验证范围	观察个数/个	观察比例/％	经验法则的比例/％
$\overline{x}-s\sim\overline{x}+s$:40.1151～50.4679	136	68.0	68.27
$\overline{x}-2s\sim\overline{x}+2s$:34.9387～55.6443	191	95.5	95.45
$\overline{x}-3s\sim\overline{x}+3s$:29.7623～60.8207	200	100.0	99.73

同 3σ 原则,经验法则也应推广到总体,对于直方图呈钟形对称的样本数据来说,它应更精确地表述为:

(1)总体中约有 68.27% 的数离平均数 $\bar{x}$ 在 1 个标准差 s 的范围内(在 $\bar{x}-s$ 和 $\bar{x}+s$ 之间)。

(2)总体中约有 95.45% 的数离平均数 $\bar{x}$ 在 2 个标准差 s 的范围内(在 $\bar{x}-2s$ 和 $\bar{x}+2s$ 之间)。

(3)总体中约有 99.73% 的数离平均数 $\bar{x}$ 在 3 个标准差 s 的范围内(在 $\bar{x}-3s$ 和 $\bar{x}+3s$ 之间)。

图 2-22 形象地说明了这样一个由样本(部分)推断总体(整体)的过程。

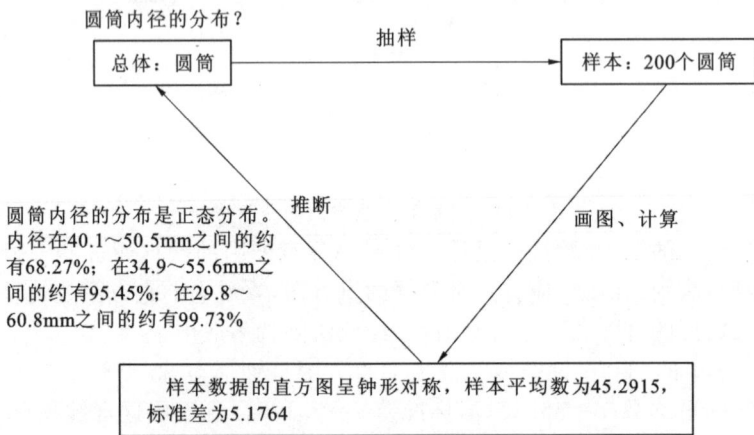

图 2-22　由样本(部分)推断总体(整体)的过程

为研究中国人的体型分类与国家标准《服装号型》的制订问题,1986—1990年,历时 5 年,研究人员在我国不同地区共测量了 5115 名成年男子和 5507 名成年女子的身高。经计算,其平均数和标准差的值为:

成年男子的身高:平均数 167.48cm,标准差 6.09cm。

成年女子的身高:平均数 156.58cm,标准差 5.47cm。

根据经验法则,关于成年男子身高,可得出如下结论。

(1)约有 68.27% 的成年男子身高为(167.48±6.09)cm,即在 161.39～173.57cm 之间。

(2)约有 95.45% 的成年男子身高为(167.48±2×6.09)cm,即在 155.30～179.66cm 之间。

(3)约有 99.73% 的成年男子身高为(167.48±3×6.09)cm,即在 149.21～185.75cm 之间。

此外,关于成年女子身高,同样可得出如下结论。

(1)约有 68.27% 的成年女子身高为 (156.58 ± 5.47) cm，即在 $151.11 \sim 162.05$ cm 之间。

(2)约有 95.45% 的成年女子身高为 $(156.58 \pm 2 \times 5.47)$ cm，即在 $145.64 \sim 167.52$ cm 之间。

(3)约有 99.73% 的成年女子身高为 $(156.58 \pm 3 \times 5.47)$ cm，即在 $140.17 \sim 172.99$ cm 之间。

由于分别测量了 5000 多名成年男子和成年女子的身高，数据量很大，因此根据经验法则得到的上述结论的精度是很高的。

经验法则（或 3σ 原则）还可用来检测数据中有没有异常值。一般来说，比 $\bar{x} - 3s$ 还要小的数，以及比 $\bar{x} + 3s$ 还要大的数，可以怀疑其为异常值。倘若它的确是异常值，那对它的特别之处进行仔细分析很可能给予我们很多的启示。

有的时候，人们把比 $\bar{x} - 2s$ 还要小的数，以及比 $\bar{x} + 2s$ 还要大的数怀疑为异常值。如何判定孩子是否矮小或生长缓慢是父母非常关心的一个问题，如果身高低于同年龄同性别正常儿童平均身高两个标准差以下，就可怀疑其矮小。同样的道理，如果身高高于同年龄同性别正常儿童平均身高两个标准差以上，就可说其长得高。根据 1995 年上海市公布的市区 $0 \sim 6$ 岁男童和女童体格发育的 5 项指标（体重、身高、头围、胸围和坐高）的评价参考值，得市区 $0 \sim 6$ 岁儿童的平均身高 $\bar{x}$ 与标准差 s，如表 2-29 所示。

表 2-29 **上海市市区 $0 \sim 6$ 岁儿童的平均身高 $\bar{x}$ 与标准差 s**

年龄	男童		女童		年龄	男童		女童	
	$\bar{x}$	s	$\bar{x}$	s		$\bar{x}$	s	$\bar{x}$	s
初生	50.26	1.47	49.68	1.59	18 个月	83.52	2.57	82.51	2.91
1 个月	56.95	2.39	56.26	2.10	21 个月	86.47	3.12	85.08	2.95
2 个月	60.69	2.36	59.25	2.15	2 岁	89.91	3.44	88.81	3.39
3 个月	63.51	2.17	61.88	2.06	2.5 岁	94.44	3.40	92.93	3.37
4 个月	65.06	1.88	63.98	2.00	3 岁	97.26	3.56	96.20	3.64
5 个月	67.46	2.13	65.89	1.92	3.5 岁	100.99	3.55	99.31	3.69
6 个月	69.66	2.09	68.17	2.23	4 岁	104.47	3.91	104.03	4.47
8 个月	72.85	2.62	71.20	2.17	4.5 岁	108.75	4.13	107.61	3.84
10 个月	75.43	2.32	73.99	2.20	5 岁	111.72	4.18	111.05	3.79
12 个月	78.02	2.47	76.36	2.53	5.5 岁	115.37	4.41	114.58	4.56
15 个月	80.66	2.59	79.85	2.84	6 岁	119.91	4.23	119.15	4.24

关于异常值的检测本章共介绍了两种方法:一是利用四分位数间距,二是利用经验法则。对于一个实际问题,建议这两种方法不妨都用一下,并将它们的判断结果综合起来考虑。正如前面介绍四分位数间距法时所说的,判断某一个数是否为异常值往往需要具体问题具体分析,很大程度上依赖于我们对所研究的问题的实际背景的理解。

2.4.5 数据变换

2.4.1 节在讲解定量数据的列表与图示描述方法时提到,在数据例如经济数据的直方图呈正偏斜(右边有一条又长又重的尾巴)时,处理这一类所谓"有问题"数据的一个较为简单、常用的方法是作对数变换。取了对数之后的数据其右边那条又长又重的尾巴缩进去了,其直方图往往呈钟形对称。

所谓对数变换,就是将原有的数据 $x_1, x_2, \cdots, x_n$ 取对数,变换为新的数据 $y_1, y_2, \cdots, y_n$,其中 $y_i = \ln(x_i), i = 1, 2, \cdots, n$。原有数据 $x_1, x_2, \cdots, x_n$ 的直方图不是钟形对称,而是正偏斜(右边有一条又长又重的尾巴)。取了对数之后得到的新数据 $y_1, y_2, \cdots, y_n$,其直方图却有可能呈钟形对称。由此可见,数据变换是处理"有问题"数据的一个重要方法。

除了对数变换,处理数据简单、常用的方法还有线性变换。所谓线性变换,就是将原有数据 $x_1, x_2, \cdots, x_n$ 变换为新的数据 $y_1, y_2, \cdots, y_n$,其中 $y_i = ax_i + b$,$i = 1, 2, \cdots, n$,而 a 和 b 是给定的两个常数。

经企管理研究生入学考试(graduate management admission test, GMAT)成绩是商学院的研究生入学标准之一。考生 GMAT 成绩的计算有以下两个步骤:

(1)计算基本分[①]。基本分等于对的题数减去错的题数的 1/4。例如,某考生 GMAT 考试答对 130 题,答错 24 题,空着 6 题没做,则其基本分为

$$基本分 = 对的题数 - 错的题数 \times 1/4 = 130 - \frac{24}{4} = 124$$

(2)考生的 GMAT 分数是将基本分按下面的线性变换公式转换而来的:

$$GMAT 分数 = 3.75 \times 基本分 + 210 = 3.75 \times 124 + 210 = 675$$

大学平均学分(grade point average, GPA)是研究生的一个入学标准。GPA 一般是将每门课程的等级点数乘学分的和,除以总的学分后得到的。由此

---

① 基本分等于做对的题数减去做错的题数的 1/4,这相当于做对 1 题得 1 分,做错 1 题扣 0.25 分,空着不做的题不得分也不扣分。

可见，GPA 是每门课程的等级点数的加权平均。GPA 用 4 个等级点数分制计算。一般来说，百分制、五分制和 GPA 的换算方法如下：百分制的 90～100 分，以及五分制的 5 分换为 4 点；80～89 分，以及 4 分换为 3 点；70～79 分，以及 3 分换为 2 点；60～69 分，以及 2 分换为 1 点；60 分以下，以及 1 分换为 0 点。例如，某学生某学期选了 4 门课，学分和成绩为：英文 2 学分，成绩 85 分，3 点；微积分 4 学分，成绩 92 分，4 点；统计学 3 学分，成绩 98 分，4 点；运筹学 3 学分，成绩 73 分，2 点。以上 4 门课的 GPA 为

$$\text{GPA} = \frac{\sum \text{等级点数} \times \text{学分}}{\sum \text{学分}} = \frac{3 \times 2 + 4 \times 4 + 4 \times 3 + 2 \times 3}{2 + 4 + 3 + 3} \approx 3.33$$

某商学院近期有 50 人申请报考研究生。他们的 GPA 与 GMAT 的成绩如表 2-30 所示。众所周知，学校通常是按总分的高低决定是否录取。倘若直接将每一位申请者的 GPA 与 GMAT 的成绩相加，并按总分排序，从而决定是否录取，这样的录取方法是否恰当？有什么缺陷？

表 2-30　　**申请报考研究生 50 人的 GPA 与 GMAT 成绩**

GPA	GMAT 成绩	GPA	GMAT 成绩	GPA	GMAT 成绩	GPA	GMAT 成绩	GPA	GMAT 成绩
2.48	533	2.41	469	2.13	408	2.36	399	3.13	416
2.96	596	2.41	489	2.57	542	2.31	505	2.19	411
3.03	626	3.00	509	2.55	533	3.50	402	2.89	447
3.29	527	3.14	419	3.12	463	3.14	473	2.85	381
2.66	420	2.44	336	3.19	663	3.59	588	2.89	431
3.22	482	3.69	505	3.38	605	3.63	447	2.51	458
2.51	412	3.15	313	3.30	563	3.40	431	2.80	444
3.03	438	3.08	440	3.35	520	2.43	425	2.86	494
3.24	467	3.01	471	3.60	609	3.47	552	2.85	483
3.80	521	3.76	646	3.58	564	2.20	474	3.26	664

由于 GMAT 分数远高于 GPA 分数，它们不在同一个档次，因此直接计算总分并按总分高低决定是否录取这样的录取方法基本上取决于 GMAT 分数的高低，而 GPA 分数所起的作用微乎其微。因此，计算总分之前应先把 GMAT 分数与 GPA 分数进行变换，使得它们处于同等的水平。

使得多组数据处于同等水平的变换，有标准化变换；与标准化变换有关的，

有中心化变换。

(1)中心化变换。首先计算原有数据 $x_1, x_2, \cdots, x_n$ 的平均数 $\overline{x}$。然后将原有数据的每一个数都减去 $\overline{x}$，得到新的数据 $y_1, y_2, \cdots, y_n$，其中 $y_i = x_i - \overline{x}, i = 1, 2, \cdots, n$。对新的数据 $y_1, y_2, \cdots, y_n$ 而言，其平均数 $\overline{y} = \dfrac{y_1 + y_2 + \cdots + y_n}{n} = 0$。原有数据 $x_1, x_2, \cdots, x_n$ 的中心位置在其平均数 $\overline{x}$，经过中心化变换后的数据 $y_1, y_2, \cdots, y_n$ 的中心位置在原点 0。这就是称这样的变换为中心化变换的缘故。

(2)标准化变换。首先计算原有数据 $x_1, x_2, \cdots, x_n$ 的平均数 $\overline{x}$ 与标准差 s。然后将原有数据的每一个数在减去 $\overline{x}$ 之后再除以 s，得到新的数据 $y_1, y_2, \cdots, y_n$，其中 $y_i = \dfrac{x_i - \overline{x}}{s}, i = 1, 2, \cdots, n$。这样得到的新的数据 $y_1, y_2, \cdots, y_n$，不仅其平均数 $\overline{y} = 0$，而且其标准差等于 1。

$$s_y = \sqrt{\frac{(y_1 - \overline{y})^2 + (y_2 - \overline{y})^2 + \cdots + (y_n - \overline{y})^2}{n - 1}} = 1$$

下面以人的身高为例解释标准化变换的作用。前面给出了我国成年男子和成年女子身高的平均数与标准差。倘若某成年男子和某成年女子的身高都是 175cm，虽然他们的绝对身高相等，但在人们的心目中，身高 175cm 的成年女子长得很高，而身高 175cm 的成年男子长得不是很高。事实上，当你这样认为的时候，你无形中使用了标准化变换。

(1)成年女子身高 175cm 的标准化变换：$\dfrac{175 - 156.58}{5.47} \approx 3.37$，这说明身高 175cm 的成年女子超过平均身高 156.58cm 3 个多标准差。根据经验法则，她很高。

(2)成年男子身高 175cm 的标准化变换：$\dfrac{175 - 167.48}{6.09} \approx 1.23$，这说明身高 175cm 的成年男子超过平均身高 167.48cm 仅 1 个多标准差。根据经验法则，他没有很高。

从这个例子可以看出，标准差相当于度量长度的一把尺。标准化变换后得到的数据不仅其中心位置在原点 0，而且其尺度(标准差)等于 1。这就是称这样的变换为标准化变换的缘故。

在教育统计中，某学科的得分经过标准化变换之后称为标准分。要计算表 2-30 申请报考研究生的 50 人的 GPA 与 GMAT 的成绩的标准分，首先需进行描述性统计分析，计算平均分与标准差，结果如表 2-31 所示。

表 2-31 **GPA 与 GMAT 成绩的平均分和标准差**

特征量	GPA	GMAT 成绩
平均分	2.99	488.28
标准差	0.46	80.76

从而有 GPA 与 GMAT 成绩标准分的转换公式：

$$\text{GPA 标准分} = \frac{\text{GPA} - 2.99}{0.46}, \text{GMAT 成绩标准分} = \frac{\text{GMAT 成绩} - 488.28}{80.76}$$

根据以上转换公式，申请报考研究生的 50 人的 GPA 与 GMAT 成绩的标准分如表 2-32 所示。

表 2-32 **申请报考研究生的 50 人的 GPA 与 GMAT 成绩的标准分**

GPA	GMAT 成绩	GPA	GMAT 成绩	GPA	GMAT 成绩	GPA	GMAT 成绩	GPA	GMAT 成绩
-1.11	0.55	-1.27	-0.24	-1.88	-0.99	-1.38	-1.11	0.31	-0.89
-0.06	1.33	-1.27	0.01	-0.92	0.67	-1.49	0.21	-1.75	-0.96
0.09	1.71	0.03	0.26	-0.96	0.55	1.13	-1.07	-0.21	-0.51
0.67	0.48	0.34	-0.86	0.29	-0.31	0.34	-0.19	-0.30	-1.33
-0.72	-0.85	-1.20	-1.89	0.45	2.16	1.32	1.23	-0.21	-0.71
0.51	-0.08	1.54	0.21	0.86	1.45	1.41	-0.51	-1.05	-0.37
-1.05	-0.94	0.36	-2.17	0.69	0.93	0.91	-0.71	-0.41	-0.55
0.09	-0.62	0.20	-0.6	0.80	0.39	-1.22	-0.78	-0.28	0.07
0.56	-0.26	0.05	-0.21	1.35	1.49	1.06	0.79	-0.30	-0.07
1.79	0.41	1.70	1.95	1.30	0.94	-1.73	-0.18	0.60	2.18

表 2-32 中，GPA 与 GMAT 成绩的标准分处于同等水平。计算这两项成绩的标准分的和，并将总分排序，然后根据预定的招生规模录取。该方法将申请报考研究生的 50 人划分为 3 类：录取 16 人，不录取 28 人，未定 6 人。分类情况如图 2-23 所示。

(1)录取：GPA 标准分＋GMAT 成绩标准分＞0.66。

（2）不录取：GPA 标准分＋GMAT 成绩标准分＜0.02。

（3）未定：GPA 标准分＋GMAT 成绩标准分在 0.02 与 0.66 之间。

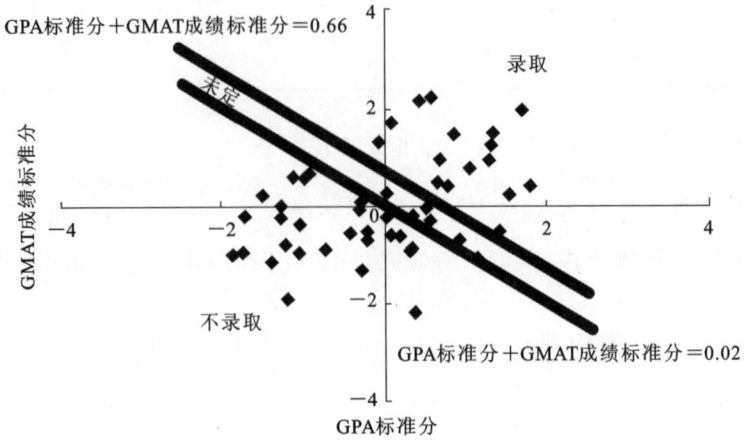

图 2-23　申请报考研究生的 50 人的分类情况

3 静态建模方法在交通系统中的应用

3.1 抽象推理法

3.1.1 椅子的平稳问题

本节和下面一节将给出两个数学建模的例子,重点说明如何做出合理的、简化的假设,如何用数学语言确切地表述实际问题,以及怎样用模型的结果解释实际现象。

本节讨论日常生活中一个常见的现象:把椅子放在不平的地面上,通常只有三只脚同时着地,放不稳,然而只需稍挪动几次,就可以使四只脚同时着地,放稳了。这个看起来似乎与数学无关的现象能用数学语言表述,并用数学工具证实吗?让我们试试看。

1.模型假设

对椅子和地面应该做一些必要的假设。

(1)椅子四条腿一样长,椅脚与地面接触处可视为一个点,四脚的连线呈正方形。

(2)地面高度是连续变化的,沿任何方向都不会出现间断(没有像台阶那样的情况),即地面可视为数学上的连续曲面。

(3)对于椅脚的间距和椅腿的长度而言,地面是相对平坦的,椅子在任何位置至少有三只脚同时着地。

假设(1)显然是合理的。假设(2)相当于给出了椅子能放稳的条件,因为如果地面高度不连续,譬如在有台阶的地方是无论如何都无法使四只脚同时着地的。至于假设(3)是要排除这样的情况：地面上与椅脚间距和椅腿长度的尺寸大小相当的范围内，出现深沟或凸峰（即使是连续变化的），致使三只脚无法同时着地。

2. 模型构成

中心问题是用数学语言把椅子四只脚同时着地的条件和结论表示出来。

首先，要用变量表示椅子的位置。注意到椅脚连线呈正方形，以中心为对称点，正方形绕中心的旋转正好代表了椅子位置的改变，于是可以用旋转角度这一变量表示椅子的位置。在图 3-1 中，椅脚连线为正方形 $ABCD$，对角线 AC 与 x 轴重合，椅子绕中心点 O 旋转角度 θ 后，正方形 $ABCD$ 旋转至 $A'B'C'D'$ 的位置，所以对角线 $A'C'$ 与 x 轴的夹角 θ 表示椅子的位置。

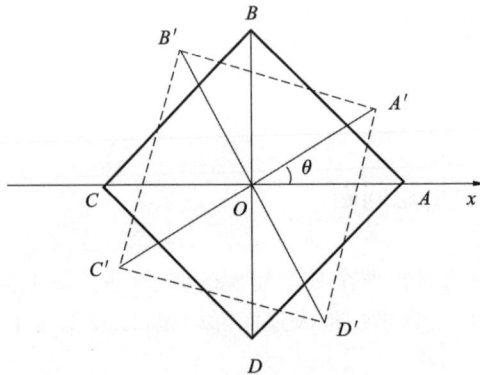

图 3-1　变量 θ 表示椅子的位置

其次，要把椅脚着地用数学符号表示出来。如果用某个变量表示椅脚与地面的竖直距离，那么当这个距离为零时就代表椅脚着地了。椅子在不同位置时椅脚与地面的距离不同，所以这个距离是椅子位置变量 θ 的函数。

由于正方形具有中心对称性，因此只要设两个距离函数就行了。记 A、C 两脚与地面距离之和为 $f(\theta)$，B、D 两脚与地面距离之和为 $g(\theta)[f(\theta) \geqslant 0, g(\theta) \geqslant 0]$。由假设(2)可知，$f$ 和 g 都是连续函数。由假设(3)可知，椅子在任何位置至少有三只脚同时着地，所以对于任意的 θ，$f(\theta)$ 和 $g(\theta)$ 中至少有一个为零。当 $\theta = 0$ 时，不妨设 $g(0) = 0, f(0) > 0$。这样，改变椅子的位置使四只脚同时着地，就归纳为证明如下的数学命题：

已知 $f(\theta)$ 和 $g(\theta)$ 是 θ 的连续函数，对任意 θ，$f(\theta) \cdot g(\theta) = 0$，且 $g(0) = 0$，$f(0) > 0$。证明存在 θ_0，使 $f(\theta_0) = g(\theta_0) = 0$。

3. 模型求解

上述命题有很多种证明方法，这里介绍比较简单但有些粗糙的一种方法。

将椅子旋转 $90°(\pi/2)$，对角线 AC 与 BD 互换。由 $g(0)=0$ 和 $f(0)>0$ 可知，$g(\pi/2)>0,f(\pi/2)=0$。

令 $h(\theta)=f(\theta)-g(\theta)$，则 $h(0)>0,h(\pi/2)<0$。由 f 和 g 的连续性可知，h 也是连续函数。根据连续函数的基本性质，必存在 $\theta_0(0<\theta_0<\pi/2)$，使 $h(\theta_0)=0$，即 $f(\theta_0)=g(\theta_0)$。

最后，因为 $f(\theta) \cdot g(\theta)=0$，所以 $f(\theta_0)=g(\theta_0)=0$。

由于这个实际问题非常直观和简单，故模型解释和验证从略。

评注：这个模型的巧妙之处在于用一元变量 θ 表示椅子的位置，用 θ 的两个函数表示椅子四只脚与地面的距离，进而把模型假设和椅脚同时着地的结论用简单、精确的数学语言表达出来，构成了这个实际问题的数学模型。

模型假设中"椅脚连线呈正方形"不是本质的，你可以考虑椅脚连线呈长方形的情况。

如果你仔细观察上面的建模特别是证明过程，可能会发现不严谨之处，如椅子的旋转轴在哪里？它在旋转过程中是怎样变化的？

更严谨的一种考虑如下：定义与椅子的四只脚所在的平面垂直且经过其中心（O 点）的直线为旋转轴，取 A、B、D 脚同时着地的位置为初始位置，经过 O 点且与 A、B、D 脚所在平面垂直的直线为初始旋转轴。此后将椅子沿该轴高高举起，并在与该轴垂直的平面内逆时针旋转后再慢慢放下，放下的过程中，保持新的旋转轴始终通过 O 点但允许发生倾斜，使得 A、B 脚先着地，再让 D、C 两脚中至少一个着地（尽可能先让 D 脚着地）。

3.1.2 拥堵交通网络的 Braess 悖论现象

1968 年，德国数学家布鲁斯（Braess）发现的交通网络供给中的 Braess 悖论，引起了不小的轰动。后来，科研工作者又对网络悖论做了大量研究。Braess 悖论的本质在于用户均衡（UE）分配下各出行者的不协作性。UE 分配，即出发地/目的地（O/D）对之间所有被使用的路径阻抗相等，并小于或等于任何未被使用路径的阻抗。在平衡状态下，出行者不考虑自己的选择对其他出行者的影响，从而导致即使增加路段，网络总阻抗也有可能增加的情况。通俗地说，在无交通管制的前提下可能修路越多交通越拥堵。不同于 UE 分配，系统最优（SO）分配是协调所有人的路径选择行为以使系统总阻抗最小，这种分配方式通过交通管制实现，不会引起悖论产生。为了说明 UE 条件下的 Braess 悖论现象，对问题的路段和路径阻抗做以下假设。

1.模型假设

视路段行驶时间为路段阻抗,若假设路段行驶时间仅与本路段流量有关,则问题比较简单,读者可按照后续步骤自行证明。为了不失一般性,在此假设路段行驶时间不仅与本路段流量有关也与其他路段流量有关。此外,假设用户仅选择最短时间路径出行。

2.模型构成

首先把节点、路段、路径、网络、流量、阻抗的相互关系表达出来,其次把 UE 分配的模型表达出来,最后以一个四路段网络为例找出 Braess 悖论现象发生的条件。

(1)节点、路段、路径、网络、流量、阻抗的相互关系。

在交通网络 $G(N,L)$ 中,定义 N 为网络节点集合,L 为网络路段集合;设 O/D 对集合 W 包含 n_w 个元素,连接所有 O/D 对的路径集合记为 P,连接 O/D 对 w 的路径集合记为 P_w;定义 c_a 为路段 a 的行驶时间,C_p 为路径 p 的行驶时间,f_a 为路段 a 的交通流量,x_p 为路径 p 的交通流量,d_w 为 O/D 对 w 的交通需求,下面给出模型的阻抗定义及网络约束条件。

假设路段 a 的阻抗不仅与本路段流量有关也与其他路段流量有关,为方便计算,其他路段仅包含与 a 相邻且在同一路径的路段,记为

$$c_a = c_a(f_a, f_1, f_2, \cdots, f_\wedge), \quad \forall a \in L$$

式中,$\{1,2,\cdots,\wedge\}$ 为与 a 相邻且与 a 在同一路径的路段集合。路径和路段流量关系为

$$f_a = \sum_{p \in P} x_p \delta_{ap}, \quad \forall a \in L$$

式中,若路段 a 在路径 p 上,$\delta_{ap}=1$;若路段 a 不在路径 p 上,$\delta_{ap}=0$。由以上两式得路径阻抗为

$$C_p = \sum_{a \in L} c_a(x_1, x_2, \cdots, x_\Gamma)\delta_{ap}, \quad \forall p \in P$$

式中,$\{1,2,\cdots,\Gamma\}$ 为包含路径 a 或与 a 在同一路径且相邻的路段的路径集合。交通流满足守恒关系:

$$d_w = \sum_{p \in P_w} x_p, \quad \forall w \in W$$

另外,还满足非负约束:

$$x_a \geqslant 0, \quad \forall a \in L$$

(2)UE 分配模型。

在 UE 分配中,每个出行者在出行过程中都力图使自己的出行时间最少,其

对应数学表达式为

$$\begin{cases} C_p(x^*) = \lambda_w, & x_p^* > 0 \\ C_p(x^*) \geqslant \lambda_w, & x_p^* = 0 \end{cases}$$

式中，$C_p(x^*)$ 为 UE 状态的路径阻抗；λ_w 是最小路径阻抗；x^* 是路径交通流，满足交通流守恒准则。

（3）Braess 悖论现象分析。

①四路段交通网络的用户均衡解。

根据包含一个起点 o 和一个终点 r 的简单交通网络，可得如图 3-2 所示的四路段网络和如图 3-3 所示的新增路段 pq 之后的五路段网络。设交通需求为一常量，记为 Q，路径是对称的，且路段 op 和 qr 具有零自由流时间，路段时间是路段交通流的增函数，路段时间不仅与本路段流量有关也与同一路径且相邻的路段流量有关。具体地，四路段交通网络的路段时间函数为

$$t_{op} = \beta_1(\gamma f_{op} + f_{pr})$$
$$t_{qr} = \beta_1(\gamma f_{qr} + f_{oq})$$
$$t_{oq} = \alpha_1 + \beta_2(\gamma f_{oq} + f_{qr})$$
$$t_{pr} = \alpha_1 + \beta_2(\gamma f_{pr} + f_{op})$$

式中，t_{ij} 是路段 $ij(i=0,p,q;j=p,r,q)$ 的行驶时间；α_1 是路段 oq 和 pr 的自由流行驶时间；β_1 和 β_2 是相应路段的延误参数；f_{ij} 是路段 ij 的交通流量；γ 是区别于本路段流量和其他路段流量影响程度的衡量因子，一般情况下，$\gamma \geqslant 1$。

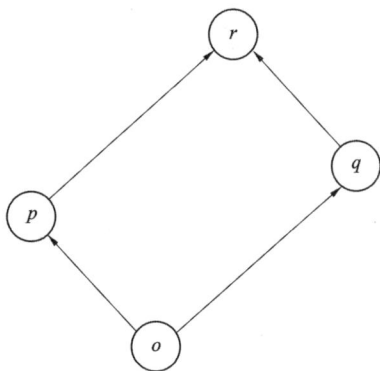

图 3-2 四路段网络   图 3-3 五路段网络

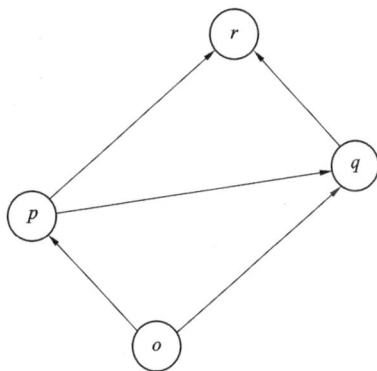

在四路段网络中，从起点 o 到终点 r 有两条路径，路径行驶时间分别为

$$t_1 = t_{op} + t_{pr}$$
$$t_2 = t_{oq} + t_{qr}$$

式中，$t_k(k=1,2)$ 是起点 o 到终点 r 路径 k 的行驶时间。路段流量和路径流

量满足以下关系：

$$f_{op} = f_{pr} = f_1$$
$$f_{oq} = f_{qr} = f_2$$

式中，$f_k(k=1,2)$ 是起点 o 到终点 r 路径 k 的交通流量。交通需求满足交通流守恒条件：

$$Q = f_1 + f_2$$

由于网络具有对称性，易得 UE 状态下四路段网络的路径流量及路径行驶时间为

$$f_1 = f_2 = \frac{Q}{2}$$

$$t_1 = t_2 = \frac{(\gamma+1)(\beta_1+\beta_2)Q}{2} + \alpha_1$$

四路段网络的总阻抗为

$$T^4 = \frac{(\gamma+1)(\beta_1+\beta_2)Q^2}{2} + \alpha_1 Q$$

式中，T^4 为四路段网络 UE 状态下的总阻抗。

②五路段交通网络的用户均衡解。

在四路段网络的基础上增加路段 pq，如图 3-3 所示，起点 o 和终点 r 间出现了一条新路径 $opqr$。

路段 oq 和 pr 增加了新的同一路径的相邻路段，此时路段阻抗函数为

$$t_{op} = \beta_1(\gamma f_{op} + f_{pr} + f_{pq})$$
$$t_{qr} = \beta_1(\gamma f_{qr} + f_{oq} + f_{pq})$$
$$t_{oq} = \alpha_1 + \beta_2(\gamma f_{oq} + f_{qr})$$
$$t_{pr} = \alpha_1 + \beta_2(\gamma f_{pr} + f_{op})$$
$$t_{pq} = \alpha_2 + \beta_2(\gamma f_{pq} + f_{op} + f_{qr})$$

式中，α_2 是 pq 的自由流行驶时间。

新增路径的阻抗为

$$t_3 = t_{op} + t_{pq} + t_{qr}$$

路段和路径的交通流关系为

$$f_{op} = f_1 + f_3$$
$$f_{pr} = f_1$$
$$f_{oq} = f_2$$
$$f_{qr} = f_2 + f_3$$
$$f_{pq} = f_3$$

交通需求满足交通流守恒关系：

$$Q = f_1 + f_2 + f_3$$

为了求五路段网络在 UE 状态下的解,令 $t_1 = t_2 = t_3$,得 UE 状态下的路径流量为

$$f_1 = f_2 = \frac{(\gamma+1)(\beta_1+\beta_2)Q - (\alpha_1-\alpha_2)}{(\gamma+1)\beta_1 + (3\gamma+1)\beta_2}$$

$$f_3 = Q - 2f_1 = \frac{[-(\gamma+1)\beta_1 + (\gamma-1)\beta_2]Q + 2(\alpha_1-\alpha_2)}{(\gamma+1)\beta_1 + (3\gamma+1)\beta_2}$$

路径时间为

$$t_1 = t_2 = t_3$$
$$= \frac{[\gamma(\gamma+3)\beta_2^2 + 3\gamma(\gamma+1)\beta_1\beta_2]Q + [(\gamma+1)\beta_1 + (1-\gamma)\beta_2](\alpha_1-\alpha_2)}{(\gamma+1)\beta_1 + (3\gamma+1)\beta_2} + \alpha_1$$

令 $f_1 = f_2 = 0$,得当 $Q \leqslant \dfrac{\alpha_1-\alpha_2}{(\gamma+1)(\beta_1+\beta_2)}$ 时,在第一、二条路径没有交通流,此时 $f_1 = f_2 = 0$,$f_3 = Q$,即只有第三条路径被使用。令 $f_3 = 0$,得当 $Q \geqslant$ $\dfrac{2(\alpha_1-\alpha_2)}{(\gamma+1)\beta_1 - (\gamma-1)\beta_2}$ 时,第三条路径没有交通流,此时 $f_1 = f_2 = \dfrac{Q}{2}$,$f_3 = 0$,即只有第一、二条路径被使用。因此,当交通需求 Q 满足 $Q \in \left[\dfrac{\alpha_1-\alpha_2}{(\gamma+1)(\beta_1+\beta_2)}\right.$, $\left.\dfrac{2(\alpha_1-\alpha_2)}{(\gamma+1)\beta_1 - (\gamma-1)\beta_2}\right]$ 时,三条路径都有交通流。令 $\alpha_1 = 50$,$\alpha_2 = 10$,$\beta_1 = 10$,$\beta_2 = 1$,$\gamma = 2$,结果见图 3-4。在 Ⅰ 和 Ⅱ 区域,仅新增路径被使用;在 Ⅲ 区域,三条路径都被使用;在 Ⅳ 区域,新增路径不再被使用。

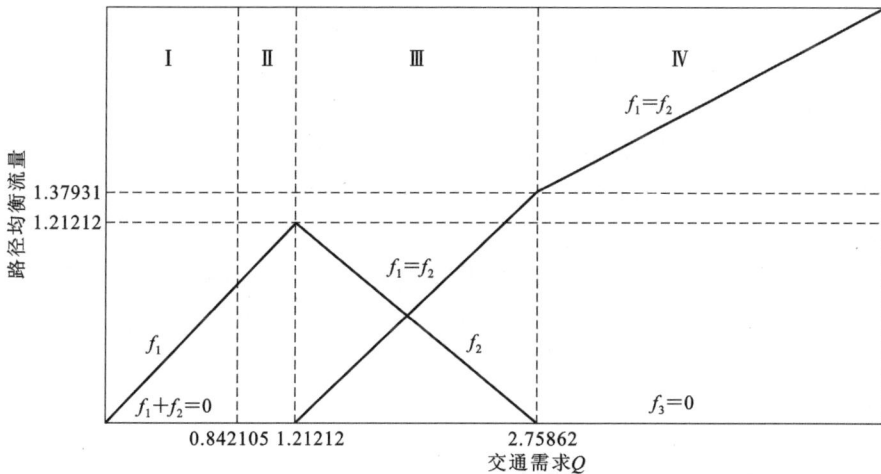

图 3-4 交通需求变化时各路径均衡流量

又 $T_5 = f_1 t_1 + f_2 t_2 + f_3 t_3$，其中 T_5 代表增加路段 pq 后 UE 状态下的网络总阻抗。由 Q 的三个不同区间得 T_5：

$$T_5 = \begin{cases} (2\gamma\beta_1 + 2\beta_1 + 2\beta_2 + \gamma\beta_2)Q^2 + \alpha_2 Q, & Q \leqslant \dfrac{\alpha_1 - \alpha_2}{(\gamma+1)(\beta_1+\beta_2)} \\[4mm] Q\left\{\dfrac{[\gamma(\gamma+3)\beta_2^2 + 3\gamma(\gamma+1)\beta_1\beta_2]Q + [(\gamma+1)\beta_1 + (1-\gamma)\beta_2](\alpha_1-\alpha_2)}{(\gamma+1)\beta_1 + (3\gamma+1)\beta_2} + \alpha_2\right\}, \\[4mm] \qquad\qquad\qquad \dfrac{\alpha_1 - \alpha_2}{(\gamma+1)(\beta_1+\beta_2)} < Q < \dfrac{2(\alpha_1-\alpha_2)}{(\gamma+1)\beta_1 - (\gamma-1)\beta_2} \\[4mm] \dfrac{(\gamma+1)(\beta_1+\beta_2)Q^2}{2} + \alpha_1 Q, & Q \geqslant \dfrac{2(\alpha_1-\alpha_2)}{(\gamma+1)\beta_1 - (\gamma-1)\beta_2} \end{cases}$$

③悖论产生的具体范围。

下面使用 T_4 和 T_5 的结果讨论悖论是否产生。令 $T_5 > T_4$，得

$$Q \in \left(\frac{2(\alpha_1 - \alpha_2)}{3(\gamma+1)\beta_1 + (\gamma+3)\beta_2}, \frac{2(\alpha_1 - \alpha_2)}{(\gamma+1)\beta_1 - (\gamma-1)\beta_2} \right)$$

则当 Q 位于上述区间时悖论产生，可见考虑其他路段的影响时，在 UE 状态下，即使增加路段，系统总阻抗也会增加，交通状况恶化，即存在悖论产生区域。见图 3-4，Ⅱ区域和Ⅲ区域就是悖论产生区域。

为了研究其他路段流量对悖论产生概率的影响，仍设 $\alpha_1 = 50, \alpha_2 = 10$，$\beta_1 = 10, \beta_2 = 1$，定义区间长度 L 为区间边界差的绝对值，得到悖论产生的区间长度为

$$\begin{aligned} L &= \frac{2(\alpha_1 - \alpha_2)}{(\gamma+1)\beta_1 - (\gamma-1)\beta_2} - \frac{2(\alpha_1 - \alpha_2)}{3(\gamma+1)\beta_1 + (\gamma+3)\beta_2} \\ &= \frac{80}{9\gamma + 11} - \frac{80}{31\gamma + 33} \end{aligned}$$

易知悖论产生概率正比于悖论产生的区间长度。图 3-5 给出了 L 随 γ 的变化趋势，可见 γ 越大，悖论越不易产生，即其他路段的影响越小，悖论越不容易产生，所以在交通规划中可以采取某些措施降低路段之间的影响以减少悖论产生的概率。

评注：这个模型的巧妙之处在于假设路段行驶时间是与流量成正比的关系，在此基础上用路网总行驶时间判断拥堵的严重程度，并假设用户仅选择最短时间路径出行，进而把模型假设和越修路越拥堵的结论用简单、精确的数学语言表达出来，构成了这个实际问题的数学模型。

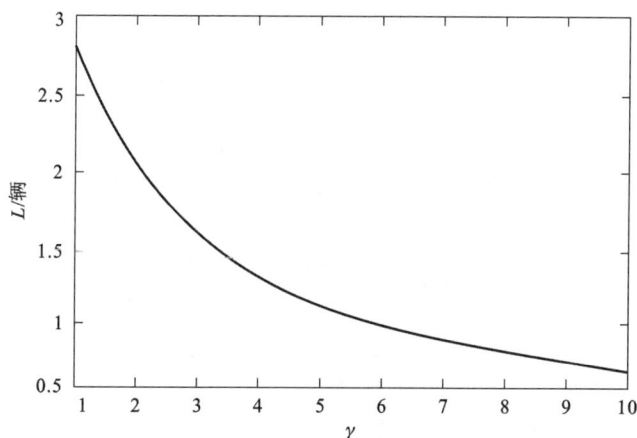

图 3-5 悖论产生区间长度的变化趋势

3.2 理论调用与移植法

3.2.1 双层玻璃功效问题

热水瓶是人们生活的必需品,它能保温,让瓶里的热水非常慢地冷却,而保温的关键是热水瓶胆。凡是弄破过热水瓶胆的人都知道,热水瓶胆是由双层玻璃组成的,为什么双层玻璃能起到保温效果呢?什么样的设计会使保温效果比较好呢?本节介绍热传导、双层玻璃、中空玻璃国家标准和热水瓶胆。

1. 热传导

热量从系统的一部分传到另一部分或由一个系统传到另一个系统的现象叫热传导。热传导是固体中热传递的主要方式,在不流动的液体或气体层中层层传递,在流动情况下往往与对流现象同时发生。热传导实质上是大量物质的分子通过热运动互相撞击,使能量从物体的高温部分传至低温部分,或由高温物体传给低温物体的过程。在固体中,热传导的微观过程是:温度高的部分,晶体中结点上的微粒振动动能较大;而低温部分,微粒振动动能较小。因为微粒的振动互相联系,所以在晶体内部就发生微粒的振动,动能由大的部分向小的部分传递。在固体中,热的传导就是能量的迁移。在液体中热传导表现为:液体分子在

— 107 —

温度高的区域热运动比较剧烈,由于液体分子之间存在着相互作用,热运动的能量将逐渐向周围层层传递,引起热传导现象。气体依靠分子的无规则热运动以及分子间的碰撞,在气体内部发生能量迁移,从而形成宏观上的热量传递。

一般金属都是热的良导体,玻璃、木材、棉毛制品、羽毛、毛皮以及液体和气体都是热的不良导体,石棉的热传导性能极差,常作为绝热材料。

当物体内的温度分布只依赖于一个空间坐标,而且温度分布不随时间的变化而变化时,热量只沿温度降低的一个方向传递,这称为一维定态热传导。此时的热传导可用下式描述:

$$q = -\lambda A (T_2 - T_1)/(x_2 - x_1)$$

式中,q 为热量通量;$T_2 - T_1$ 为温度差;$x_2 - x_1$ 为热传递方向的坐标差;λ 为热导率;A 为导热面积。此式表明 q 正比于温度梯度 $\mathrm{d}T/\mathrm{d}x$,但热流方向与温度梯度方向相反。此规律由法国数学家傅立叶于1822年首先发现,故称为傅立叶定律。由于热传导的速率与热导率成正比,以窑炉中的换热器为例,通常采用热导率高的材料(如铜、钢、石墨等)作为传热间壁材料。在热绝缘设施中,采用热导率低的材料作为绝热材料。

在一般的热传导中,温度随时间和三个空间坐标的变化而变化,且伴有热量产生(如反应热),这时的热传导称为三维非定态热传导,可用下式描述:

$$\frac{\partial T}{\partial t} = \frac{\lambda}{C_p \rho} \left(\frac{\partial^2 T}{\partial x^2} + \frac{\partial^2 T}{\partial y^2} + \frac{\partial^2 T}{\partial z^2} \right) + \frac{q_c}{C_p \rho}$$

式中,t 为时间;x,y,z 为坐标轴;ρ 为密度;C_p 为定压比热容;$\lambda/(C_p\rho)$ 为导温系数,又称热扩散系数,表示非定态热传导过程中物体内部温度趋于均匀的能力,即导温系数越大,温度趋于均匀越快;q_c 为单位体积内热量生成的速率。

在非定态热传导计算中,如果操作是间歇的或周期性的,如蓄热器的操作,这时热传导是非定态的。对于形状简单的物体(如平板、长方体、柱体和圆球体),可由公式结合一定的初始条件、边界条件求得解析解,但通常求得的解很复杂,往往以无穷级数的形式表示。为便于应用,常将这些结果以图线表述。

二维、三维等更复杂的热传导难以用解析法求解,一般可用数值法求解。

2. 双层玻璃

由于北方冬天气温较低,因此许多建筑物的窗户采用双层玻璃,即窗户上装两层厚度为 d、中间夹一层厚度为 l 的空气的玻璃,如图 3-6(a)所示。我们要建立一个模型来描述热量通过窗户的热传导(即流失)过程,并将双层玻璃窗与用同样多材料做成的单层玻璃窗[如图 3-6(b)所示,玻璃厚度为 $2d$]的热传导过程进行对比,对双层玻璃窗所能减少的热量损失给出定量分析结果。

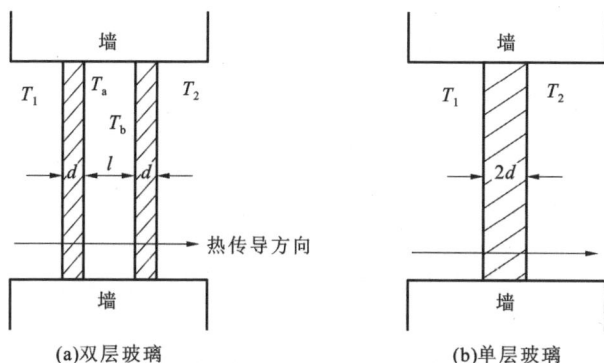

图 3-6　玻璃热传导示意

（1）模型假设。

①热量的传播过程只有传导，没有对流，即假定窗户的密封性能很好，两层玻璃之间的空气是不流动的。

②室内温度 T_1 和室外温度 T_2 保持不变，热传导过程已处于稳定状态，即沿热传导方向，单位时间内通过单位面积的热量是常数。

③玻璃材料均匀，热传导系数是常数。

（2）符号说明。

T_1——室内温度；

T_2——室外温度；

d——单层玻璃厚度；

l——两层玻璃之间的空气厚度；

T_a——内层玻璃的外侧温度；

T_b——外层玻璃的内侧温度；

k——热传导系数；

Q——热量损失。

（3）模型建立与求解。

由热物理学可知，在上述假设下，热传导过程遵从下面的物理规律：厚度为 d 的均匀介质，两侧温度差为 ΔT。则单位时间由温度高的一侧向温度低的一侧通过单位面积的热量 Q，与 ΔT 成正比，与 d 成反比，即

$$Q = k\frac{\Delta T}{d}$$

①双层玻璃的热量流失。

记双层玻璃窗内层玻璃的外侧温度为 T_a，外层玻璃的内侧温度为 T_b，玻璃的热传导系数为 k_1，空气的热传导系数为 k_2，由上式可得单位时间单位面积的

热量传导(热量流失)为:

$$Q = k_1 \frac{T_1 - T_a}{d} = k_2 \frac{T_a - T_b}{l} = k_1 \frac{T_b - T_2}{d}$$

由 $Q = k_1 \dfrac{T_1 - T_a}{d}$ 及 $Q = k_1 \dfrac{T_b - T_2}{d}$ 可得 $T_a - T_b = (T_1 - T_2) - 2\dfrac{Qd}{k_1}$,再代入

$Q = k_2 \dfrac{T_a - T_b}{l}$,消去 T_a 和 T_b,变形可得:

$$Q = k_1 \frac{T_1 - T_2}{d(s+2)}, \quad s = h \frac{k_1}{k_2}, \quad h = \frac{l}{d} \tag{3-1}$$

②单层玻璃的热量流失。

对于厚度为 $2d$ 的单层玻璃窗,容易得出热量流失为:

$$Q' = k_1 \frac{T_1 - T_2}{2d} \tag{3-2}$$

③单层玻璃和双层玻璃的热量流失比较。

比较式(3-1)和式(3-2)有:

$$\frac{Q}{Q'} = \frac{2}{s+2} \tag{3-3}$$

显然,$Q < Q'$。

为了获得更具体的结果,我们需要 k_1 和 k_2 的数据。从有关资料可知,不流通、干燥空气的热传导系数 $k_2 = 2.5 \times 10^{-4} \mathrm{J/(cm \cdot s \cdot ℃)}$,常用玻璃的热传导系数 $k_1 = (4 \times 10^{-3} \sim 8 \times 10^{-3}) \mathrm{J/(cm \cdot s \cdot ℃)}$,于是

$$\frac{k_1}{k_2} = 16 \sim 32$$

在分析双层玻璃窗比单层玻璃窗所减少的热量损失时,我们做最保守的估计,即取 $k_1/k_2 = 16$,由式(3-1)和式(3-2)可得:

$$\frac{Q}{Q'} = \frac{1}{8h+1}, \quad h = \frac{l}{d}$$

④模型讨论。

Q/Q' 的值反映了双层玻璃窗在减少热量损失上的功效,它只与 $h = l/d$ 有关,图3-7给出了 Q/Q'-h 的曲线。当 h 由 0 增加时,Q/Q' 迅速下降,而当 h 超过一定值(比如 $h > 4$)后,Q/Q' 下降缓慢,可见 h 不宜选得过大。h 大意味着双层玻璃之间的空间大,外观不太美观,大于一定值后,隔热效果也增加不明显。

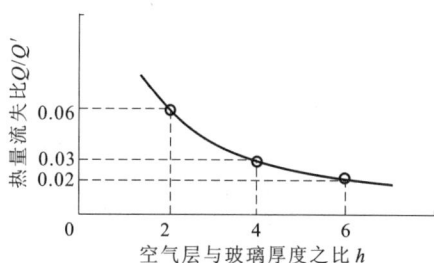

图 3-7　双层玻璃窗与单层玻璃窗热量损失比例曲线

（4）模型的应用。

上述模型具有显著的应用价值，制作双层玻璃窗虽然工艺复杂，会增加一些费用，但它减少的热量损失却是相当可观的。通常，建筑规范要求 $h=l/d\approx 4$。按照这个模型 $Q/Q'\approx 3\%$，即双层玻璃窗比用同样多的玻璃材料制成的单层窗节约热量 97% 左右。不难发现，之所以有如此高的功效主要是由于层间空气的极低的热传导系数 k_2，而这要求空气是干燥、不流通的。模型假设的条件在实际环境中当然不可能完全满足，所以实际上双层玻璃窗的功效会比上述结果差一些。

3. 中空玻璃国家标准

由于双层中空玻璃具有隔热隔音效果，国家对于该产品有专门的生产标准。最新的国家标准是《中空玻璃》(GB/T 11944—2012)。该标准规定了中空玻璃的术语和定义、材料、技术要求、试验方法、检验规则、包装、标志、运输和贮存，适用于建筑以及冷藏、装饰等建筑以外用的中空玻璃，不适用于由玻璃之外的其他材料构成的中空玻璃。中空玻璃(insulating glass unit)是指"两片或多片玻璃以有效支撑均匀隔开并周边粘接密封，使玻璃层间形成有干燥气体空间的玻璃制品"。

详细内容请查阅《中空玻璃》(GB/T 11944—2012)。

4. 热水瓶胆

瓶胆是双层的，内抽真空，使里面的热量不容易被传递出来。胆的里层外围还涂有金属银，热量在向外流失的过程中又有一大部分被反射回来，从而也能起到保温效果。瓶胆内涂层一般镀银（银镜），是利用银镜反应镀上去的。现在也有镀铝（铝镜）或离子真空镀膜（钨镜或钛镜）瓶胆。

瓶胆的制作原理如下：工业上平面镜制作及热水瓶胆等玻璃镀银工艺，是利用具还原性的化合物（如醛、单糖、酒石酸钾钠盐等）将银氨配离子还原，使其中的金属银以紧密排列成银箔的方式附着在洁净的玻璃表面形成银镜。由于葡萄糖价格昂贵，目前许多制镜原料均采用廉价的蔗糖（白砂糖）。一分子蔗糖经酸水解,可以得到两分子均具还原性的单糖(葡萄糖和果糖)。

为了使金属银能在镜面上均匀析出并牢固附着,除了要用酸碱处理、洗涤,使镜面保持清洁,还要对镜面进行"敏化"处理。其原因在于,镜面的硅酸钠经酸碱处理后,一部分成为硅酸。当镀银时,银与硅酸交换速度较慢,而镀液中的碱离子与硅酸交换速度很快,这种活性的差异影响了镀层的均匀程度。通常使用 $SnCl_2$ 溶液(敏化液)处理镜面,然后用蒸馏水冲洗洁净后,才可在镜面上镀银。

3.2.2 交通出行需求分布预测的重力模型法

图 3-8 为交通小区 i 和交通小区 j 之间交通分布的示意图。q_{ij} 表示由交通小区 i 到交通小区 j 的交通量,即分布交通量。

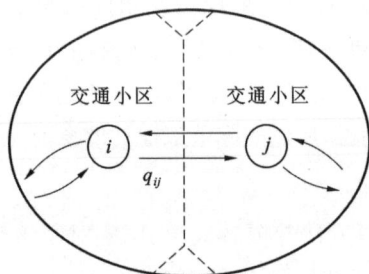

图 3-8 交通分布

交通分布中最基本的概念之一是 OD 表,O 表示出发地,D 表示目的地。交通分布通常用一个二维矩阵表示。一个小区数为 n 的区域的 OD 表,一般表示成如表 3-1 所示的形式。

表 3-1 中,q_{ij} 为以小区 i 为起点、小区 j 为终点的交通量;O_i 为小区 i 的发生交通量;D_j 为小区 j 的吸引交通量;T 为研究对象区域的生成交通量。

表 3-1 **OD 表**

OD	1	2	⋯	j	⋯	n	发生量
1	q_{11}	q_{12}	⋯	q_{1j}	⋯	q_{1n}	O_1
2	q_{21}	q_{22}	⋯	q_{2j}	⋯	q_{2n}	O_2
⋮	⋮	⋮	⋮	⋮	⋮	⋮	⋮
i	q_{i1}	q_{i2}	⋯	q_{ij}	⋯	q_{in}	O_i
⋮	⋮	⋮	⋮	⋮	⋮	⋮	⋮
n	q_{n1}	q_{n2}	⋯	q_{nj}	⋯	q_{nn}	O_n
吸引量	D_1	D_2	⋯	D_j	⋯	D_n	T

对此 OD 表,下面各式所示守恒法则成立:

$$\sum_j q_{ij} = O_i, \quad \sum_i q_{ij} = D_j, \quad \sum_i \sum_j q_{ij} = \sum_i O_i = \sum_j D_j = T$$

分布交通量预测要解决的问题是在目标年各交通小区的发生交通量与吸引交通量一定的条件下,求出各交通小区之间将来的 OD 交通量。求得的 OD 交通量也是一个二维 OD 表,也要满足以上约束条件。分布交通量预测是交通规划的主要步骤之一,是交通设施规划和交通政策立案不可缺少的资料。

重力模型法(gravity model)是一种最常用的方法,它根据牛顿的万有引力定律,即两物体间的引力与两物体的质量之积成正比,而与它们之间距离的平方成反比类推而成。只要将重力模型与交通出行需求分布预测相关变量进行一一对应,就可实现将重力模型一致化以完成对出行分布的预测工作。

重力模型法出行分布预测考虑了两个交通小区的吸引强度和它们之间的阻力,认为两个交通小区的出行吸引强度与两个交通小区的出行发生量和吸引交通量成正比,而与交通小区之间的交通阻抗成反比。在用重力模型进行出行分布预测时,可采用以下几种模型。

1. 无约束重力模型

凯西(Casey)在 1955 年提出了如下重力模型,该模型也是最早出现的重力模型:

$$q_{ij} = \alpha \frac{P_i P_j}{d_{ij}^2}$$

式中,P_i,P_j 分别表示 i 小区和 j 小区的人口;d_{ij} 为 i 小区和 j 小区之间的距离;α 为系数。

此模型为无约束重力模型,模型本身不满足以下交通守恒约束条件中的任何一个:

$$\begin{aligned} \sum_j q_{ij} &= \alpha P_i \sum_j P_j d_{ij}^{-2} = O_i \\ \sum_i q_{ij} &= \alpha P_j \sum_i P_i d_{ij}^{-2} = D_j \end{aligned} \tag{3-4}$$

由于该模型简单地模仿了牛顿的万有引力定律,因此后来对它进行了许多改进,包括用出行总数代替总人口数,将 d_{ij} 的幂扩展为参数 r(其值一般为 0.6~3.5),更一般地,可以用出行费用函数 $f(c_{ij})$ 来表示。因此,重力模型可表示为:

$$q_{ij} = k O_i^\alpha D_j^\beta f(c_{ij})$$

常见的交通阻抗函数有以下几种形式:

幂函数:$f(c_{ij}) = c_{ij}^{-\gamma}$;

指数函数:$f(c_{ij}) = e^{-c_{ij}}$;

组合函数：$f(c_{ij})=k \cdot c_{ij}^{\gamma} \cdot e^{-c_{ij}}$。

式中，k,γ 为参数。

待定系数 k 和 γ 据现状 OD 调查资料，利用最小二乘法确定。此时可将模型取对数，使之线性化来求得。

【例 3-1】 按表 3-2 和表 3-3 给出的现状 OD 表和将来发生与吸引交通量，以及表 3-4 和表 3-5 给出的现状行驶时间和将来行驶时间，试利用重力模型，求出将来 OD 表。设定收敛标准为 $\varepsilon=1\%$。

表 3-2 　　　　　　　　　　　　　**现状 OD 表** 　　　　　　　　　单位：万次

OD	1	2	3	合计
1	17.0	7.0	4.0	28.0
2	7.0	38.0	6.0	51.0
3	4.0	5.0	17.0	26.0
合计	28.0	50.0	27.0	105.0

表 3-3 　　　　　　　　　　　**将来发生与吸引交通量** 　　　　　　　　单位：万次

OD	1	2	3	合计
1				38.6
2				91.9
3				36.0
合计	39.3	90.3	36.9	166.5

表 3-4 　　　　　　　　　　　　　**现状行驶时间** 　　　　　　　　　单位：分钟

C_{ij}	1	2	3
1	7.0	17.0	22.0
2	17.0	15.0	23.0
3	22.0	23.0	7.0

表 3-5 　　　　　　　　　　　　　**将来行驶时间** 　　　　　　　　　单位：分钟

C_{ij}	1	2	3
1	4.0	9.0	11.0
2	9.0	8.0	12.0
3	11.0	12.0	4.0

解 (1)根据现状 OD 表和现状行驶时间表标定重力模型参数。

用下面的无约束重力模型：

$$q_{ij} = \alpha \frac{(O_i D_j)^{\beta}}{C_{ij}^{\gamma}}$$

两边取对数，得

$$\ln q_{ij} = \ln\alpha + \beta\ln(O_i D_j) - \gamma\ln C_{ij}$$

式中，q_{ij}，$O_i D_j$，C_{ij} 为已知常数；α，β，γ 为待标定参数。

令 $y = \ln q_{ij}$，$a_0 = \ln\alpha$，$a_1 = \beta$，$a_2 = -\gamma$，$x_1 = \ln(O_i D_j)$，$x_2 = \ln C_{ij}$，则公式转换为：

$$y = a_0 + a_1 x_1 + a_2 x_2$$

此方程为二元线性回归方程，a_0，a_1，a_2 为待标定系数，通过表 3-2 和表 3-4 获取 9 个样本数据，如表 3-6 所示。

表 3-6   样本数据

样本点	q_{ij}	O_i	D_j	$O_i D_j$	C_{ij}	y	x_1	x_2
$i=1, j=1$	17	28	28	784	7	2.8332	6.6644	1.9459
$i=1, j=2$	7	28	50	1400	17	1.9459	7.2442	2.8332
$i=1, j=3$	4	28	27	756	22	1.3863	6.6280	3.0910
$i=2, j=1$	7	51	28	1428	17	1.9459	7.2640	2.8332
$i=2, j=2$	38	51	50	2550	15	3.6376	7.8438	2.7081
$i=2, j=3$	6	51	27	1377	23	1.7918	7.2277	3.1355
$i=3, j=1$	4	26	28	728	22	1.3863	6.5903	3.0910
$i=3, j=2$	5	26	50	1300	23	1.6094	7.1701	3.1355
$i=3, j=3$	17	26	27	702	7	2.8332	6.5539	1.9459

采用最小二乘法对这 9 个样本数据进行标定，得出 $a_0 = -2.084$，$a_1 = 1.173$，$a_2 = -1.455$，则获得的二元线性回归方程为 $y = -2.084 + 1.173x_1 - 1.455x_2$。

通过 $a_0 = \ln\alpha$，$a_1 = \beta$，$a_2 = -\gamma$，可得 $\alpha = 0.124$，$\beta = 1.173$，$\gamma = 1.455$，即标定的重力模型为

$$q_{ij} = 0.124 \times \frac{(O_i D_j)^{1.173}}{C_{ij}^{1.455}}$$

(2)根据已标定重力模型、将来发生与吸收交通量和将来行驶时间表，求解未来交通 OD 表。

利用已标定重力模型求解未来分布交通量的初始解如下：

$$q_{11} = 0.124 \times (38.6 \times 39.3)^{1.173}/4.0^{1.455} = 88.862$$

$$q_{12} = 0.124 \times (38.6 \times 90.3)^{1.173}/9.0^{1.455} = 72.458$$

$$q_{13} = 0.124 \times (38.6 \times 36.9)^{1.173}/11.0^{1.455} = 18.940$$

$$q_{21} = 0.124 \times (91.9 \times 39.3)^{1.173}/9.0^{1.455} = 75.542$$

$$q_{22} = 0.124 \times (91.9 \times 90.3)^{1.173}/8.0^{1.455} = 237.912$$

$$q_{23} = 0.124 \times (91.9 \times 36.9)^{1.173}/12.0^{1.455} = 46.164$$

$$q_{31} = 0.124 \times (36.0 \times 39.3)^{1.173}/11.0^{1.455} = 18.791$$

$$q_{32} = 0.124 \times (36.0 \times 90.3)^{1.173}/12.0^{1.455} = 43.932$$

$$q_{33} = 0.124 \times (36.0 \times 36.9)^{1.173}/4.0^{1.455} = 76.048$$

计算后得表 3-7。

表 3-7   **第一次计算得到的 OD 表**

OD	1	2	3	合计
1	88.862	72.458	18.940	180.260
2	75.542	237.912	46.164	359.618
3	18.791	43.932	76.048	138.771
合计	183.195	354.302	141.152	678.649

(3)采用平均增长系数法修正 OD 表。

观察以上 OD 表，不难发现交通产生量与表 3-3 相差很大，原因在于无约束重力模型仅保证各 OD 需求比例的一致性，不能保证绝对量的收敛性。即通过无约束重力模型计算得到的 OD 表不满足出行分布的约束条件，因此还要用其他方法继续进行迭代，这里采用平均增长系数法进行迭代计算，以修正此 OD 表。

平均增长系数法假设 i 和 j 小区之间分布交通量 q_{ij} 的增长系数是 i 小区出行发生量增长系数 F_{O_i} 和 j 小区出行吸引量增长系数 F_{D_j} 的平均值。这些增长系数采用真实量和改进量的商进行表达。比如，第一次迭代采用以下公式计算 F_{O_i} 和 F_{D_j}，此时无约束重力模型所求量即为改进量。

$$F_{O_1}^1 = \frac{U_1}{O_1} = \frac{38.6}{180.260} = 0.2141$$

$$F_{O_2}^1 = \frac{U_2}{O_2} = \frac{91.9}{359.618} = 0.2555$$

$$F_{O_3}^1 = \frac{U_3}{O_3} = \frac{36.0}{138.771} = 0.2594$$

$$F_{D_1}^1 = \frac{V_1}{D_1} = \frac{39.3}{183.195} = 0.2145$$

$$F_{D_2}^1 = \frac{V_2}{D_2} = \frac{90.3}{354.302} = 0.2549$$

$$F_{D_3}^1 = \frac{V_3}{D_3} = \frac{36.9}{141.152} = 0.2614$$

前三次迭代计算结果如表 3-8 至表 3-10 所示。

表 3-8 用平均增长系数法第一次迭代计算 OD 表

OD	1	2	3	合计	增长系数
1	19.046	16.992	4.054	40.092	0.9628
2	17.755	60.717	11.933	90.405	1.0165
3	4.453	11.297	19.804	35.554	1.0125
合计	41.254	89.006	35.791	166.051	
增长系数	0.9526	1.0145	1.031		

表 3-9 用平均增长系数法第二次迭代计算 OD 表

OD	1	2	3	合计	增长系数
1	18.139	16.708	4.437	39.284	0.9826
2	17.482	61.661	12.140	91.283	1.0068
3	4.376	11.450	20.109	35.935	1.0018
合计	39.997	89.819	36.686	166.502	
增长系数	0.9826	1.0054	1.0058		

表 3-10 用平均增长系数法第三次迭代计算 OD 表

OD	1	2	3	合计	增长系数
1	17.823	16.684	4.438	38.945	0.9911
2	17.127	62.318	12.291	91.736	1.0018
3	4.276	11.544	20.310	36.130	0.9964
合计	39.226	90.546	37.039	166.811	
增长系数	1.0019	0.9973	0.9962		

第三次迭代之后，F_{O_i} 和 F_{D_j} 的各项系数误差均小于收敛条件 $\varepsilon = 1\%$，停止迭代，第三次迭代计算后的 OD 表（见表 3-10）就为最终预测的 OD 表。

2.单约束重力模型

(1)乌尔希斯重力模型。

此模型只满足公式(3-4),即出行发生约束重力模型,其表达式为:

$$q_{ij} = \frac{O_i D_j f(c_{ij})}{\sum_j D_j f(c_{ij})} \tag{3-5}$$

式中,$f(c_{ij})$为交通阻抗函数,常用形式为 $f(c_{ij}) = c_{ij}^{-\gamma}$,$\gamma$ 为待定系数。

以 $f(c_{ij}) = c_{ij}^{-\gamma}$ 为例进行参数标定,待定系数 γ 根据现状 OD 调查资料拟合确定,一般可采用试算法等数值方式,以某一指标作为控制目标,通过用模型计算和实际调查所得指标的误差比较确定。其计算过程是:先假定一个 γ 值,利用现状 OD 统计资料所得的 O_i,D_j 以及 c_{ij},代入式(3-5)中进行计算,所得的计算交通分布称为 GM 分布。GM 分布的平均行程时间采用下式计算:

$$\overline{c'} = \sum_i \sum_j (q_{ij} c_{ij}) / \sum_i \sum_j q_{ij}$$

GM 分布与现状分布的每次运行的平均行程时间的相对误差为 $|\overline{c'} - \overline{c}|/\overline{c}$。当交通按 GM 分布与按现状分布每次运行的平均相对误差不大于某一限定值(常用 3%)时,计算即可结束;当误差超过限定值时需改动待定系数 γ,进行下一轮计算。调整方法为:如果 GM 分布的 $\overline{c'}$ 大于现状分布的 $\overline{c}$,可增大 γ 值;反之,则减小 γ 值。

(2)美国公路局重力模型(B. P. R. 模型)。

$$q_{ij} = \frac{O_i D_j f(c_{ij}) K_{ij}}{\sum_j D_j f(c_{ij}) K_{ij}}$$

式中,K_{ij} 为调整系数,其计算公式为:

$$K_{ij} = (1 - Y_{ij}) \lambda_{ij} / (1 - Y_{ij} \lambda_{ij})$$

式中,λ_{ij} 为 i 小区到 j 小区的实际分布交通量与计算分布交通量之比;Y_{ij} 为 i 小区到 j 小区的实际分布交通量与 i 小区的出行发生量之比。

此模型与乌尔希斯重力模型相比,引进了交通调整系数 K_{ij}。计算时,用与乌尔希斯重力模型相同的方法算出待定系数 γ,然后计算 q_{ij},最后计算 K_{ij}。

这两种模型均能满足出行产生约束条件,即 $O_i = \sum_j q_{ij}$,因此都称为单约束重力模型。用上述两种重力模型进行交通分布预测时,首先是将预测的发生交通量和吸引交通量以及将来的交通阻抗参数代入模型进行计算。通常计算出的吸引交通量与给定的吸引交通量并不相同,因此需要进行进一步迭代计算。

3.双约束重力模型

同时满足守恒条件的 α 是不存在的,因此,将重力模型修改为如下形式:

$$q_{ij} = a_i O_i b_j D_j f(c_{ij})$$

$$a_i = \Big[\sum_j b_j D_j f(c_{ij}) \Big]^{-1}$$

$$b_j = \Big[\sum_i a_i O_i f(c_{ij}) \Big]^{-1}$$

此模型为双约束重力模型。

以幂指数交通阻抗函数 $f(c_{ij}) = c_{ij}^{-\gamma}$ 为例介绍其计算方法：

步骤 1：令 $m = 0$，m 为计算次数。

步骤 2：给出 γ（可以用最小二乘法求出）。

步骤 3：令 $a_i^m = 1$，求出 b_j^m $(b_j^m = 1 / \sum_i a_i^m O_i c_{ij}^{-\gamma})$。

步骤 4：求出 a_i^{m+1} $(a_i^{m+1} = 1 / \sum_i b_j^m D_j c_{ij}^{-\gamma})$ 和 b_j^{m+1} $(b_j^{m+1} = 1 / \sum_i a_i^{m+1} O_i c_{ij}^{-\gamma})$。

步骤 5：收敛判定，若满足式（3-6），则结束计算；反之，将 $m+1$ 的值赋予 m，返回步骤 2 重新计算。

$$1 - \varepsilon < \frac{a_i^{m+1}}{a_i^m} < 1 + \varepsilon, \quad 1 - \varepsilon < \frac{b_i^{m+1}}{b_i^m} < 1 + \varepsilon \tag{3-6}$$

4. 重力模型的特点

（1）优点。

①直观上容易理解。

②能考虑路网变化和土地利用对人们的出行产生的影响。

③特定交通小区之间的 OD 交通量为零时，也能预测。

④能比较敏感地反映交通小区之间行驶时间变化的情况。

（2）缺点。

①模型尽管能考虑到路网变化和土地利用对出行产生的影响，但缺乏对人的出行行为的分析，跟实际情况存在一定的偏差。

②一般地，人们的出行距离分布在全区域而并非定值，但重力模型将其视为定值。

③交通小区之间的行驶时间因交通方式和时间段的不同而异，而重力模型使用了同一时间。

④求交通小区内部交通量时的行驶时间难以给出。

⑤交通小区之间的距离较小时，有夸大预测的可能性。

⑥利用最小二乘法标定的重力模型计算出的分布交通量必须借助其他方法进行收敛计算。

3.3 关联分析法

3.3.1 划艇比赛成绩问题

划艇比赛是世界体育比赛项目之一。划艇是一种在水中靠桨手划桨前进的小船。在各级世界体育比赛中,按艇的大小,分为单人艇、双人艇、四人艇、八人艇四种比赛形式。各种艇在形状相似的前提下,其大小按一定的规格建造。划艇的形状如图 3-9 所示。

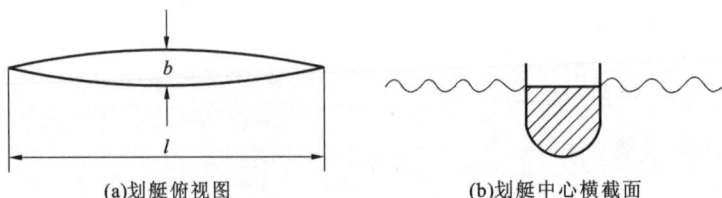

(a)划艇俯视图   (b)划艇中心横截面

图 3-9 划艇形状

八人艇组还有重量级和轻量级之分。重量级组桨手的平均体重为 85kg,轻量级组桨手的平均体重为 73kg。麦克马洪(T. A. McMahon)通过观察历次国际各种级别比赛的最好成绩,发现了一定的规律。他比较了各种赛艇 1964—1970 年四次 2000m 比赛(1964 年和 1968 年的两次奥运会和两次世界锦标赛)的最好成绩,其记录如表 3-11 所示。由于划艇比赛的速度与比赛成绩(比赛所用时间)互为倒数且对应,所以比赛成绩也反映了比赛速度。

表 3-11 　　　　　　　　　　**各种赛艇的规格和比赛成绩**

艇种	2000m 成绩/min					艇长 l/m	艇宽 b/m	艇重 W_0/kg
	1	2	3	4	平均			
单人艇	7.16	7.25	7.28	7.17	7.22	7.93	0.293	16.3
双人艇	6.87	6.92	6.95	6.77	6.88	9.76	0.356	27.2
四人艇	6.33	6.42	6.48	6.13	6.34	11.75	0.574	72.4
八人艇	5.87	5.92	5.82	5.73	5.84	18.28	0.610	117.6

表 3-11 中未列出八人轻量级组的比赛成绩,但已知八人重量级组的最好成绩比八人轻量级组的最好成绩好 5%。试问你能从表 3-11 中发现什么规律?

从表 3-11 中各次比赛成绩(每一列的数据)的对比中容易发现,比赛成绩与桨手人数有密切的关系,桨手人数越多,比赛的成绩越好。那么这个关系对不对呢? 如果对,这个关系究竟是怎样的一个关系? 只有用数学模型才能回答清楚。

1.问题的提出

这个问题是如何在四种赛艇形状相似但大小不同的条件下,通过以往的记录数据建立数学模型。建模目的是确定赛艇比赛的成绩(划行一定距离所用的时间)是否与桨手人数有关,如果有关,是怎样的关系。这里有一对矛盾:由于艇在水中行驶时受到水的阻力,其大小取决于艇浸没在水中的面积与水产生的阻力。这个阻力是靠桨手划桨来克服的。桨手越多,划桨产生的驱动艇的力量就越大,但人数越多重量也越大,这时艇的吃水面积也大,即产生的阻力也大。建立数学模型,不仅要解决这对矛盾,还要解释八人重量级组的比赛成绩比八人轻量级组好的原因,即要将比赛成绩写成桨手人数的函数。

此问题显然与流体力学、生理学有关系,通过查找流体力学的有关资料可知,用初等数学即可实现此问题的建模。

2.量的分析

为了使此问题的量的分析更加具体,我们首先将此研究对象分解,分成艇、水、人(桨手)三个部分。又因为该研究对象还包含艇的运动,所以在找出此问题的变量时,我们还进一步将此研究对象分解为静态和动态两个层次。

考虑静态情况下:对于艇,由于形状都相似,所以变量主要是其几何形状,包括艇长 l、艇宽 b、吃水深度 h、吃水面积 S、艇重 W_0;对于水,应有水的密度 ρ、温度 T、黏滞系数 k;对于桨手,应有人数 n、每个桨手的平均体重 W、划桨输出的力量 q。

考虑动态情况下,艇、水、人三者之间还会产生变量:艇的平均速度 v、水对艇的阻力 f;每个桨手划艇的平均输出功率 P,总功率 nP。各种艇的长和宽不同,但形状相似。所谓相似,即长和宽成比例,也就是各种艇的长和宽之比 l/b 应大致相同。另外,考虑每个桨手所承担的艇重 W_0/n 在建模时会更方便。通过数据处理,将这些数据列于表 3-12 中,由表可看出 l/b 受桨手人数的影响不显著,可视为常数,而艇的重量与桨手人数成正比。

另外,在比赛过程中,桨手们总是在开始时用很短的时间将艇划到最高速度,然后就一直保持这个速度划到终点,所以可将艇的速度看成常数。从生理学的角度来看,每一个训练有素、发育正常的桨手划桨的输出功率与桨手的体重成正比。根据流体力学基本定理可知,艇在水中航行时所受阻力 f 与 Sv^2 成正比。对于在同一水面上进行的比赛,水温 T 可不予考虑。黏滞系数 k 可包含在阻力 f 中。

表 3-12 各种赛艇的规格和比赛成绩

艇种	2000m 成绩/min					艇长 l/m	艇宽 b/m	l/b	艇重 W_0/kg	W_0/n
	1	2	3	4	平均					
单人艇	7.16	7.25	7.28	7.17	7.22	7.93	0.293	27.1	16.3	16.3
双人艇	6.87	6.92	6.95	6.77	6.88	9.76	0.356	27.4	27.2	13.6
四人艇	6.33	6.42	6.48	6.13	6.34	11.75	0.574	20.5	72.4	18.1
八人艇	5.87	5.92	5.82	5.73	5.84	18.28	0.610	30.0	117.6	14.7

3. 模型假设

对于此模型的假设,我们也是先对研究对象进行量的分解。

在静态情况下,应假设:

(1)各种艇的几何形状相似,即 l/b 为常数。艇重 W_0 与桨手人数 n 成正比。

(2)所有桨手(除八人轻量级组外)的体重都相同,即为 W。

在动态情况下,应假设:

(1)艇的速度 v 是常数,艇前进时受水的阻力 f 与 Sv^2 成正比。

(2)在竞赛过程中,每个桨手划桨的输出功率 P 保持不变,且 P 与 W 成正比。

4. 模型建立

在前三步的基础上建立模型,首先应想到建模的目的是将比赛成绩写成桨手人数的函数。但是,研究对象所涉及的变量很多,于是要通过建模,将其他变量都用人数来表示,所以必然产生一些推导过程。

由运动学知识可知,艇在匀速前进过程中,桨手们划桨使艇前进的力与艇所受水的阻力保持平衡。在此过程中,计算桨手们的输出功率更合适。在有 n 名桨手的艇中,桨手们输出的总功率为 nP。

又由于艇克服水的阻力 f 所做的功 H 为

$$H = fd$$

其中,d 为竞赛的距离,应有

$$d = vt$$

其中, t 为艇航行全赛程所用的时间, 从而有

$$H = fvt$$

所以

$$nP \propto fv \tag{3-7}$$

又由假设

$$f \propto Sv^2, \quad P \propto W$$

代入式(3-7), 得

$$v \propto \left(\frac{nW}{S}\right)^{\frac{1}{3}} \tag{3-8}$$

至此, 我们已经将速度写成了关于桨手人数、桨手平均体重和艇吃水面积的表达式, 由于比赛成绩(即所用时间)是速度的倒数, 那么, 求出速度就等于求出了比赛成绩。接下来就是将艇吃水面积写成关于桨手人数的表达式, 要找出桨手人数和艇吃水面积的关系。但直接关系不好找, 要先找一个中间变量。从面积这个变量出发, 考虑当艇的形状相似时, 艇的吃水面积应与体积有关, 而体积又与艇的重量有关, 重量又与桨手人数有关。也就是说, 如果吃水面积与某个变量的平方成正比, 那么, 吃水的体积就应当与这个变量的三次方成正比, 于是有

$$S \propto V^{\frac{2}{3}}$$

又由于艇重与桨手人数成正比($W_0 \propto n$), 因此艇和桨手的总重量($W_1 = W_0 + nW$)也与 n 成正比, 即

$$W_1 \propto n$$

再由阿基米德定律, 有

$$W_1 \propto V$$

其中, V 为艇排水体积, 从而得出

$$S \propto n^{\frac{2}{3}} \tag{3-9}$$

将式(3-9)代入式(3-8), 得

$$v \propto n^{\frac{1}{9}}$$

即得

$$t \propto n^{-\frac{1}{9}} \tag{3-10}$$

这就是我们所要建立的数学模型的初步形式, 更具体的形式将在下一步模型求解中给出。

5. 模型求解

为了得到模型的具体表达式, 可以用系统辨识方法, 即用已知数据(这里用

表 3-11 中的数据),桨手人数 n 为输入数据,比赛成绩 t 为输出数据。根据式(3-10),设 t 与 n 的关系是

$$t = \alpha n^{\lambda} \tag{3-11}$$

对式(3-11)两边取对数,得

$$\ln t = \ln \alpha + \lambda \ln n$$

借助最小二乘法和表 3-11 中的数据易得

$$t = 7.2 \ln n^{-0.111} \tag{3-12}$$

这就是我们建立的数学模型。

6. 模型分析

我们根据四次国际划艇比赛的最好成绩,得出了国际各级划艇比赛的成绩与艇中桨手人数之间的关系,符合建模目的。但是,这个模型还不能用于划艇速度或所用时间的计算,所以其局限性很大。

7. 模型检验

以上模型可以用实际检验法检验,即将以往国际划艇各级比赛的最好成绩代入式(3-12)进行检验。

8. 模型应用

该模型可以在今后的国际划艇各级比赛中应用,通过应用还可以对其进一步修改和完善。

3.3.2 交通流的流量、速度和密度间的关系分析

为简化和明确分析过程,这里的交通流均指由标准长度的小型汽车在单方向的道路上行驶而形成的车流,没有外界因素(如岔路、信号灯等)的影响。

借用物理学的概念,将交通流近似看作一辆辆汽车组成的连续的流体,可以用流量、速度、密度这 3 个参数描述交通流的基本特性。

流量 q 指某时刻单位时间内通过道路指定断面的车辆数,通常以辆/h 为单位。

速度 v 指某时刻通过道路指定断面的车辆的速度,通常以 km/h 为单位。

密度 k 指某时刻通过道路指定断面单位长度内的车辆数,通常以辆/km 为单位。

一般来说,流量、速度和密度都是时间和地点的函数,但在讨论指定时段(如早高峰)、指定路段或路口的交通状况时,可以认为交通流是稳定的,即流量、速度和密度都是常数,与时间和地点无关。

根据物理学的基本常识,流量 q、速度 v 和密度 k 显然满足

$$q = vk \tag{3-13}$$

例如,在高速公路上以 100km/h 的车速、200m 的车距行驶的车流,其流量为 500 辆/h。

经验和观测结果告诉我们,速度与密度之间存在密切关系。当道路上车辆增多、车流密度变大时,司机就会被迫降低车速。1935 年,格林希尔兹(Greenshields)通过对观测数据的统计分析,提出车速与密度之间的一个线性模型公式

$$v = v_f(1 - k/k_j) \tag{3-14}$$

其中,v_f 是密度 $k=0$ 时的车速,即理论上的最高车速,也称畅行车速(自由流); k_j 是速度 $v=0$ 时的密度,称为阻塞密度。实际上,模型(3-14)可以在合理的假设下经过仔细分析推导出来,这将在后面介绍。

研究和经验表明,线性模型适合通常车流密度适中的情况,此后有人提出了密度较大时适用的对数模型

$$v = v_1 \ln(k_j/k) \tag{3-15}$$

以及密度较小时适用的指数模型

$$v = v_f \exp(-k/k_j)$$

式中,v_1 理论上是密度 $k=k_j/e$ 时的车速,实际上要由观测数据确定。

将常用的线性式(3-14)代入式(3-13),得到流量与密度的关系

$$q = v_f k(1 - k/k_j) \tag{3-16}$$

这是一条抛物线,车流密度 k 由小变大时流量增加;当 $k=k_j/2$(阻塞密度的一半)时,流量最大;密度 k 继续变大,流量减小。

由式(3-13)和式(3-14)可以推导出流量与车速之间的关系

$$q = k_j v(1 - v/v_f) \tag{3-17}$$

这也是一条抛物线,最大流量出现在车速 $v=v_f/2$,即畅行车速的一半处。

交通工程中常将由式(3-14)、式(3-16)、式(3-17)确定的流量、速度和密度之间的关系用图 3-10 表示,其中 q_m 是最大流量,k_m 和 v_m 分别对应最大流量的密度和速度。

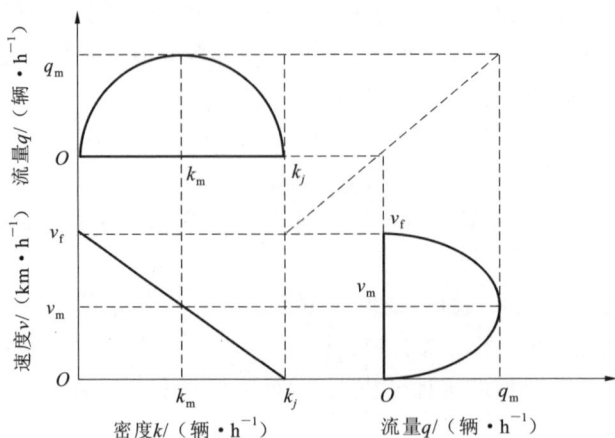

图 3-10　交通流的流量、速度、密度关系

3.4　因果推断法

3.4.1　辛普森悖论

在现实生活中，我们不时观测到各种变量之间的相关性。某些相关关系较简单，比如身高和体重的相关性；也有些相关关系较复杂，比如班级人数和教学质量的相关性。这些相关关系并不一定反映因果关系，尽管因果关系必然造成相关关系，相关关系却未必就是因果关系。如果我们不注意对因果关系和相关关系进行区分，在个人生活、公司决策和政府政策制定中便容易做出错误的判断。下面用著名的辛普森悖论来探讨区分因果关系和相关关系的必要性。通俗而言，辛普森悖论现象是指两个变量 X 和 Y 在每个分组中的关系是正（负），但在总体（所有组相加）中的关系会发生逆转变成负（正）。

在实证研究中，辛普森悖论时常出现，现用一个研究公司管理的例子来说明。假设我们现在研究的问题是所有权集中度对公司业绩的影响，首先对样本公司进行初步的分组统计，结果如表 3-13 所示。

表 3-13   辛普森悖论数据统计

企业类别	企业业绩		
	分散所有权	集中所有权	业绩差异
小企业	8.5% (238)	9% (81)	0.5%
大企业	7.1% (50)	8.5% (240)	1.4%
所有企业	8.26% (288)	7.88% (321)	−0.38%

从表 3-13 中可以看出,集中所有权对大、小企业的平均利润率都有提升作用。但如果将所有企业一起考虑,集中所有权就会对企业业绩产生负面影响,这种看似自相矛盾的现象,其实是由以下两方面原因造成的。

(1)采取分散所有权的企业大部分是小企业,采取集中所有权的企业大部分是大企业(集中所有权和企业规模正相关)。

(2)小企业的业绩较好(业绩和企业规模负相关)。

由此可见,由于企业规模会影响所有权和业绩,如果不考虑企业规模的影响,而单纯比较采用集中所有权和分散所有权企业的业绩,并不能正确反映所有权与企业业绩的因果关系。

如图 3-11(a)所示,如果将企业规模分组,企业业绩和所有权集中度有正向关系,而图 3-11(b)显示,如果只看总体而不剔除企业规模的影响,企业业绩和所有权集中度的关系为负。

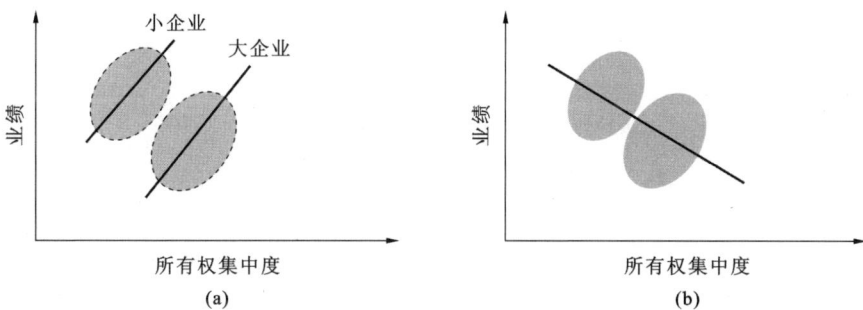

图 3-11   辛普森悖论图形分析

这个例子表明,相关关系并不一定反映因果关系。某些情况下,通过相关关系去推断因果关系会自相矛盾。如果我们要从相关关系中识别出因果关系,就需要对相关关系产生的原因进行分析。例如,所有权集中度和企业规模都有可能影响企业业绩。在理论分析的前提下,还需要应用适当的实证模型,从相关关系中识别出因果关系,下面我们通过变量关系路径图来进一步说明形成变量关系的各种原因,以及如何识别出因果关系。

3.4.2 变量关系路径图

变量关系路径图,也称为有向无环图(directed acyclic graph),为方便讨论,以下简称路径图。路径图是因果关系实证研究中的一个有效辅助工具,它可以帮助我们分析因果关系,将复杂的问题图形化,避免烦琐的公式。

1.基本要素

路径图由节点和单向箭头组成,图中每个节点代表一个变量。我们用实心圆点表示观测到的变量,空心圆点表示观测不到的变量。路径图是一个有向无环图——"有向"是指以单向箭头表示变量之间的因果关系;"无环"是指无法从某一个节点出发经过若干条路径回到原节点。本书只考虑"无环"的有效路径图,这也意味着,我们不能用有向无环图去描述互为因果和反馈循环。

2.路径种类

因果路径是从解释变量指向被解释变量的单向路径,其特点是所有箭头指向同一方向,如图 3-12 所示。

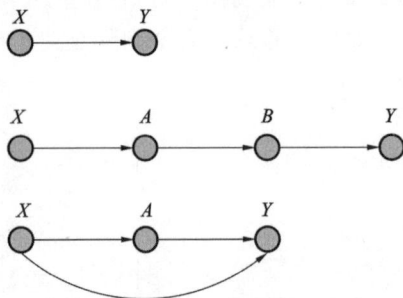

图 3-12　因果路径

图 3-12 中,第一种路径 X 到 Y 之间是没有中介变量的直接因果关系路径 $X{\rightarrow}Y$,二者之间只存在一个箭头;第二种路径 X 到 Y 之间是有中介变量的间接因果关系路径 $X{\rightarrow}A{\rightarrow}B{\rightarrow}Y$;第三种路径 X 到 Y 之间既包含中介变量的间接因果关系路径 $X{\rightarrow}A{\rightarrow}Y$,也包含没有中介变量的直接因果关系路径 $X{\rightarrow}Y$。

两个变量之间,如果存在因果关系路径,它们就存在相关性,所以因果路径为开放路径。图 3-13 是一个因果路径的具体案例,锻炼与否和健康的相关性通过两条因果路径实现:第一条是,锻炼与否直接影响健康,即锻炼与否→健康;第二条是,锻炼与否首先影响生活规律,进而影响健康,即锻炼与否→生活规律→健康。如果要研究锻炼和健康的因果关系,就需要把这两条路径都考虑进去。

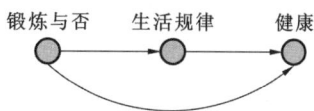

图 3-13　因果路径具体案例

此外,还有两类特殊路径:

第一类叫作混淆路径。混淆路径是指在解释变量 X 与被解释变量 Y 之间存在混淆变量的路径。混淆变量是同时影响 X 和 Y 的变量。混淆路径的存在也会造成两个变量的相关性,因此,混淆路径也是开放路径。比如,传统概念中一直认为教育与收入之间存在直接因果关系路径,但是,我们知道智商会同时影响教育和收入,因此智商是一个混淆变量。教育和收入之间有两条路径:因果路径,教育→收入;混淆路径,教育←智商→收入。教育和收入的相关性可能是教育对收入的因果影响造成的,也可能是教育和收入同时受智商影响造成的。

第二类叫作对撞路径。对撞路径是包含对撞变量的路径。对撞变量是被两个变量共同影响的变量。对撞路径并不会造成两个变量的相关性,因此对撞路径是死路径。比如,中风和中枪都是导致人死亡的原因,因此人是否死亡是对撞变量,但是否中枪和是否中风之间并没有相关性,因此,它们三者之间形成了一条死路径。

3.4.3　因果关系估计偏差

估计变量之间因果关系的本质是找到二者之间所有的因果路径,同时去除二者间非因果关系的路径。虽然原理很简单,但在实际研究中,如果未能正确处理变量间的路径关系,就会造成各种偏差。这些偏差可以归纳为以下三类。

1.混淆偏差

混淆路径会造成两个变量的相关性,但这个相关性并非因果关系,因果关系分析中处理混淆路径的方法是截断混淆路径。所谓截断混淆路径,是通过给定混淆变量(conditional on confounding variable),排除混淆因素的干扰。给定混淆变量可以简单地理解为固定混淆变量的值。在关系图中给变量加一个方框,表示这个变量是给定的。

现在来看一个例子,假设我们要研究教育对收入的影响,我们已经知道智商会同时影响教育和收入,智商是一个混淆变量。图 3-14 显示,教育→收入是一个因果路径,教育←智商→收入是一个混淆路径,如果智商是可以观测的,则可

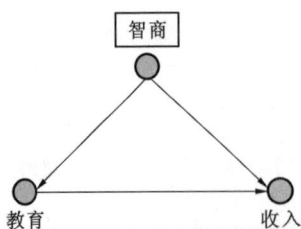

图 3-14　截断混淆路径

以通过给定智商来截断混淆路径。截断后的混淆路径教育←智商→收入为死路径。

给定智商为何能达到截断混淆路径的目的？图 3-15 提供了两个给定智商的路径图。图 3-15(a)给定智商为 100，由于智商固定了，收入变化和教育变化的相关性就与智商无关。图 3-15(b)给定智商为 150，此时收入变化和教育变化的相关性也与智商无关。因此，当给定混淆变量时，解释变量和被解释变量的相关性就与混淆变量无关，二者的相关性就反映了因果关系。在回归分析里，给定某个变量也称为控制某个变量。

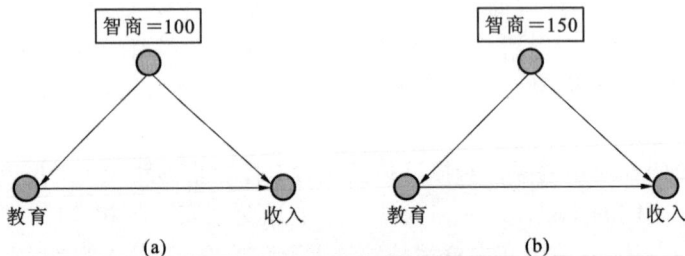

图 3-15　混淆路径案例

但问题是，如果混淆变量是观测不到的，无法对其"给定"，那么就无法截断混淆路径。如图 3-16 所示，另一个变量"竞争意识"会同时影响教育和收入，并且个体的竞争意识是无法观测到的，此时，控制了智商后，仍然存在一条混淆路径：教育←竞争意识→收入。竞争意识强的人通常会有较高的学历和收入，教育和收入的正相关性可能一部分是由竞争意识造成的。如果没有截断这条混淆路径，教育和收入的相关性就会包括因果路径（教育→收入）以及混淆路径（教育←竞争意识→收入）造成的相关性，就不能反映教育和收入之间的因果关系，即存在混淆偏差。

简言之，混淆偏差是指在解释变量和被解释变量之间存在未截断的混淆路径，影响解释变量和被解释变量相关性的不仅有因果关系，还有非因果关系。

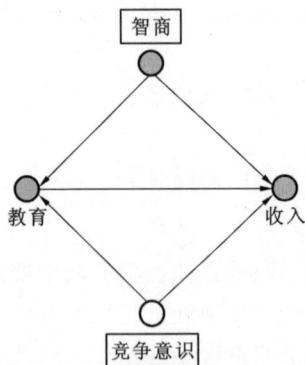

图 3-16　存在未截断的混淆路径

2.过度控制偏差

过度控制偏差是指控制了因果路径上的变量造成的偏差。例如,研究锻炼与否对健康的因果影响。图 3-17 显示了锻炼与否到健康有两条因果路径:锻炼与否会直接影响健康,即锻炼与否→健康;锻炼与否会通过改变生活规律来影响健康,即锻炼与否→生活规律→健康。

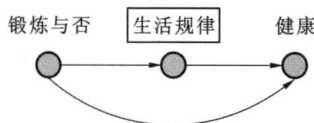

图 3-17　过度控制偏差案例

如果控制了生活规律,就截断了其中的一条因果路径。这种情况下,我们只估计了锻炼与健康的直接因果关系,从而低估了锻炼对健康的影响,因此,研究中,我们要避免控制受解释变量影响并会影响被解释变量的中介变量,否则会造成过度控制偏差。

案例 1:过度控制下的因果影响系数计算。

考虑自变量 X 对因变量 Y 的影响,如果 X 通过影响变量 M 而对 Y 产生影响,则称 M 为中介变量。例如,"家庭社会经济地位"影响"家庭功能",进而影响"青少年疏离感"。为了行文简便,避免在回归方程中出现与方法讨论无关的截距项,假设所有变量都已经中心化(将数据减去样本均值,中心化数据的均值为 0)或者标准化(均值为 0,标准差为 1),可用下列回归方程来描述变量之间的关系(图 3-18 是相应的路径图)。

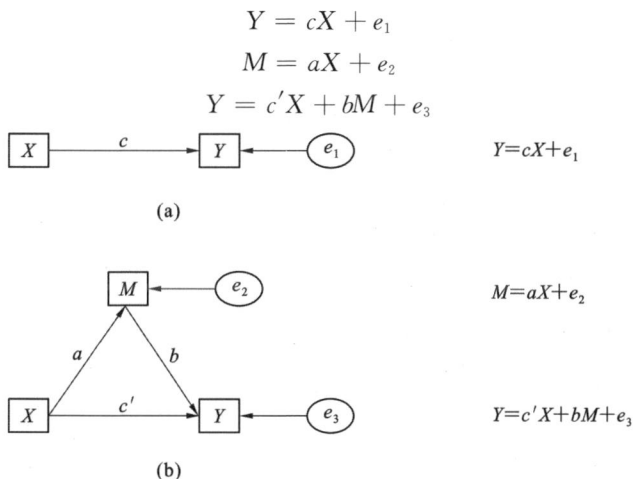

$$Y = cX + e_1$$
$$M = aX + e_2$$
$$Y = c'X + bM + e_3$$

$Y = cX + e_1$

(a)

$M = aX + e_2$

$Y = c'X + bM + e_3$

(b)

图 3-18　中介模型示意

其中,第 1 个方程的系数 c 为自变量 X 对因变量 Y 的总效应;第 2 个方程的系数 a 为自变量 X 对中介变量 M 的效应;第 3 个方程的系数 b 是在控制了自变量 X 的影响后,中介变量 M 对因变量 Y 的效应;系数 c' 是在控制了中介变量 M 的影响后,自变量 X 对因变量 Y 的直接效应;e_1、e_2、e_3 是回归残差。对于这样的简单中介模型,中介效应等于间接效应(indirect effect),即等于系数乘积 ab,它与总效应和直接效应有如下关系:

$$c = c' + ab$$

式中,c 为解释变量 X 对被解释变量 Y 的因果影响系数。

案例 2:干扰项包含混淆变量时的因果影响系数计算。

以案例 1 为背景,如果 M 是混淆变量,即路径从 M 指向 X,假设其他变量、系数和表达式不变(M 仍然与 X 关联,关联系数仍然是 a),那么将如何识别解释变量对被解释变量的因果影响系数?

在这个问题中,Y 与 X 的相关系数表达式仍然为(自行证明):

$$c = c' + ab$$

式中,c' 为解释变量 X 对被解释变量 Y 的因果影响系数。

3. 内生选择偏差

内生选择偏差也称为对撞偏差。前面提到对撞路径是死路径,它不会造成两个变量相关,但如果给定两个变量的对撞变量,会造成两个本不相关的变量之间产生相关关系,这个错误的相关性称为对撞偏差。内生选择偏差是一个比较不好理解的概念,下面通过例子讲解。

图 3-19 中,是否中枪和是否中风是没有关系的,但它们都决定人是否死亡,如果给定对撞变量 D(是否死亡),就会发现是否中枪与是否中风是相关的。表 3-14 说明了为何会出现这种情况,当给定对撞变量 D(是否死亡)的值为"否"(即样本为活人)时,如果一个人的中风状态为"否",那么他的中枪状态应该也为"否"。可见,当给定对撞变量 D(是否死亡)的值为"否"时,中风状态和中枪状态正相关。这意味着在活人的样本中,中风状态和中枪状态呈正相关。当给定对撞变量 D(是否死亡)的值为"是"(即样本为死人)时,如果一个人的中风状态为"否",那么,它的中枪状态应该为"是"。可见,当给定对撞变量 D(是否死亡)的值为"是"时,中风状态和中枪状态负相关。这意味着在死人的样本中,中风状态和中枪状态呈负相关。因此,当给定对撞变量时,两个没有关系的变量之间会产生相关性。

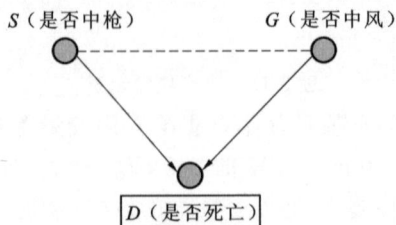

图 3-19 内生选择偏差(对撞偏差)案例

表 3-14　　　　　　　内生选择偏差例子

是否死亡	是否中风	是否中枪	是否死亡	是否中风	是否中枪
否	否	否	是	否	是

内生选择偏差可以理解为,当给定两个变量共同的被解释变量(对撞变量)时,两个变量之间会产生一个衍生路径。衍生路径会造成两个原本不相关的变量变为相关,或造成两个原本相关的变量的相关性改变。

此外,给对撞变量增加一个被解释变量,则在固定被解释变量的情况下,上游无关的变量之间也会产生衍生路径,这也是由内生选择偏差造成的。

由于因果关系通常无法被直接观测到,我们只能通过变量间的相关性去推测因果关系,因此从路径的角度讲,因果关系分析的本质就是发现因果路径,重视间接因果关系路径(避免过度控制偏差),截断混淆路径(避免混淆偏差),避免对撞路径产生的衍生路径(避免内生选择偏差)。

3.4.4　常用因果关系估计方法的适用性

1. 简单回归法、匹配法

这类方法适用于可观测因素造成混淆偏差的情况。假设我们要研究受教育程度(EDU)对收入(INC)的因果影响,而性别(GENDER)、年龄(AGE)等可观测因素对收入都有因果影响。由于 AGE 是可观测的随时间变化的变量,GENDER 是可观测的不随时间变化的变量,故简单回归方法和匹配法都能够通过控制这两类可观测变量来达到截断混淆路径的目的,从而避免由可观测变量造成的混淆偏差。

2. 面板数据分析方法

这类方法适用于不可观测的不随时间变化的因素造成混淆偏差的情况。继续以 EDU 对 INC 的因果分析为例,其中存在一个不可观测的不随时间变化的变量——一个人的竞争意识(α)。我们希望通过分解并控制 α,达到截断混淆路径的目的。由于面板数据包含了一个个体在不同时间的信息,我们可以通过使用面板数据的固定效应模型达到控制不可观测的不随时间变化的变量 α 的目的。

3. 工具变量法

这类方法适用于不可观测因素尤其是其中随时间变化的因素造成混淆偏差的情况。继续以 EDU 对 INC 的因果分析为例,我们需要借助一个与 EDU 相关,但与混淆性不可观测变量 e 无关的工具变量 Z,分解出 EDU 中与 e 无关的部分 EDU′,即 EDU＝EDU′＋v,其中,EDU′是 EDU 中与 e 无关的部分,v 是与 EDU′无关但受 e 影响的干扰项。例如,Z 可以是学校与家的距离,距离太远可能会导致学生辍学,因此 Z 与受教育程度 EDU 之间存在因果关系;但学校与家之间的距离无法通过其他路径影响收入,因此 Z 与不可观测因素 e 无关。分解后 e 将不再影响 EDU′。通过工具变量分解得到的变量 EDU′和 INC 不再存在混淆路径,因此工具变量法能够通过工具变量分解出 EDU 中不被 e 混淆的信息,从而估计 EDU 与 INC 的因果关系。

4. 样本自选择模型

这类方法适用于不可观测因素造成内生选择偏差(对撞偏差)的情况。内生选择偏差不是由解释变量和不可观测因素 e 本身在总体上存在相关性造成的,而是由于用来估计的样本不是从总体中随机抽取的,导致样本中解释变量和不可观测因素 e 存在相关性,因此样本估计的结果不反映因果关系。继续以 EDU 对 INC 的因果分析为例,所研究的样本中只包含参加工作的个体(因为这些人有收入信息)。由于是否参加工作是个人选择,因此参加工作的人和不参加工作的人很可能具有不同的特性,如果我们的样本中只包含参加工作的人,就会造成内生选择偏差。我们假设不可观测因素 e 为情商,则可以认为参加工作的效用变量是受教育程度 EDU 和情商 e 的共同被解释变量,是一个对撞变量。虽然 EDU 和 e 在总体上并不存在关系,但是对个人而言,只有当参加工作的效用达到一定值时,才会选择参加工作。可以想象,选择参加工作的人,如果受教育程度较低,其必然需要较高的情商才能使得参加工作的效用大于给定值。因此在参加工作的人里,EDU 和 e 存在负相关关系,从而导致 EDU 和 e 之间直接产生一条衍生路径 $e \rightarrow$ EDU $\rightarrow$ INC,e 成为混淆变量。Heckman 样本自选择模型可用来处理这类与不可观测变量有关的样本自选择产生的估计偏差。

5. 断点回归法

这类方法适用于实验可控场景。在理想状态中,如果我们关注的某个解释变量(例如服药与否)是随机分配给不同个体的,则可以认为这个解释变量与任何其他可能的混淆变量都不相关。在这种情况下,解释变量与被解释变量之间就不会存在混淆路径,二者的相关性能够直接反映因果关系。因此,通过"随机控制实验"达到随机分配效果是估计变量间因果关系最为理想的方法。但由于随机控制实验的方法对于社会科学研究而言可能存在伦理问题,并且实际操作成本和难度较高,因此较少采用此方法来研究因果关系。但在一些特殊情况下,即使没有随机控制实验,数据也达到了随机分配的效果。例如,假设大学高考分数线是 60 分。分数刚好高于 60 分(上了大学)和刚好低于 60 分(没上大学)具有局部随机性,通过比较高考分数在 60 分左右上了大学和没上大学个体的收入差异,就能够估计大学教育对这部分人收入的因果影响。断点回归法就是使用这种具有局部随机分配特点的数据达到估计因果关系的目的的方法。

6.双重差分法

双重差分法是一种用来估计"准实验"时间造成因果影响的常见方法,这类方法广泛用于研究政策实施效果。所谓"准实验"事件,简单而言是指这些事件发生与否并不是个体自己所能选择的。例如,一个省的税法改革措施并非企业能够自主选择的,因此我们可以通过不同省的税法改革措施来研究税收与企业业绩之间的因果关系。准实验和随机控制实验的不同之处在于,准实验的干预行为不是随机分配的。例如,不同省的税法改革措施并不是随机分配的,在这种情况下,进行税法改革的省(及省内企业)与没有进行税法改革的省(及省内企业)具有不同的特性。由于准实验法获取的数据和随机控制实验法获取的随机分配数据不完全相似,因此通过准实验法估计因果关系对数据有一定的要求,双重差分法是能够满足这类要求的方法。

3.4.5　双重差分法理论

在社会科学研究中,双重差分法是用来估计政策干预和事件处置效应的一种常用方法。这些政策和事件的特点是,它们并不在同一时间影响所有个体,或者对个体的影响并不相同。例如,A 省在 2014 年通过了新税法,B 省没有通过。使用双重差分法估计新税法对企业业绩影响的基本思路很直观:处置组(政策和事件作用组,此处指 A 省的企业)在 2014 年前后的平均业绩变化受到新税法和其他因素的影响;控制组(政策和事件未关联组,此处指 B 省的企业)在 2014 年前后的平均业绩变化只受其他因素的影响。当其他因素对处置组和控制组的影响一样时,我们可以通过二者相减来估计新税法对企业业绩的处置效应。

虽然双重差分法的原理很简单,但要正确地估计政策和事件的处置效应,就需要合理的假设和模型设置,本节将循序渐进地通过表格、图形、模型这三种方式来介绍如何使用双重差分法估计处置效应。首先引入单重差分法(single difference)并讨论其局限性,其次讲解双重差分法的原理及其假设条件(difference-in-difference),然后用实例介绍如何使用回归方法实现双重差分法,最后讲解使用双重差分法时需要注意的问题和检验的条件。

1. 单重差分法

下面使用税法改革影响企业业绩的例子讲解单重差分法。表 3-15 给出了样本数据。

表 3-15 税法改革和企业业绩数据

企业	年份	q	tax	企业	年份	q	tax
1	2010	7.00	0	3	2010	6.00	0
	2011	7.02	0		2011	6.02	0
	2012	7.04	0		2012	6.04	0
	2013	7.06	0		2013	6.06	0
	2014	7.60	1		2014	6.20	0
	2015	7.50	1		2015	6.20	0
	2016	7.60	1		2016	6.20	0
	2017	7.70	1		2017	6.20	0
2	2010	6.50	0	4	2010	5.50	0
	2011	6.52	0		2011	5.52	0
	2012	6.54	0		2012	5.54	0
	2013	6.56	0		2013	5.56	0
	2014	7.20	1		2014	5.70	0
	2015	7.10	1		2015	5.70	0
	2016	7.10	1		2016	5.70	0
	2017	7.00	1		2017	5.70	0

这个例子中包含 4 家企业的数据,每家企业有 8 年的观测点,一共有 32 个观测点。企业 1 和企业 2 所在省份 A 受到税法改革的影响,为处置组;企业 3 和企业 4 所在省份 B 未实施税法改革,为控制组。新税法于 2014 年开始实行。为方便直观理解,图 3-20 显示了处置组和控制组每年的平均业绩。

我们用 $Treat_i$ 表示分组虚拟变量:如果企业 i 在通过税法改革的 A 省(处置组),则 $Treat_i = 1$;如果企业 i 在没有通过税法改革的 B 省(控制组),则 $Treat_i = 0$。$After_t$ 是分期虚拟变量:如果时间 t 是在新税法已实施的年份(2014 年、2015 年、2016 年和 2017 年),则 $After_t = 1$;如果时间 t 是在未实施新税法的年份(2010 年、2011 年、2012 年和 2013 年),则 $After_t = 0$。注意,由于

$Treat_i$ 不随时间改变,因此没有下标 t; $After_t$ 不随企业改变,因此没有下标 i。

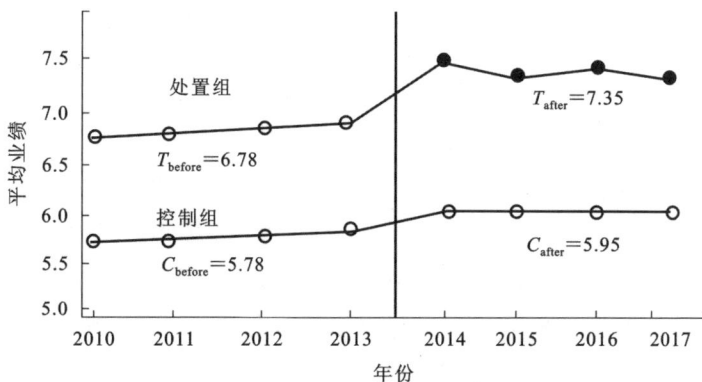

图 3-20 处置组和控制组的年平均业绩

为简化符号,用 T_{after} 表示处置组在 2014 年后的平均观测业绩:

$$T_{after} = E(Y_{it} \mid Treat_i = 1, After_t = 1) = 7.35$$

T_{before} 表示处置组在 2014 年前的平均观测业绩:

$$T_{before} = E(Y_{it} \mid Treat_i = 1, After_t = 0) = 6.78$$

C_{after} 表示控制组在 2014 年后的平均观测业绩:

$$C_{after} = E(Y_{it} \mid Treat_i = 0, After_t = 1) = 5.95$$

C_{before} 表示控制组在 2014 年前的平均观测业绩:

$$C_{before} = E(Y_{it} \mid Treat_i = 0, After_t = 0) = 5.78$$

表 3-16 总结了处置组和控制组在 2014 年前后的平均观测业绩。

我们可以观测到处置组在 2014 年后实施税法改革情况下的平均观测业绩 T_{after},但无法观测到处置组在 2014 年后税法改革未实施情况下的平均观测业绩(用 T'_{after} 表示),因此无法直接计算税法改革对处置组的处置效应 $ATT = T_{after} - T'_{after}$。$T'_{after}$ 是未观测到而需要估计的反事实结果。

表 3-16 **处置组和控制组在税法改革前后的平均观测业绩**

组别	平均观测业绩		
	2010—2013 年	2014—2017 年	横向差异
处置组(treatment)	$T_{before} = 6.78$	$T_{after} = 7.35$	$T_{after} - T_{before} = 0.57$
控制组(control)	$C_{before} = 5.78$	$C_{after} = 5.95$	$C_{after} - C_{before} = 0.17$
纵向差异	$T_{before} - C_{before} = 1$	$T_{after} - C_{after} = 1.40$	

估计反事实结果 T'_{after} 的最直接思路是"单重差分法"。通常有两种方法:

（1）横截面单重差分法（cross-sectional difference）。用未受税法改革影响的控制组 2014 年后的平均观测业绩 C_{after} 作为反事实结果 T'_{after} 的估计（$T'_{after} = C_{after}$），因此，横截面单重差分法对处置效用的估计 $\widehat{ATT}$（横截面单重差分）$= T_{after} - C_{after}$，即处置组在 2014 年后的平均观测业绩－控制组在 2014 年后的平均观测业绩。

（2）时间序列单重差分法（time-series difference）。用未受税法改革影响的处置组 2014 年前的平均观测业绩 T_{before} 作为反事实结果 T'_{after} 的估计（$T'_{after} = T_{before}$），因此，时间序列单重差分法对处置效用的估计 $\widehat{ATT}$（时间序列单重差分）$= T_{after} - T_{before}$，即处置组在 2014 年后的平均观测业绩－处置组在 2014 年前的平均观测业绩。

下面具体来看如何通过回归实现单重差分法，并了解单重差分法的缺陷。

（1）横截面单重差分法。

横截面差分是通过比较处置组和控制组在事件发生后的平均结果差异来估计处置效应。如果使用回归方法，则用税法改革发生的 2014 年后的数据估计以下模型：

$$Y_{it} = \beta_0 + \beta_1 Treat_i + e_{it}, \quad After_t = 1 \tag{3-18}$$

横截面差分回归得到的结果 $\widehat{\beta_1} = 1.40$，与表 3-16 中通过样本均值计算出的 $\widehat{ATT}$（横截面单重差分）$= T_{after} - C_{after} = 1.40$ 一致。

通过条件期望值来判断横截面差分模型 $Treat_i$ 的系数 β_1 是否反映了事件的处置效应。

处置组在 2014 年后的业绩均值为：

$$E(Y_{it} \mid Treat_i = 1) = \beta_0 + \beta_1 + E(e_{it} \mid Treat_i = 1)$$

控制组在 2014 年后的业绩均值为：

$$E(Y_{it} \mid Treat_i = 0) = \beta_0 + E(e_{it} \mid Treat_i = 0)$$

处置组和控制组在 2014 年后的业绩均值差异为：

$$E(Y_{it} \mid Treat_i = 1) - E(Y_{it} \mid Treat_i = 0)$$
$$= \beta_1 + \underbrace{E(e_{it} \mid Treat_i = 1) - E(e_{it} \mid Treat_i = 0)}_{\text{横截面单重差分估计偏差}}$$

可以看到，处置组和控制组在 2014 年后的平均业绩差异包含两部分：是否实施新税法造成的差异 β_1，以及由其他因素造成的两组之间在 2014 年后的平均业绩差异 $E(e_{it} \mid Treat_i = 1) - E(e_{it} \mid Treat_i = 0)$。因此，由这个模型回归得到的 $Treat_i$ 的系数 $\widehat{\beta_1}$ 是 β_1 的无偏估计量的条件是 $E(e_{it} \mid Treat_i = 1) - E(e_{it} \mid Treat_i = 0) = 0$，即处置组和控制组在税法改革发生的 2014 年后，除了存在受税法实施与否影响的差异,不存在其他差别。

显然这个条件很难成立。在本例中,如果通过税法改革的省份都是经济较发达的省份,那么即便没有税法改革的影响,处置组和控制组的企业在 2014 年后的平均业绩水平也不相同。从图 3-20 中可以看出,处置组和控制组在 2014 年新税法通过前就存在差异,这意味着,即使没有实施新税法,处置组和控制组在 2014 年后的业绩很有可能也是不同的。由此可见,控制组在 2014 年后的平均业绩不是处置组在 2014 年后如果未实施新税法情况下的平均业绩(反事实结果)的无偏估计量。

本质上,回归模型(3-18)中产生了遗漏变量的问题,模型里应该添加变量 Z_i 来控制处置组和控制组存在的其他差异(例如企业所在省的经济发展水平),具体如下:

$$Y_{it} = \beta_0 + \beta_1 Treat_i + \beta_2 Z_i + e_{it}$$

然而,通过增加控制变量 Z_i 来解决横截面单重差分估计误差是困难的。这是因为,增加的控制变量 Z_i 可能会和分组变量 $Treat_i$ 存在完全共线性的问题。例如,我们想要控制处置组和控制组的经济发展程度差异,如果处置组企业所在的省份 A 是经济发展较好的省份,控制组企业所在的省份 B 是经济发展较差的省份,那么一个企业所在省份的经济发展好坏和有无新税法是存在完全共线性的。再者,即使不存在共线性,控制组和处置组之间的某些差异也可能是无法观测的,因此无法通过横截面数据被"控制"掉,所以横截面单重差分法的估计通常是存在偏差的。

(2)时间序列单重差分法。

时间序列差分,即考虑处置组在事件前后的差异,这样可以避免因处置组和控制组差异所带来的问题。用回归的方法估计时间序列差分,即用处置组的数据估计以下模型:

$$Y_{it} = \beta_0 + \beta_1 After_t + e_{it}, \quad Treat_i = 1$$

时间序列差分回归得到的结果 $\hat{\beta_1} = 0.57$,与表 3-16 中通过样本均值计算的 $\widehat{ATT}$(时间序列单重差分)$= T_{after} - T_{before} = 0.57$ 一致。

还是通过条件期望值来判断时间序列单重差分模型系数是否反映了事件的处置效应。

处置组在 2014 年前的业绩均值为:

$$E(Y_{it} \mid After_t = 0) = \beta_0 + E(e_{it} \mid After_t = 0)$$

处置组在 2014 年后的业绩均值为:

$$E(Y_{it} \mid After_t = 1) = \beta_0 + \beta_1 + E(e_{it} \mid After_t = 1)$$

处置组在 2014 年前后的业绩均值差异为:

$$E(Y_{it} \mid After_t = 1) - E(Y_{it} \mid After_t = 0)$$
$$= \beta_1 + \underbrace{E(e_{it} \mid After_t = 1) - E(e_{it} \mid After_t = 0)}_{\text{时间序列单重差分估计偏差}}$$

可以看到,处置组在2014年前后的平均业绩差异包含两部分:是否实施新税法造成的差异β_1,以及由其他因素造成的处置组在2014年前后的平均业绩差异$E(e_{it} \mid After_t = 1) - E(e_{it} \mid After_t = 0)$。因此,由这个模型回归得到的$Treat_i$的系数$\widehat{\beta_1}$是$\beta_1$的无偏估计量的条件是$E(e_{it} \mid After_t = 1) - E(e_{it} \mid After_t = 0) = 0$,即除新税法外,没有其他因素造成处置组在2014年前后的平均业绩差别。

这个条件也很难成立,因为某些宏观因素可能和税法改革在同一时间点发生。这造成在2014年前后,即使税法改革未实施,处置组的平均业绩也会有差异。例如,2014年后国家放宽信贷要求,这种情况下即使没有新税法的影响,处置组的平均业绩水平在2014年后也会提升。从图3-20中可以看到,未受新税法影响的控制组在2014年后业绩水平也有所提高,可见2014年后,存在其他因素导致企业平均业绩提高,这也意味着处置组在2014年前的平均业绩不是处置组在2014年后如果未实施新税法的平均业绩(反事实结果)的无偏估计量。

本质上,上述模型中也产生了遗漏变量的问题,模型里应该添加变量Z_t来控制其他导致处置组业绩在2014年前后发生变化的因素,具体如下:

$$Y_{it} = \beta_0 + \beta_1 After_t + \beta_2 Z_t + e_{it}$$

然而,通过增加控制变量Z_t来解决时间序列单重差分估计误差是困难的,因为增加的控制变量Z_t和时期变量$After_t$存在完全共线性的问题。例如,我们想要控制其他宏观政策对企业业绩的影响,如果这些宏观政策刚好也在2014年实施,则控制这些宏观政策影响的变量Z_t和反映税法影响的变量$After_t$是存在完全共线性的。

综上,用横截面单重差分法和时间序列单重差分法估计事件的处置效应都会与其他因素混淆。横截面单重差分估计值里混淆了处置组和控制组在事件未发生情况下就存在的差异,时间序列单重差分估计混淆了和事件同时发生的其他因素造成处置组在事件前后的差异。但是,横截面单重差分估计避免了时间序列单重差分估计的误差来源;反之,时间序列单重差分估计避免了横截面单重差分估计的误差来源。如果可以将二者结合起来互相补充,就可以消除误差。接下来我们将介绍依据这一原理的双重差分法。

2. 双重差分法的原理及其假设条件

双重差分法可以从表3-16所示的两个方向理解。

（1）从横向差异理解。

①第一重差分。

$$处置组在事件发生的 2014 年前后的差异$$
$$= T_{after} - T_{before}$$
= 实施新税法造成的差异（处置效应）+

其他因素造成的处置组在 2014 年前后的差异

$$控制组在事件发生的 2014 年前后的差异$$
$$= C_{after} - C_{before}$$
= 其他因素造成的控制组在 2014 年前后的差异

②第二重差分。

处置组在事件发生的 2014 年前后的差异－控制组在事件发生的 2014 年前后的差异
$$= (T_{after} - T_{before}) - (C_{after} - C_{before}) =$$
实施新税法造成的差异（处置效应）+

其他因素造成的处置组在 2014 年前后的差异－其他因素造成的控制组在 2014 年前后的差异

$$\underbrace{\qquad\qquad\qquad\qquad\qquad\qquad\qquad\qquad}_{= 0,当平行趋势假设成立}$$

= 实施新税法造成的差异（处置效应）

③平行趋势假设。

可见，通过双重差分法能够正确估计实施新税法造成的差异，即事件的处置效应，需要的条件是：

$$\frac{其他因素造成的处置组}{在 2014 年前后的差异} = \frac{其他因素造成的控制组}{在 2014 年前后的差异}$$

这个条件称为平行趋势假设（parallel trend assumption）。这个假设的含义是，其他因素对处置组和控制组在 2014 年前后平均业绩变化的影响是相同的。这意味着，在不存在税改的情况下，控制组和处置组的平均业绩随时间变化的趋势是平行的。

（2）从纵向差异理解。

①第一重差分。

$$处置组和控制组在事件发生的 2014 年后的差异$$
$$= T_{after} - C_{after}$$
= 实施新税法造成的差异（处置效应）+

其他因素造成的处置组和控制组在 2014 年后的差异

$$处置组和控制组在事件发生的 2014 年前的差异$$
$$= T_{before} - C_{before}$$
= 其他因素造成的处置组和控制组在 2014 年前的差异

②第二重差分。

处置组和控制组在事件发生的 2014 年后的差异 —

处置组和控制组在事件发生的 2014 年前的差异

$$= (T_{\text{after}} - C_{\text{after}}) - (T_{\text{before}} - C_{\text{before}})$$

= 实施新税法造成的差异(处置效应)+

其他因素造成的处置组和控制组在 2014 年后的差异 —

其他因素造成的处置组和控制组在 2014 年前的差异

= 0，当差异不变假设成立

= 实施新税法造成的差异(处置效应)

③差异不变假设。

可见,通过双重差分法能够正确地估计实施新税法造成的差异,即事件的处置效应,所需的条件是:

其他因素造成的处置组   其他因素造成的处置组

和控制组在 2014 年后的差异 = 和控制组在 2014 年前的差异

这个条件称为差异不变假设(bias stability assumption)。这个假设的含义是,其他因素造成处置组和控制组的差异在 2014 年前后是相同的。这意味着,在不存在税法改革的情况下,控制组和处置组在 2014 年前后的差异是相同的。

平行趋势假设和差异不变假设是一致的。平行趋势假设成立意味着,在税法未改革的情况下,处置组和控制组的平均业绩的时间趋势是平行的,因此两组的平均业绩差异保持不变。检验平行趋势假设是运用双重差分法的一个重要前提。

现以图 3-21 直观地总结前面的讨论。图中 A、B、C、D 分别是处置组和控制组在事件发生前后的平均业绩($A = T_{\text{before}}$,$B = T_{\text{after}}$,$C = C_{\text{before}}$,$D = C_{\text{after}}$)。横截面单重差分是 $B-D$,时间序列单重差分是 $B-A$。双重差分法避免了这两种方法的缺点,平行趋势假设(或差异不变假设)成立,意味着可以将 DC 线平移到虚线位置。双重差分法的处置效应为$(B-A)-(D-C)$,即处置组在事件发生前后的平均业绩差异减去控制组在事件发生前后的平均业绩差异,也等于$(B-D)-(A-C)$,即处置组与控制组在事件发生后的平均业绩差异减去二者在事件发生前的平均业绩差异。下面介绍如何使用回归模型来实现双重差分估计。

3.双重差分法回归模型实例

(1)基本双重差分法回归模型。

基本双重差分法回归模型的形式为

$$Y_{it} = \beta_0 + \beta_1 Treat_i + \beta_2 After_t + \beta_3 Treat_i \times After_t + e_{it} \qquad (3-19)$$

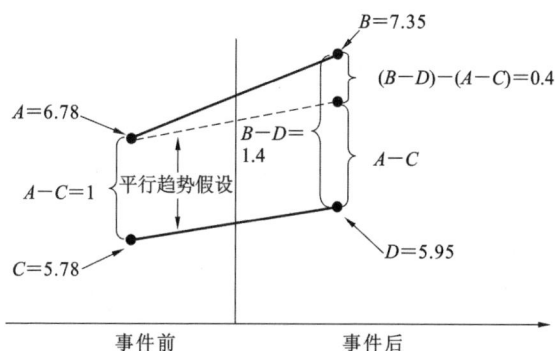

图 3-21 双重差分法的图形解释

其中，i 代表个体，t 代表时间；$Treat_i$ 是分组虚拟变量，如果个体 i 属于处置组，则 $Treat_i=1$，否则 $Treat_i=0$；$After_t$ 是分期虚拟变量，如果时间 t 在处置事件发生后，则 $After_t=1$，否则 $After_t=0$。处置事件为外生事件，意味着模型满足 $E(e_{it} \mid Treat_i, After_t)=0$。

通过条件期望来理解系数 β_0，β_1，β_2，β_3 的含义，可以得到以下结果：

控制组在处置事件发生前 Y_{it} 的均值（图 3-21 中的 C 点）为：

$$E(Y_{it} \mid Treat_i = 0, After_t = 0) = \beta_0$$

控制组在处置事件发生后 Y_{it} 的均值（图 3-21 中的 D 点）为：

$$E(Y_{it} \mid Treat_i = 0, After_t = 1) = \beta_0 + \beta_2$$

处置组在处置事件发生前 Y_{it} 的均值（图 3-21 中的 A 点）为：

$$E(Y_{it} \mid Treat_i = 1, After_t = 0) = \beta_0 + \beta_1$$

处置组在处置事件发生后 Y_{it} 的均值（图 3-21 中的 B 点）为：

$$E(Y_{it} \mid Treat_i = 1, After_t = 1) = \beta_0 + \beta_1 + \beta_2 + \beta_3$$

处置组和控制组在处置事件发生前 Y_{it} 的均值差异（$A-C$）为：

$$E(Y_{it} \mid Treat_i = 1, After_t = 0) - E(Y_{it} \mid Treat_i = 0, After_t = 0) = \beta_1$$

控制组在处置事件发生前后 Y_{it} 的均值变化（$D-C$）为：

$$E(Y_{it} \mid Treat_i = 0, After_t = 1) - E(Y_{it} \mid Treat_i = 0, After_t = 0) = \beta_2$$

上面的结果给出 β_0、β_1、β_2 的含义。下面用前面讨论过的双重差分的两个方法来看交乘项 $Treat_i \times After_t$ 的估计系数 β_3 的经济含义。

①从横向差异理解。

处置组处置前后 Y_{it} 的均值差异－控制组处置前后 Y_{it} 的均值差异

$$= (B-A) - (D-C)$$

$$= \left[E(Y_{it} \mid Treat_i = 1, After_t = 1) - E(Y_{it} \mid Treat_i = 1, After_t = 0) \right] -$$

$$\left[E(Y_{it} \mid Treat_i = 0, After_t = 1) - E(Y_{it} \mid Treat_i = 0, After_t = 0) \right]$$

$$= [(\beta_0 + \beta_1 + \beta_2 + \beta_3) - (\beta_0 + \beta_1)] - [(\beta_0 + \beta_2) - \beta_0]$$
$$= (\beta_2 + \beta_3) - \beta_2 = \beta_3$$

②从纵向差异理解。

处置组和控制组在处置后 Y_{it} 的均值差异－处置组和控制组在处置前 Y_{it} 的均值差异

$$= (B - D) - (A - C)$$
$$= [E(Y_{it} \mid Treat_i = 1, After_t = 1) - E(Y_{it} \mid Treat_i = 0, After_t = 1)] -$$
$$[E(Y_{it} \mid Treat_i = 1, After_t = 0) - E(Y_{it} \mid Treat_i = 0, After_t = 0)]$$
$$= [(\beta_0 + \beta_1 + \beta_2 + \beta_3) - (\beta_0 + \beta_2)] - [(\beta_0 + \beta_1) - \beta_0]$$
$$= (\beta_1 + \beta_3) - \beta_1 = \beta_3$$

可见交乘项 $Treat_i \times After_t$ 的估计系数 β_3 就是双重差分估计量。图 3-22 直观地总结了前面所讨论的系数的含义。

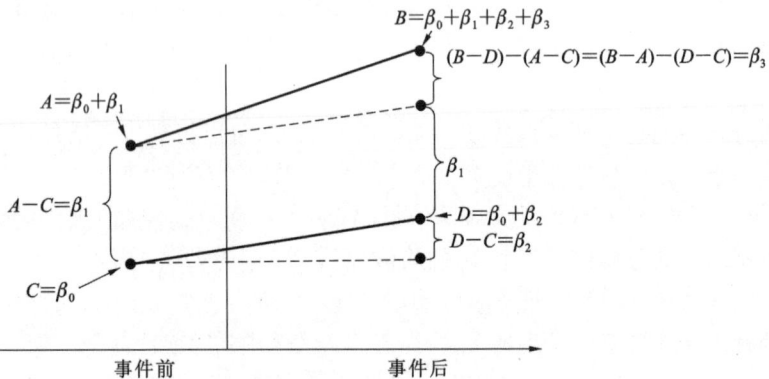

图 3-22　双重差分法回归系数图形解释

使用模型 $Y_{it} = \beta_0 + \beta_1 Treat_i + \beta_2 After_t + \beta_3 Treat_i \times After_t + e_{it}$ 对表 3-15 的数据进行回归分析,结果显示 $\beta_0 = 5.78, \beta_1 = 1, \beta_2 = 0.17, \beta_4 = 0.4$。根据前面的讨论,估计系数的解释分别为:

$\beta_0 = 5.78$:在税法改革发生的 2014 年前,控制组的平均业绩为 5.78。

$\beta_1 = 1$:在税法改革发生的 2014 年前,处置组比控制组的平均业绩高 1。

$\beta_2 = 0.17$:在税法改革发生的 2014 年前后,控制组的平均业绩提高了 0.17。

$\beta_3 = 0.4$:在税法改革发生的 2014 年前后,处置组的平均业绩变化比控制组的平均业绩变化高 0.4,它反映了新税法对企业业绩的处置效应。

(2)使用个体和时间固定效应。

基本的双重差分法是一种固定效应模型。常数项 β_0 是控制组的固定效应;β_1 是处置组(在未处置状态下)与控制组固定效应的差异;β_2 是事件发生前后时间固定效应的差异;β_3 是事件的固定效应(即处置效应)。

如果有同一个个体在不同时间信息的面板数据,就可以通过细化组和时间固定效应,来进一步提高这个模型的精度。可以把处置组和控制组的规定效应(β_0,β_1)细化为个体效应α_i,并把事件前后的事件固定效应(β_2)细化为每年的固定效应$(Year_t)$,细化后的模型为:

$$Y_{it} = \beta_3 Treat_i \times After_t + \alpha_i + Year_t + e_{it}$$

这个模型相对于基本双重差分法的优点是,α_i 和 $Year_t$ 是比 β_0、β_1、β_2 更精细的固定效应,α_i 是每个个体的固定效应,而在简单模型里,β_0 和 β_1 是组固定效应。事实上,处置组(控制组)的组固定效应是处置组(控制组)个体固定效应的平均值;同理,$Year_t$ 是每年的固定效应,β_2 是分期固定效应,分期固定效应是分期内每年固定效应的平均值。因此,使用 α_i 和 $Year_t$ 替代 $Treat_i$ 和 $After_t$ 提高了模型的精度,这反映在估计系数的方差会降低。

下面使用固定效应模型 $Y_{it} = \beta_3 Treat_i \times After_t + \alpha_i + Year_t + e_{it}$ 进行回归分析,结果表明,交乘项 $Treat_i \times After_t$ 的系数为 0.4,与简单固定效应模型结果一致。但其方差为 0.029,比简单固定效应模型的方差 0.135 小很多。

当然,也可以将 $Treat_i \times After_t$ 细化为 $\alpha_i \times Year_t$,这样可以得到事件对每个处置个体在事件发生后每一年的处置效应。但是,如果个体数量众多,那么这个交乘项要估计的系数就很多,而且我们通常只想知道对处置组的平均处置效应,因此一般不再对 $Treat_i \times After_t$ 进行细化。

但是,如果要研究事件对处置组在不同时间的影响,可以将交乘项 $Treat_i \times After_t$ 中的 $After_t$ 细化。例如,如果要特别关注头两年的影响,可以将 $Treat_i \times After_t$ 细化为 $Treat_i \times After_1 + Treat_i \times After_2 + Treat_i \times After_{3+4}$,其中,$After_1$ 是事件发生后第一年的虚拟变量,$After_2$ 是事件发生后第二年的虚拟变量,$After_{3+4}$ 是事件发生后第三年、第四年的虚拟变量。这样就可以研究事件对处置组在事件发生后第一年、第二年和后两年的影响。具体模型如下:

$$Y_{it} = \beta_3^1 Treat_i \times After_1 + \beta_3^2 Treat_i \times After_2 + \beta_3^3 Treat_i \times After_{3+4} +$$
$$\alpha_i + Year_t + e_{it} \tag{3-20}$$

式中,系数 β_3^1,β_3^2,β_3^3 反映了事件在不同时间的影响。使用 Stata 对模型(3-20)进行估计,得到 $Treat_i \times After_1$、$Treat_i \times After_2$、$Treat_i \times After_{3+4}$ 的系数分别是 $\hat{\beta}_3^1 = 0.45$、$\hat{\beta}_3^2 = 0.35$、$\hat{\beta}_3^3 = 0.4$,说明第一年的影响最大,第二年有所下降,后两年有所反弹。

(3)添加控制变量。

到目前为止,模型只使用了个体和时间的固定效应。我们还可以进一步加入其他可观测的随时间变化的变量,将双重差分模型拓展为:

$$Y_{it} = \beta_3 Treat_i \times After_t + \gamma X_{it} + \alpha_i + Year_t + e_{it} \tag{3-21}$$

式中，X_{it} 是个体 i 在时间 t 的可观测变量。加入的控制变量必须是不受时间影响的变量。

加入控制变量 X_{it} 的意义主要有以下 4 点。

①简单的双重差分法回归模型 $Y_{it}=\beta_3 Treat_i \times After_t + \alpha_i + Year_t + e_{it}$ 是用个体的固定效应 α_i 控制处置组和控制组之间不随时间变化特征的差异，用时间固定效应 $Year_t$ 控制处置组和控制组随时间变化的特征。这里隐含的假设是，处置组和控制组随时间变化的特征在同一时间上的变化是相同的，因此能被同一时间固定效应 $Year_t$ 控制。如果这个假设成立，加入新的控制变量 X_{it} 并不会改变估计值，而只是分离出干扰项 e_{it} 的一部分变化，降低干扰项的"噪声"。在这种情况下加入新的控制变量 X_{it} 会降低估计值的方差。

②如果加入可观测变量 X_{it} 后，估计值改变了，则说明基本的平行趋势假设不成立，即处置组和控制组随时间变化的特征在同一时间的变化是不相同的。例如，在通过税法改革的省份 A，企业规模的增长速度较快（增长的原因与税法改革无关），并且企业规模对业绩有正面影响。如果没有控制企业规模的变化，税法的影响就会因为包含了企业规模变化的影响而被过高估计。在这种情况下，加入控制变量 X_{it} 是为了控制处置组和控制组随时间变化的可观测特征差异可能导致的估计误差。

③如果加入可观测的随时间变化变量 X_{it} 后，估计值改变了，则说明简单的双重差分法可能存在缺失变量。这引发了另一个问题：加入这些控制变量后，仍然可能存在缺失变量的问题，即存在不可观测的随时间变化的变量，这些变量与处置变量和结果变量之间存在相关性。例如，通过税法改革的省份 A 在 2014 年后员工素质也大幅提升（提升的原因与税法改革无关），并造成企业业绩提高，如果员工素质无法观测到，我们就无法区分业绩的改变是源于税法改革，还是源于员工素质的改善。因此，理想的双重差分法应满足最基本的平行趋势假设，加入其他的控制变量并不影响系数估计值，而是影响方差。

④加入模型的其他控制变量应该是不受时间影响的变量。如果将受时间影响的变量作为控制变量，会造成过度控制误差。例如，在通过税法改革的省份 A，由于施行新税法，企业规模的增长速度较快，并且企业规模对业绩有正向影响。如果加入企业规模作为控制变量，意味着所估计的是在企业规模不变的情况下，税法改革对业绩的影响，这显然低估了税法改革的作用。可见在双重差分法里，加入其他的可观测变量并不是一个很容易的选择，要根据理论和现有文献结果进行判断。

4. 双重差分法的假设条件检验

平行趋势假设是使用双重差分法估计处置效应的关键假设。平行趋势假设的要求是,在没有处置条件发生的情况下,控制组和处置组的被解释变量的均值差异在不同时间内保持一致,我们可以从以下几个角度间接验证这一条件。

(1)比较处置组和控制组在事件发生前的趋势差异。

检验平行趋势假设的一个方法是,考察处置组和控制组在事件发生前被解释变量的变化趋势是否一致。一个简单的方法是,通过类似图 3-20 的图形观察处置组和控制组在事件发生之前的趋势。也可以用更加正式的验证方法,即在双重差分法回归模型($Y_{it} = \beta_0 + \beta_1 Treat_i + \beta_2 After_t + \beta_3 Treat_i \times After_t + e_{it}$)中,$Treat_i$ 的系数 β_1 是处置组和控制组在事件发生前的平均差异。可以进一步分析处置组和控制组在事件发生前每年的差异,如果平行趋势假设成立,那么两组之间每年的差异应该没有显著区别。用本章税法改革的例子,可以把上述模型拓展为:

$$Y_{it} = \beta_0 + \beta_{1_{2010}} Treat_i + \beta_{1_{2011}} Treat_i Year_{2011} + \beta_{1_{2012}} Treat_i Year_{2012} +$$
$$\beta_{1_{2013}} Treat_i Year_{2013} + \beta_2 After_t + \beta_3 Treat_i \times After_t + e_{it} \qquad (3-22)$$

如果时间 t 是税法改革发生前的 n 年($n = 2011, 2012, 2013$),$Year_n = 1$;否则,$Year_n = 0$。如果个体 i 属于处置组,并且观测值在税法改革发生前的 n 年,那么 $Treat_i \times Year_n = 1$;否则,$Treat_i \times Year_n = 0$。在这个模型里,$Treat_i$ 的系数 $\beta_{1_{2010}}$ 估计了处置组和控制组在税法改革发生前的 2010 年的差异(基准差异)。$\beta_{1_{2011}}$、$\beta_{1_{2012}}$、$\beta_{1_{2013}}$ 反映了税法改革发生前的 2011 年、2012 年、2013 年处置组和控制组的差异相较于它们在 2010 年差异(基准差异)的变化;如果平行趋势假设成立(即差异不变),则意味着 $\beta_{1_{2011}} = \beta_{1_{2012}} = \beta_{1_{2013}} = 0$。$Treat_i \times After_t$ 的系数 β_3 是税法改革发生后处置组和控制组的差异相较于它们在 2010 年差异(基准差异)的变化。

用税法改革的例子进行平行趋势假设检验,结果显示 $\hat{\beta}_{1_{2010}} = 0.97$,即处置组和控制组在税法改革发生前的 2010 年的差异为 0.97(即基准差异为 0.97)。$\hat{\beta}_{1_{2011}} = 0.02$,$\hat{\beta}_{1_{2012}} = 0.04$,$\hat{\beta}_{1_{2013}} = 0.06$,并且不显著,显示了税法改革发生前的 2011 年、2012 年和 2013 年,处置组和控制组的差异相较于 2010 年差异(基准差异)的变化为 0,从而说明处置组和控制组在事件发生前的平均业绩满足平行趋势假设。$Treat_i \times After_t$ 的系数 $\hat{\beta}_3 = 0.43$,说明税法改革发生后处置组和控制组的差异相较于它们在税法改革发生前的 2010 年的差异增加了 0.43。注意,这里 $Treat_i \times After_t$ 的系数 0.43 与前面 $Treat_i \times After_t$ 的系数 0.4 有所不同,因为这里得到的系数是以 2010 年的差异为基准差异,前面得到的系数是以税法改革前所有年份的平均差异为基准差异。

平行趋势假设检验只能检验事件发生前处置组和控制组的趋势是否一致,而事件发生后的趋势无法获知,也不可知如果事件不发生,二者的趋势是否一致。因此,平行趋势假设本质上是无法检验的。我们只能希望,如果事件发生时间点前的趋势是一致的,那么它们在事件发生的时间点后(如果事件并未发生)仍然是一致的。

(2)检验不受影响变量或组的结果。

如果理论告诉我们某变量或组不受事件影响,那么可以用它们来检验事件是不是一个"单纯"事件,如果发现事件对不该受影响的变量或组有影响,说明这个事件包含了其他作用。这类方法称为"安慰剂检验"(placebo test)或"证伪检验"(falsification test)。

例如,在发生税法改革后的省份 A,如果受影响的只是省属企业,对中央企业并没有影响,那么,这种情况下可以将样本分为省属企业和中央企业,并对每个子样本使用双重差分法估计事件的影响。对于中央企业,双重差分法得到的处置效应应该为 0,如果不为 0,则反映了处置组的省份 A 在 2014 年后发生了某些与税法改革无关的事件并由此影响了企业业绩,意味着前面发生的税法改革对业绩的影响结果受到了其他因素的干扰,从而无法证明税法改革与业绩的因果关系。

另一种检验方法是用事件发生前年份的数据做双重差分分析。例如,可以随机选择事件发生前的一个年份作为"假设事件"发生年份。如果发生"假设事件"有显著作用,那么说明即使在未实施新税法的情况下,我们也会发现处置组和控制组有差异。

3.4.6 双重差分法应用——"一带一路"对沿线国家可持续发展的影响效应

1. 问题提出

在世界政治经济发展新形势下,以主权国家为基石的国际体系所隐含的强权政治逻辑与现代技术、资本发展所需的全球合作产生冲突,使得世界上出现发展赤字、和平赤字、治理赤字等问题,而中国的经济崛起成为全球政治经济关系的一大变量。在这场百年未有之大变局中,中国正尝试从"天下为公、世界大同"的理想中汲取智慧,为全球治理体系注入新的可持续发展理念。习近平总书记提出构建"人类命运共同体"的全球治理新主张,倡导以合作共赢为核心构建新型国际关系。2013 年,由中国首倡、推动的"丝绸之路经济带"和"21 世纪海上丝绸之路"(以下简称"一带一路")向世界宣告中国作为世界第二大经济体积极承担推动全球治理范式重构的责任与担当。

"一带一路"倡议自提出以来,成为国际社会最受欢迎的公共产品之一。从图 3-23 中可以看出,2009—2018 年,"一带一路"沿线国家可持续发展增长趋势要显著高于非"一带一路"沿线国家。尤其是 2013—2018 年,"一带一路"沿线国家可持续发展指数从 51.56 上升至 53.61,拟合曲线系数达到 0.2939,与非"一带一路"沿线国家存在较为明显的分化。诚然,此变化可能归因于各种因素的组合,是否包括"一带一路"倡议对沿线国家可持续发展所做出的贡献还亟待进一步的理论逻辑梳理和实证检验。

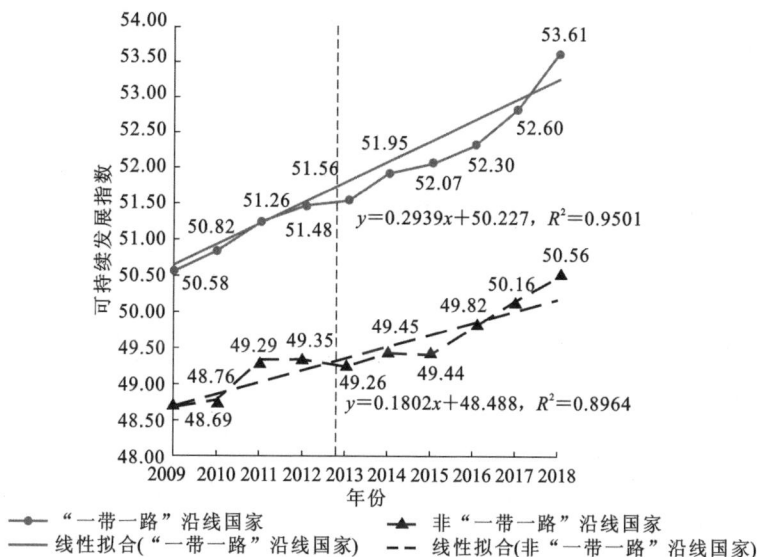

图 3-23　"一带一路"沿线国家与非沿线国家可持续发展趋势

资料来源:波士顿咨询公司发布的《2018 年可持续经济发展评估报告》。

"一带一路"倡议是否真正有利于促进沿线国家的可持续发展和民生福祉改善,进而推动构建人类命运共同体?其内在机制是什么?是否存在异质性的促进效应?如何更好地推广"一带一路"倡议?"一带一路"倡议框架的具体做法不是放之四海而皆准的,而是需将国内制定的政策与参与国的发展规划相对接,使得"一带一路"倡议被参与国政府和民众接受。

鉴于此,值得从以下几个方面展开有益探索:①构建理论分析框架和指标体系。②整合盖洛普世界民意调查(Gallup World Poll,GWP)、世界银行、全球治理指数等重要数据库,得到涵盖关键指标信息的 152 个国家的数据,运用双重差分方法从事后分析视角准确识别"一带一路"倡议对沿线国家可持续发展和民生福祉改善的促进效应,并考察"一带一路"倡议政策效应的异质性、动态变化趋势及作用机制。

2.理论分析框架

由联合国可持续发展委员会(CSD)和联合国政策协调与可持续发展部(DPCSD)于 1996 年共同提出的"驱动力(driving force)—状态(state)—反应

（response）"模型（DFSR），构建了反映可持续发展各项指标动态特征的评价体系。DFSR 模型从经济、社会、环境和制度方面为可持续发展提供了被广泛接受的指标体系参考。该模型因能够清晰地展现各指标间的理论逻辑关系而得到广泛运用。基于此，借助 DFSR 理论模型，构建"'一带一路'政策驱动力/机制保障—经济、社会、环境反应状态/运作能力—政策结果/目标实现"的三维系统评价模型及相关指标体系，具体如图 3-24 所示。尝试从可持续发展和民生福祉改善视角，对"一带一路"倡议推动构建人类命运共同体的应然逻辑和具体路径进行深入探讨。

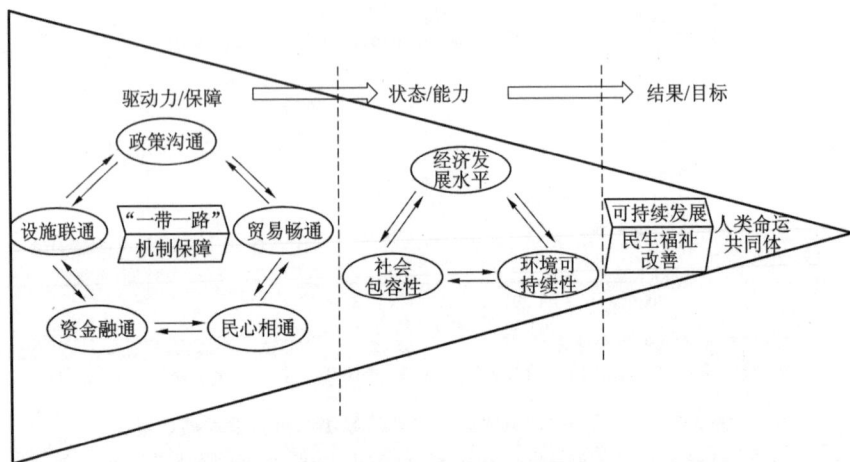

图 3-24　"一带一路"推动构建人类命运共同体的评价模型

在如图 3-24 所示的系统评价模型中，"一带一路"倡议被视为政策驱动力要素，为"一带一路"倡议顺利实施提供了机制保障。经济发展水平、环境可持续性、社会包容性分别代表系统良好运作的硬件基础、条件和能力，该系统以推动构建人类命运共同体为最终目标。在系统的组成部分中，可持续发展水平和民生福祉两个指标作为衡量"一带一路"推动构建人类命运共同体的结果变量，对各国经济发展水平、社会包容性和环境可持续性的评价主要体现了"一带一路"倡议对系统可持续发展现状和能力的影响，并尝试将相关维度作为关键中介变量，以检验"一带一路"倡议对沿线国家可持续发展和民生福祉改善的作用机制，进而探究"一带一路"项目能否和谐、可持续地融入沿线国家经济社会发展，以推动构建人类命运共同体。

3.模型方法与数据

（1）模型构建。

由于全球经济体是否属于"一带一路"沿线国家及参与"一带一路"建设前后

存在双重差异,因此可将"一带一路"倡议视作一项准自然试验,使用 DID 方法从事后分析的视角准确识别"一带一路"倡议对沿线国家可持续发展和民生福祉改善的促进效应,为"一带一路"倡议推动构建人类命运共同体提供经验证据。

模型构建上,设计时间和国家双向固定效应的双重差分基准模型:

$$Y_{it} = \beta_0 + \beta_1 BRI_{it} + \sum_j \beta_j Control + \gamma_t + \mu_i + \varepsilon_{it}$$

$$BRI_{it} = Treat_i \times Post_t$$

式中,Y_{it} 为被解释变量,选取各国的可持续发展水平(SusDev)和民生福祉(well-being)两个指标作为"一带一路"倡议政策效应的结果变量;下标 i 和 t 分别代表第 i 个国家和第 t 年;γ_t 代表时间固定效应;μ_i 代表国家固定效应;ε_{it} 为随机扰动项;$Treat_i$ 为处理组别虚拟变量,如果该经济体为"一带一路"沿线国家,则赋值为 1,反之赋值为 0;$Post_t$ 为处理时间效应虚拟变量。由于"一带一路"倡议是在 2013 年提出的,本节以中国"一带一路"官方网站公布的 2018 年 3 月作为截止时间,对是否与中国政府签署共同建设协议、谅解备忘录或者高层领导人是否公开宣布积极参与"一带一路"倡议的情况进行赋值,如果该经济体在 2013 年当年或之后响应"一带一路"倡议,则赋值为 1,否则赋值为 0。BRI_{it} 为处理组别与时间效应虚拟变量的交互项,也是本节的核心关切变量。系数 β_1 的估计值代表了"一带一路"倡议对沿线国家可持续发展及民生福祉改善的净效应,如果该倡议有效促进了沿线国家可持续发展水平提升和民生福祉改善,系数 β_1 应该显著为正。

$Control$ 为其他控制变量,包括基础设施、就业、健康、教育、治理水平等,并将经济发展水平、社会包容性、环境可持续性变量作为关键中介变量,检验"一带一路"倡议对沿线国家可持续发展和民生福祉改善的作用机制。《2030 年可持续发展议程》包括 17 个大项的总体目标和 169 个分项的具体目标,集中反映了当前人类社会发展面临的最亟待解决的问题,而基础设施(infrastructure)、就业(employment)、治理(governance)、健康(health)、教育(education)指标无疑是世界各国的普遍关切点,不仅是人类社会可持续发展的重要维度,更是民生福祉改善的基础和保障。

(2)数据、变量和描述性统计。

整合 GWP、世界银行、全球治理指数、社会发展指数等权威数据库,得到全球 152 个国家(地区)2009—2018 年时间窗口内的关键指标信息。其中,可持续发展水平由波士顿咨询公司研发的可持续发展指数衡量,民生福祉变量由 GWP 数据库中的全球国民幸福指数衡量。由于原始数据采用了不同的衡量尺度,本节基于综合指标评价方法,运用 Min-max 标准化方法,将每个国家(地区)数据集特定年份对应指标的最大值减去该项指标原始数据的最小值后进行归一化处理。然后按照 0[152 个国家(地区)中的最低分]至 100[152 个国家(地区)中的最高分]的统一标准分别计算各个维度对应的分值,以保留原始数据间的相对距离,使各指标之间具有可比性。为了减少遗漏变量偏误,本节还控制了其他可能影响可持续发展水平和民生福祉的因素。所有变量的详细测度、数据来源及描述性统计如表 3-17 所示。表 3-18 为"一带一路"沿线国家与非"一带一路"沿线国家可持续发展水平和民生福祉差异。

表 3-17　　　　　　　　变量测度、数据来源及描述性统计

变量	评价指标	数据来源	样本量	均值	标准差
可持续发展水平	可持续发展指数	波士顿咨询公司(BCG)	1520	50.490	17.106
民生福祉	全球国民幸福指数	GWP 数据库	1256	54.358	11.186
"一带一路"倡议	是否响应"一带一路"倡议,设置虚拟变量(0,1)	中国"一带一路"官方网站	1520	0.428	0.495
经济发展水平	人均 GDP	世界银行数据库	1520	25.719	25.706
社会包容性	公民能动性(0~1)、人际安全与信任(0~1)、组织间凝聚力(0~1)、性别平等(0~1)	社会发展指数	1520	55.203	17.542
环境可持续性	二氧化碳强度(千克/石油当量能源使用千克数)、陆地和海洋保护区(占总领土面积%)、可再生能源发电(占总发电量%)	世界银行数据库	1520	48.887	12.824
基础设施	互联网用户(每 100 人)、手机订阅量(每 100 人)、公路网络质量(1~7)、铁路基础设施质量(1~7)、水源改善(获得用水条件的人口%)、卫生设施改善(获得卫生条件的人口%)、供电质量(1~7)	世界银行数据库、世界经济论坛、《全球竞争力报告》	1520	53.785	22.803
就业	总失业率(占劳动力总数%)、15~64 岁人群就业率(%)	国际货币基金组织《世界经济展望》数据库、联合国世界人口展望与 BCG 分析	1520	61.167	20.323
教育	高等教育入学率(占总数%)、受教育年限、初等教育师生比、数学与科学平均分	世界银行数据库、经济合作与发展组织"国际学生能力评估计划"、国际数学与科学教育趋势研究	1520	50.267	23.313

续表

变量	评价指标	数据来源	样本量	均值	标准差
健康	出生时预期寿命总数(年)、5岁以下死亡率(每1000名活产婴儿)、艾滋病感染率(占人口%，15～49岁人群)、肺结核发病率(每100000人)、营养不良率(占人口%)、肥胖人群(BMI>30,年龄标准化估算)、百白破免疫率(占12～23个月幼儿%)、麻疹免疫率(占12～23个月幼儿%)、医生人数(每1000人)、医院病床数(每1000人)	世界银行数据库、世界卫生组织全球健康观察站	1520	45.019	21.497
治理	治理腐败(−2.5～2.5)、法制(−2.5～2.5)、政治稳定性与杜绝暴力和恐怖主义(−2.5～2.5)、话语权和问责制(−2.5～2.5)、财产权指数(0～100)、空气质量指数(0～100)	全球治理指数、美国传统基金会经济自由度指数、环境绩效指数	1520	61.475	20.755

从表3-18中可以看出，在"一带一路"倡议提出之前，"一带一路"沿线国家与非"一带一路"沿线国家在可持续发展水平方面并不存在显著差异，而在2013年之后，"一带一路"沿线国家的可持续发展水平要显著高于非"一带一路"沿线国家，这与图3-23的结果是一致的；在民生福祉方面，"一带一路"沿线国家总体水平虽然低于非"一带一路"沿线国家，但呈上升趋势，而非"一带一路"沿线国家的民生福祉水平相比于2013年之前却有所下降。"一带一路"沿线国家可持续发展水平和民生福祉的提高是否得益于"一带一路"倡议的政策效果，有待进一步的实证检验。

表3-18　　"一带一路"沿线国家与非"一带一路"沿线国家
可持续发展水平和民生福祉差异

时间	可持续发展水平			民生福祉		
	"一带一路"沿线国家	非"一带一路"沿线国家	差异	"一带一路"沿线国家	非"一带一路"沿线国家	差异
总样本期间	51.843	49.480	2.363***	5.292	5.557	−0.265***
2013年之前	51.034	49.023	2.011	5.268	5.618	−0.350***
2013年及以后	52.383	49.783	2.600**	5.307	5.521	−0.214***
差异	1.349	0.760		0.039	−0.097	

注：***、**分别表示在1%、5%的水平上统计显著。

4.实证分析

(1)基准回归结果。

各变量的基准回归结果如表 3-19 所示。

表 3-19 基准回归结果

变量	(1)	(2)	(3)	(4)	(5)	(6)
	民生福祉	可持续发展水平	民生福祉	民生福祉	可持续发展水平	民生福祉
"一带一路"倡议	0.152** (0.068)	0.590** (0.243)	0.160** (0.066)	0.167** (0.066)	0.126* (0.076)	0.148** (0.066)
可持续发展水平			0.069*** (0.022)			0.144*** (0.045)
经济发展水平				0.335* (0.196)	1.812*** (0.480)	0.011 (0.211)
社会包容性				0.020*** (0.007)	0.089*** (0.008)	0.007 (0.008)
环境可持续性				0.017** (0.007)	0.090*** (0.006)	0.005 (0.007)
基础设施				0.005 (0.006)	0.071*** (0.005)	0.005 (0.006)
就业				0.001 (0.001)	0.0026*** (0.001)	0.000 (0.001)
治理				0.007 (0.006)	0.152*** (0.007)	0.015 (0.009)
健康				0.019 (0.014)	0.130*** (0.014)	0.001 (0.016)
教育				0.006 (0.006)	0.153*** (0.006)	−0.028** (0.009)
_cons	5.464*** (0.038)	49.499*** (0.116)	2.031* (1.093)	0.670 (1.471)	2.139* (1.130)	0.531 (1.444)
国家固定效应	是	是	是	是	是	是
年份固定效应	是	是	是	是	是	是
N	1376	1520	1256	1250	1510	1250
R^2	0.027	0.039	0.073	0.088	0.098	0.106

注:括号内数值为稳健标准误;***、**、*分别表示在1%、5%、10%的水平上统计显著。下同。

表 3-19 显示,无论是否加入控制变量,重点关注的 *BRI* 回归系数均显著为正,表明"一带一路"倡议对沿线国家可持续发展和民生福祉改善均有显著的促进作用。为了进一步探索"一带一路"倡议、可持续发展水平、民生福祉三者间的关系,借鉴温忠麟等(2014)提出的中介效应依次检验方法,对可持续发展水平的中介效应进行检验。比较加入控制变量后的回归结果[列(4)和列(6)]发现,在引入 SusDev 变量后,该变量系数依然显著为正,模型 R^2 从 0.088 上升至 0.106,而 *BRI* 变量对民生福祉的显著改善效应则从 0.167 下降至 0.148,表明 SusDev 在"一带一路"倡议与民生福祉关系中发挥了显著的"桥梁"中介效应,即"一带一路"倡议通过提高沿线国家可持续发展水平进而对沿线国家民生福祉产生增益效应。基准回归结果表明,"一带一路"倡议是推动构建人类命运共同体、增进沿线国家人民福祉的重要平台。

(2)平行趋势和动态效应检验。

采用双重差分方法的一个重要前提是要满足平行趋势假设,即假设不存在"一带一路"倡议这一政策影响时,处理组与控制组有相同的变化趋势。借鉴 Ferrara 等(2012)的做法,将"一带一路"倡议提出前 3 年至后 5 年的年份虚拟变量作为解释变量进行回归,并将其回归系数及其 95% 置信区间绘制成图 3-25。由图 3-25 可知,2013 年之前,回归系数置信区间穿过 $y=0$ 水平线,表明估计结果不显著,即处理组与控制组在"一带一路"倡议实施前变化趋势是一致的。这一方面说明样本通过了 DID 估计方法所需的平行趋势检验;另一方面佐证了"一带一路"倡议的确有助于促进沿线国家的可持续发展和民生福祉改善的结论。

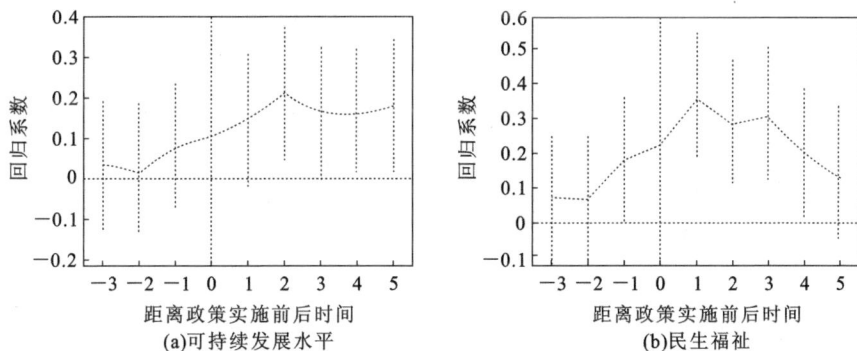

图 3-25　平行趋势和动态效应检验结果

图 3-25(a)中,随着"一带一路"倡议的不断推进,可持续发展水平回归系数不断变大且显著,说明"一带一路"倡议对沿线国家可持续发展的影响有滞后性。在沿线国家响应"一带一路"倡议后的 5 年内,"一带一路"倡议对沿线国家可持

续发展的显著增益效应从 0.147 上升至 0.180。动态效应检验结果进一步表明,"一带一路"倡议与 SDGs 在愿景、行动等诸多方面存在契合之处,"一带一路"倡议的推进能够有效促进沿线国家可持续发展。

图 3-25(b)显示,"一带一路"倡议对沿线国家民生福祉的增益效应在政策实施后的前 3 年效果最为显著,而在第 4 年和第 5 年后,"一带一路"倡议对沿线国家民生福祉的增益效应有所下降,政策效果减弱可能与沿线国家领导人换届、政局动荡、政策执行力度下降有关。因此,要实现"一带一路"倡议构建人类命运共同体长效机制,必须处理好与沿线国家的关系,以参与国可持续发展和民生福祉改善为根本目标,进而打造政治互信、经济融合、文化包容的命运共同体。

(3)异质性检验。

考虑"一带一路"沿线国家在地理位置、经济发展水平、文化背景等方面存在显著差异,尽可能对相关维度差异导致的异质性展开分析。

①地理位置的区分考察。

"一带一路"贯穿欧亚大陆,东连亚太,西接欧洲,南通非洲与拉丁美洲。从路线和运输方式上看,"一带一路"实际上可以划分为陆上"丝绸之路经济带"("一带")和"21 世纪海上丝绸之路"("一路")。根据"地理学第一定律",所有事物都与其他事物相关联,但较近的事物比较远的事物关联度更大(Tobler,1970)。地理距离一直是国家间交流、投资和贸易的重要影响因素,而且距离越近的国家联系越密切。因此借鉴戴翔和杨双至(2020)的做法,先识别并界定海上与陆上丝绸之路以及邻近与非邻近"一带一路"国家,再进行分样本回归,结果如表 3-20 所示。

表 3-20　海上与陆上丝绸之路以及邻近与非邻近"一带一路"国家的区分考察

变量	可持续发展水平				民生福祉			
	(1)	(2)	(3)	(4)	(5)	(6)	(7)	(8)
	"一路"	"一带"	邻近	非邻近	"一路"	"一带"	邻近	非邻近
"一带一路"倡议	1.369***	0.295***	0.451***	0.160***	0.318*	0.256	0.736**	0.153***
	(0.154)	(0.094)	(0.141)	(0.042)	(0.174)	(0.159)	(0.321)	(0.047)
控制变量	是	是	是	是	是	是	是	是
国家固定效应	是	是	是	是	是	是	是	是
年份固定效应	是	是	是	是	是	是	是	是
N	330	270	120	1390	316	223	102	1148
R^2	0.915	0.905	0.922	0.918	0.371	0.164	0.364	0.099

表 3-20 显示,"一带一路"倡议对"一路"国家可持续发展和民生福祉改善的促进效应要明显高于"一带"国家。相比非邻近国家,"一带一路"倡议对邻近国家可持续发展和民生福祉改善的促进效应更大。这一差异性估计结果与吕越等(2019)对"一带一路"倡议投资促进效应的评估不谋而合。异质性原因可能在于:一方面,海上丝绸之路比陆上丝绸之路在交通运输和贸易方面更具优势,"一带"沿线国家主要包括相对落后的中亚、西亚及非洲东海岸国家,经济基础相对薄弱,"一带一路"倡议的促进效应存在时滞性;另一方面,我国与邻国在设施联通、政策沟通、资金融通等互联互通方面对接更融洽、地缘政治风险更小,因此"一带一路"倡议对邻近国家的促进效应更显著。

②经济体类型的区分考察。

通过参考李建军和李俊成(2018)的做法对经济体类型进行区分考察,结果见表 3-21。表 3-21 显示,"一带一路"倡议对发展中经济体和新兴市场经济体可持续发展和民生福祉改善的促进效应比发达经济体更为显著。"一带一路"倡议的实施使得长期处于经济"凹陷地带"的发展中经济体和新兴市场经济体获得发展机遇,中欧班列、亚洲基础设施投资银行(以下简称亚投行)、丝路基金、境外合作园区等众多项目围绕"一带一路"建设落地开花。

表 3-21 经济体类型的区分考察

变量	可持续发展水平			民生福祉		
	(1)	(2)	(3)	(4)	(5)	(6)
	发展中经济体	新兴市场经济体	发达经济体	发展中经济体	新兴市场经济体	发达经济体
"一带一路"倡议	0.706*** (0.162)	0.471** (0.220)	0.356* (0.193)	0.240* (0.125)	0.225*** (0.050)	−0.074 (0.084)
控制变量	是	是	是	是	是	是
国家固定效应	是	是	是	是	是	是
年份固定效应	是	是	是	是	是	是
N	760	430	330	306	830	122
R^2	0.367	0.332	0.313	0.089	0.037	0.366

以中巴经济走廊为例,截至 2018 年底,走廊框架下已启动及建成项目 19 个,总投资接近 200 亿美元,能源领域投产运营项目的总装机量达 34 万千瓦,可满足 860 万户家庭的用电需求。如果把"一带一路"比作助力沿线国家和地区实现经济腾飞的翅膀,那么资金融通就是贯通双翅的血脉经络。《"一带一路"债务可持续性分析框架》的发布以及融资合作中心、丝路基金、亚投行等多边金融机

构的成立,拓展了"一带一路"沿线国家的金融合作空间,加强了金融合作机制对接,在很大程度上弥补了广大发展中经济体和新兴市场经济体在经济社会发展中庞大的资金需求缺口,进而对这些国家的可持续发展水平和民生福祉改善产生增益效应。而西方发达国家对"一带一路"建设存有疑虑,"中国威胁论""资源掠夺论""人口威胁论"等谬论依然在西方个别国家存有市场,因此,"一带一路"倡议对发达经济体国民幸福感的促进效应尚未显现。

(4)机制分析。

表 3-22 列(1)至列(3)依次展示了"一带一路"倡议对沿线国家经济发展水平、社会包容性和环境可持续性的影响。可以发现,"一带一路"倡议的实施对沿线国家经济发展的促进作用最为显著。中国的发展得益于世界经济,也无私回馈着世界经济。"一带一路"倡议是中国激活世界经济和重塑世界经济新秩序的重大创新与具体行动。列(3)显示,"一带一路"倡议有助于提高沿线国家的环境可持续性。朱磊和陈迎(2019)研究认为,"一带一路"倡议通过绿色金融工具明确投资前景,预防投资风险,对促进清洁能源技术和基础设施的持续发展效果显著。联合国秘书长古特雷斯同样表示,"一带一路"倡议有助于增强沿线国家应对气候变化的能力。通过建立"一带一路"协调与绿色发展机制,推动沿线各国贯彻落实《巴黎协定》,打通"一带一路"生产国与消费国对话渠道,落实联合国《2030 年可持续发展议程》,促进世界经济和环境可持续发展。

然而,表 3-22 列(2)中"一带一路"倡议对沿线国家社会包容性的促进效应并不显著。当前世界经济存在分化和失衡的状况,"逆全球化"思潮暗流涌动,民粹主义、单边主义和孤立主义盛行,而"一带一路"沿线国家绝大多数为发展中国家,在世界经济中处于不利境地。列(4)显示,"一带一路"倡议能够显著促进沿线国家基础设施建设。"一带一路"倡议将"设施联通"设定为优先领域和首要目标,这与《2030 年可持续发展议程》第 9 项目标"建造具备抵御灾害能力的基础设施"高度一致。中国通过"一带一路"倡议促进沿线国家基础设施建设和经济发展,改善由全球经济衰退导致的公共产品供应不足的问题,打消各国的疑虑和误解。

表 3-22 作用机制检验结果

变量	(1)	(2)	(3)	(4)
	经济发展水平	社会包容性	环境可持续性	基础设施
"一带一路"倡议	0.895**	−0.379	0.573**	3.103***
	(0.386)	(0.387)	(0.279)	(0.635)
控制变量	是	是	是	是

续表

变量	（1）	（2）	（3）	（4）
	经济发展水平	社会包容性	环境可持续性	基础设施
国家固定效应	是	是	是	是
年份固定效应	是	是	是	是
N	1520	1520	1520	1520
R^2	0.136	0.229	0.408	0.581

（5）稳健性检验（随机抽取实验组的安慰剂检验）。

上述估计结果的可行度取决于 DID 估计方法的有效性，借鉴 Cai 等（2016）的研究，从样本中随机抽取实验组对基准回归结果进行安慰剂检验。样本中包含 152 个经济体，其中 65 个为"一带一路"沿线经济体。据此，首先从 152 个经济体中随机抽取 65 个样本，将其设定为伪处理组，并将剩余经济体设定为伪控制组，构建伪安慰剂检验虚拟变量 $Treat_{c_{false}}$ 和交乘项 $Treat_{c_{false}} \times Post_t$，由于伪处理组是随机生成的，因此安慰剂检验交乘项不会对模型因变量产生显著影响，即 $\beta_{false}=0$。换言之，如果不存在显著的遗漏变量偏误，安慰剂处理变量的回归系数不会显著偏离零点。为了避免其他小概率事件对估计结果的干扰，本节重复 500 次上述过程的回归分析。图 3-26 显示了 500 次随机生成处理组估计系数的核密度及其对应 p 值的分布。可以发现，回归系数的均值接近 0，且绝大部分 p 值大于 0.1。同时，图 3-26 中竖线代表的基准模型估计结果，在安慰剂检验的估计系数中明显属于异常值。因此可以认为，基准模型估计结果并没有因为遗漏变量导致严重识别偏误。

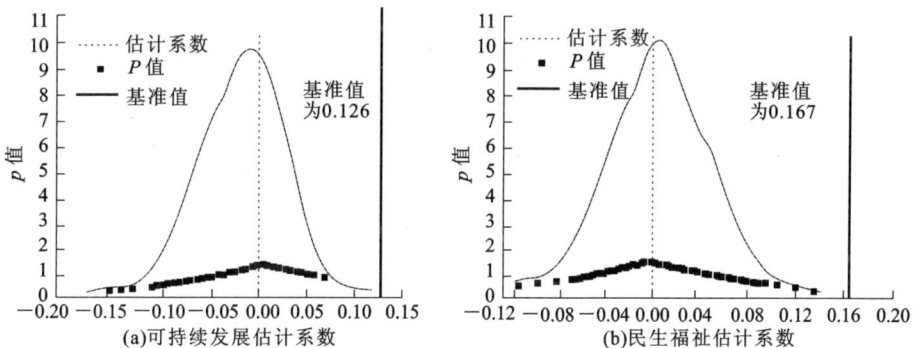

图 3-26　随机生成处理组的估计系数和 p 值

5.结论

源于中国、属于世界的"一带一路"倡议虽已取得显著成效,但也面临严峻挑战,部分舆论将"一带一路"倡议视为中国版"马歇尔计划"。"一带一路"倡议是否有利于促进沿线国家的可持续发展和民生福祉改善,这个问题的答案非常重要。本节将"一带一路"倡议作为准自然试验,利用双重差分法考察"一带一路"倡议的政策效应、异质性及中间机制。研究发现:①"一带一路"倡议通过促进沿线国家基础设施建设、经济发展和环境可持续性,提高沿线国家的可持续发展水平和民生福祉,但对沿线国家社会包容性的促进效应并不显著,意味着在推动"一带一路"倡议建设中,与沿线参与国的人文交流、政策沟通和对接方面仍需加强。②动态效应检验结果表明,"一带一路"倡议存在一定的时滞性,但与《2030可持续发展议程》在愿景、行动等诸多方面存在契合之处,因此随着时间的推移,"一带一路"倡议对沿线国家可持续发展的促进效应会愈发明显。③对"一带一路"沿线国家所处的地理位置进行区分考察发现,"一带一路"倡议对"海上丝绸之路"以及与中国邻近国家的促进效应更大;从经济体类型来看,"一带一路"倡议对发展中经济体和新兴市场经济体的政策效应要明显强于发达经济体,可见当今世界经济运行正逐渐转变为以中国为介质、联结发达国家与发展中国家的"双环流"体系。

3.5　优化法

3.5.1　奶制品的生产与销售

企业内部的生产计划分为各种不同的情况。从空间层次看,在工厂级要根据外部需求和内部设备、人力、原料等条件,以最大利润为目标制订产品的生产计划;在车间级则要根据产品生产计划、工艺流程、资源约束及费用参数等,以最小成本为目标制订生产作业计划。从时间层次看,若在短时间内认为外部需求和内部资源等不随时间变化,则可制订单阶段生产计划,否则就要制订多阶段生产计划。

本节选择几个单阶段生产计划的实例,说明如何建立这类问题的数学规划模型,利用软件求解并对输出结果进行一些分析。

一奶制品加工厂用牛奶生产 A_1 和 A_2 两种奶制品，1 桶牛奶可以在甲类设备上花 12h 加工成 3kg A_1，或者在乙类设备上花 8h 加工成 4kg A_2。根据市场需求，生产的 A_1 和 A_2 全部能售出，且每千克 A_1 获利 24 元，每千克 A_2 获利 16 元。现在加工厂每天能得到 50 桶牛奶的供应，正式工人每天总的劳动时间为 480h，并且甲类设备每天至多能加工 100kg A_1，乙类设备的加工能力没有限制。试为该厂制订一个生产计划，使每天获利最大，并进一步讨论以下 3 个附加问题：

①若用 35 元可以买到 1 桶牛奶，是否做这项投资？若投资，每天最多购买多少桶牛奶？

②若聘用临时工人以增加劳动时间，付给临时工人的工资最多是每小时多少元？

③由于市场需求变化，每千克 A_1 的获利增加到 30 元，是否改变生产计划？

1. 问题分析

这个优化问题的目标是使每天的获利最大，要做的决策是生产计划，即每天用多少桶牛奶生产 A_1，用多少桶牛奶生产 A_2（或每天生产多少千克 A_1，生产多少千克 A_2），决策受 3 个条件的限制：原料（牛奶）供应、劳动时间、甲类设备的加工能力。按照题目所给，将决策变量、目标函数和约束条件用数学符号及式子表示出来，就可得到下面的模型。

2. 基本模型

（1）决策变量：设每天用 x_1 桶牛奶生产 A_1，用 x_2 桶牛奶生产 A_2。

（2）目标函数：设每天获利为 z 元。x_1 桶牛奶可生产 $3x_1$ kg A_1，获利 $24 \times 3x_1$ 元，x_2 桶牛奶可生产 $4x_2$ kg A_2，获利 $16 \times 4x_2$ 元，故 $z = 72x_1 + 64x_2$。

（3）约束条件。

①原料供应：生产 A_1 和 A_2 的原料（牛奶）总量不得超过每天的供应量，即 $x_1 + x_2 \leqslant 50$。

②劳动时间：生产 A_1 和 A_2 的总加工时间不得超过正式工人每天总的劳动时间，即 $12x_1 + 8x_2 \leqslant 480$。

③设备能力：A_1 的产量不得超过甲类设备每天的加工能力，即 $3x_1 \leqslant 100$。

④非负约束：x_1，x_2 均不能为负值，即 $x_1 \geqslant 0$，$x_2 \geqslant 0$。

综上可得该问题的基本模型：

$$\max: z = 72x_1 + 64x_2$$

$$\text{s. t.} \begin{cases} x_1 + x_2 \leqslant 50 \\ 12x_1 + 8x_2 \leqslant 480 \\ 3x_1 \leqslant 100 \\ x_1 \geqslant 0, x_2 \geqslant 0 \end{cases} \tag{3-23}$$

由于目标函数和约束条件对决策变量而言都是线性的,所以称该基本模型为线性规划(linear programming,LP)。

3. 模型分析与假设

许多实际的优化问题的数学模型都是线性规划模型(特别是在如生产计划这样的经济管理领域),这不是偶然的,说明多数实际问题满足线性规划的一些特征。下面分析线性规划的特征,或者说,实际问题具有什么性质,其模型才是线性规划模型。

(1)比例性:每个决策变量对目标函数的"贡献",与该决策变量的取值成正比;每个决策变量对每个约束条件右端项的"贡献",与该决策变量的取值成正比。

(2)可加性:各个决策变量对目标函数的"贡献",与其他决策变量的取值无关;各个决策变量对每个约束条件右端项的"贡献",与其他决策变量的取值无关。

(3)连续性:每个决策变量的取值都是连续的。

比例性和可加性保证了目标函数和约束条件对于决策变量的线性性,连续性则允许得到决策变量的实数最优解。

对于本例,能建立上面的线性规划模型,实际上是事先做了如下的假设:

①A_1 和 A_2 两种奶制品每千克的获利是与它们各自产量无关的常数,每桶牛奶加工出 A_1,A_2 的数量和所需的时间是与它们各自的产量无关的常数。

②A_1 和 A_2 每千克的获利是与它们相互间产量无关的常数,每桶牛奶加工出 A_1,A_2 的数量和所需的时间是与它们相互间产量无关的常数。

③加工 A_1 和 A_2 的牛奶的桶数可以是任意实数。

这 3 个假设恰好保证了上述 3 个性质。当然,现实生活中这些假设只是近似成立的,比如,A_1 和 A_2 的产量很大时,它们每千克的获利自然会有所减少。由于这些假设对于书中给出的、经过简化的实际问题是如此明显地成立,本章后面所给例题就不再一一列出类似的假设了。不过,读者在打算用线性规划模型解决现实生活中的实际问题时,应该考虑以上 3 个性质是否近似地满足。

4. 模型求解

该线性规划模型的决策变量为二维,用图解法求解,既简单,又便于直观地把握线性规划的基本性质。

将约束条件中的不等号改为等号,可知它们是 x_1Ox_2 平面上的 5 条直线,依次记为 $L_1 \sim L_5$,如图 3-27 所示,其中,L_4 和 L_5 分别是 x_1 轴和 x_2 轴,且不难判断,式(3-24)界定的可行域是 5 条直线上的线段所围成的五边形 $OABCD$。

容易算出,5 个定点的坐标为:$O(0,0)$,$A(0,50)$,$B(20,30)$,$C(100/3,10)$,D(100/3,0)。

目标函数中的 z 取不同数值时,在图 3-27 中表示一组平行直线(虚线),称为等值线族。如 $z=0$ 是过 O 点的直线,$z=2400$ 是过 D 点的直线,$z=3040$ 是过 C 点的直线……,可以看出,当等值线向右上方移动到 B 点时,$z=3360$ 达到最大值,所以 B 点的坐标(20,30)即为最优解:$x_1=20$,$x_2=30$。

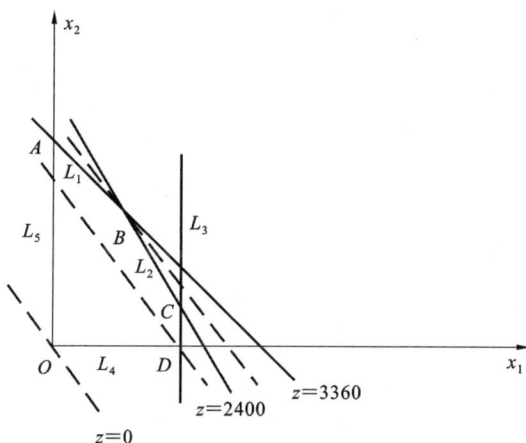

图 3-27 模型的图解法

可以直观地看到,由于目标函数和约束条件都是线性函数,在二维情形中,可行域为直线段围成的凸多边形,目标函数的等值线为直线,于是最优解一定在凸多边形的某个顶点取得。

推广到 n 维情形,可以猜想,最优解会在约束条件所界定的一个凸多面体(可行域)的某个顶点取得。线性规划的理论告诉我们,这个猜想是正确的。

5.结果分析

上述求解过程除了告诉我们问题的最优解和最优值,还有许多对分析结果有用的信息,下面结合题目中提出的 3 个附加问题,利用图解法的直观性给予说明。

(1)3 个约束条件的右端不妨看作 3 种"资源"——原料、劳动时间、甲类设备的加工能力。以下给出这 3 种"资源"在最优解下是否有剩余:原料、劳动时间的剩余均为 0,甲类设备尚余 40kg 的加工能力。这与图解法的如下结果一致:最优解在 B 点(图 3-27 中约束条件②、③所定义的直线 L_1 和 L_2 的交点)取得,表明原料、劳动时间已用完,而甲类设备的加工能力有剩余。一般称"资源"剩余为 0 的约束为紧约束(有效约束)。

（2）目标函数可以看作"效益"，则紧约束的"资源"一旦增加，"效益"必然跟着增长。以下给出这3种"资源"在最优解下增加1个单位时"效益"的增量：原料增加1个单位（1桶牛奶）时利润增长48元，劳动时间增加1个单位（1h）时利润增长2元，而增加非紧约束甲类设备的加工能力显然不会使利润增长。这里，"效益"的增量可以看作"资源"的潜在价值，经济学上称为影子价格，即1桶牛奶的影子价格为48元，1h劳动时间的影子价格为2元，甲类设备加工能力的影子价格为0元。

用影子价格的概念很容易回答附加问题①：用35元可以买到1桶牛奶，低于1桶牛奶的影子价格，当然应该做这项投资。类似地，可以回答附加问题②：聘用临时工人会增加劳动时间，但付给临时工人的工资低于劳动时间的影子价格才可以增加利润，所以临时工人的工资最多为每小时2元。

（3）目标函数的系数发生变化（假定约束条件不变）时，最优解和最优值会改变吗？这个问题不能简单地回答。从图 3-27 看，目标函数的系数决定了等值线族的斜率，原题中该斜率（取绝对值，下同）为 $72/64=9/8$，介于直线 L_1 的斜率 1 与直线 L_2 的斜率 $3/2$ 之间，最优解自然在 L_1 和 L_2 的交点 B 处取得。所以只要目标函数系数的变化使得等值线族的斜率仍然在 $1\sim3/2$ 范围内，这个最优解就不会改变。而当目标函数系数的变化使得等值线族的斜率小于 1 时，最优解将在 A 点取得；大于 $3/2$ 时，最优解将在 C 点取得。

这种对目标函数系数变化的影响的讨论，通常称为对目标函数系数的敏感性分析。以下给出最优解不变条件下目标函数系数的允许变化范围：x_1 的系数为 $(72-8,72+24)$，即 $(64,96)$；x_2 的系数为 $(64-16,64+8)$，即 $(48,72)$。注意：x_1 的系数的允许范围需要保证 x_2 的系数为 64 不变，反之亦然。

用这个结果很容易回答附加问题③：若每千克 A_1 的获利增加到 30 元，则 x_1 的系数变为 $30\times3=90$，在允许范围内，所以不应该改变生产计划。

（4）对"资源"的影子价格进行进一步分析。从图 3-27 看，随着原料（牛奶）的增加，直线 L_1 向右上方平移，L_1 与 L_2 的交点 B（它仍是最优解）向 A 点靠近，在这个过程中，每增加1桶牛奶，利润增长48元（1桶牛奶的影子价格）。但是，当 B 点与 A 点重合后，再增加牛奶就不可能使利润增长了。这就是说，影子价格的作用（在最优解下"资源"增加1个单位时"效益"的增量）是有限制的。这种对影子价格在什么条件下才有意义的讨论，通常称为对资源约束右端项的敏感性分析。从而可得出在影子价格有意义条件下约束右端项的限制范围：原料最多增加10桶牛奶，劳动时间最多增加53.3h。

评注：本例在产品利润、加工时间等参数均可设为常数的情况下，建立了线性规划模型。线性规划模型的三要素是决策变量、目标函数和约束条件。利用其中的影子价格和敏感性分析,对模型结果进行进一步的研究,这对实际问题的解决是十分有益的。

3.5.2　存储论中的经济订购批量存储模型

存储理论是运筹学中最早成功应用的领域之一,是运筹学的重要分支。本节将通过分析生产经营活动中常见的存储现象,展现管理科学中处理存储问题的优化理论与方法,着重介绍确定型存储问题中的经济订购批量存储模型。

1. 存储论的相关概念

(1)存储与存储问题。

存储就是将一些物资(如原材料、外购零件、部件、在制品等)存储起来以备将来使用和消费。存储是缓解供应与需求之间供不应求或供大于求等不协调情况的必要且有效的方法和措施。

存储现象是普遍存在的。商店为了满足顾客的需要,必须有一定数量的库存货物来支持经营活动,若缺货就会造成营业额的损失;银行为了进行正常的交易,需要储存一定数量的现金;工厂为了生产的正常进行,必须储备一定的原材料等。但存储量是否越大越好呢? 首先,有存储就会有费用(占用资金、维护等费用,统称为存储费用),且存储越多费用越大。存储费是企业流动资金的主要部分。其次,若存储过少,就会造成供不应求,从而造成巨大的损失(失去销售、占领市场的机会等)。因此,如何最合理、最经济地制定存储策略是企业经营管理中的一个大问题,也是本节要研究的内容。

(2)存储模型中的几个要素。

①存储策略。

存储策略就是解决存储问题的方法,即决定多长时间补充一次库存以及补充多少数量的策略。常见的存储策略有以下几种类型:

a. t_0 循环策略,即每隔 t_0 时间补充一次库存,补充量为 Q。这种策略在需求比较确定的情况下采用。

b. (s, S) 策略,在连续检查库存的情况下,当存储量为 s 时,立即订货,订货量为 $Q = S - s$,即将库存量补充到 S,s 称为补充水平或订购水平。该策略需要确定最好的 s 和 S。

c. (t, s, S) 策略,即每隔 t 时间检查一次库存,当库存量小于或等于 s 时,立即将库存量补充到 S;当库存量大于 s 时,可暂时不补充。

d. (s, Q) 策略,在连续检查库存的情况下,当存储量降低到 s 时,补充库存,补充量为 Q。该策略的决策变量为 s 和 Q。

e. (t, S)策略，以固定时间 t_0 为周期进行周期性库存检查，当存储量不足 S 时，将货物补充到 S。该策略的决策变量为 S。

在解决实际问题时，采取何种策略应由检查方式和问题本身的需求决定。

②费用。

一般用存储费用的多少来评价一个存储策略的优劣。解决存储问题的核心就是当选定了存储策略类型后，求出使问题费用最小的有关参数，从而找出最优的存储策略。存储问题中常见的费用有以下几种。

a. 订货费，即企业向外采购物资的费用，包括订购费和货物成本费。订购费主要指订货过程中的手续费、电信往来费用、交通费等，与订货次数有关；货物成本费是指与所订货物数量有关的费用，如成本费、运输费等。

b. 生产费，即企业自行生产库存品的费用，包括装备费和消耗性费用。装备费主要指与生产次数有关的固定费用；消耗性费用是指与生产数量有关的费用。

c. 存储费，主要包括保管费、流动资金占用利息、贷损费等。其与存储数量及存货性质有关。

d. 缺货费，指因缺货而造成的损失，如机会损失、停工待料损失、未完成合同赔偿、缺货补偿以及为维持需求所支付的应急费用等。

根据实际问题的不同，所考虑的费用项目也不同。

③提前时间与再订货点。

通常从订货到货物进库有一段时间，为了及时补充库存，一般要提前订货。该提前时间等于订货到货物进库的时间。

所谓再订货点，是指需要下达新订单时的库存量。该库存量正好可以维持提前期的货物需求量。因此，再订货点实际上等于提前期乘需求速度。

④目标函数。

要在一类策略中选择最优策略，需要一个赖以衡量优劣的准绳，这就是目标函数。在存储模型中，目标函数是指平均费用函数或平均利润函数。最优策略就是使平均费用函数最小或使平均利润函数最大的策略。

存储问题的求解一般有如下步骤：

a. 分析问题的供需特性；

b. 分析系统的费用（订货费、存储费、缺货费、生产费等）；

c. 确定问题的存储策略、建立问题的数学模型；

d. 求使平均费用最小（或平均利润最大）的存储策略（最优存储量、最佳补充时间、最优订货量等）。

2.确定型存储问题中的经济订购批量存储模型

(1)模型假设与存储状态图。

该模型的假设如下。

①需求是连续均匀的,设需求速度为常数 R。

②当存储量降至 0 时,可立即补充,不会造成损失。

③每次订购费用为 c_3,单位存储费用为 c_1,且都为常数。

④每次订购量相同,均为 Q。

存储状态图如图 3-28 所示。

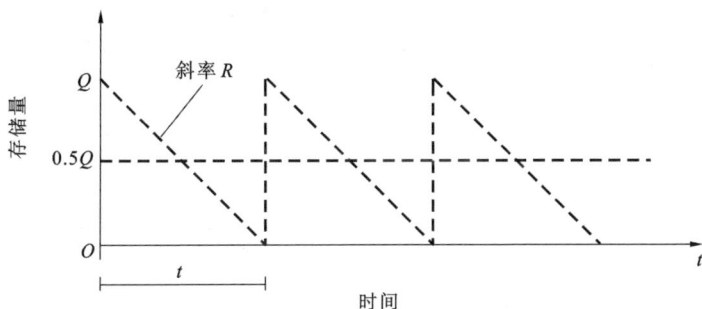

图 3-28　存储状态

(2)存储模型。

①存储策略。

该问题的存储策略就是每次订购量相同,即问题的决策变量 Q 不变,由于该问题的需求是连续均匀且不允许缺货,变量 Q 可以转化为变量 t 的函数,即每隔 t 时间订购一次,订购量为 $Q=Rt$。

②优化准则。

t 时间内平均费用最小。由于该问题是线性的,因此 t 时间内平均费用最小,总体平均费用也会最小。

③目标函数。

根据优化准则和存储策略,该问题的目标函数就是 t 时间内的平均费用,即 $C=C(t)$。费用有:

a. t 时间内订货费。

t 时间内订货费 = 订购费 + 货物成本费 = $c_3 + KRt$(其中 K 为货物单价)

b. t 时间内存储费。

存储费 = 平均存储量 × 单位存储费 × 时间 = $\dfrac{1}{2}Qc_1t = \dfrac{1}{2}c_1Rt^2$

c. t 时间内平均费用(目标函数)。

$$C(t) = \frac{1}{t}\left(\frac{1}{2}c_1Rt^2 + c_3 + KRt\right) = \frac{1}{2}c_1Rt + \frac{c_3}{t} + KR$$

④最优存储策略。

在上述目标函数中,令

$$\frac{\mathrm{d}C}{\mathrm{d}t} = \frac{1}{2}c_1R - \frac{c_3}{t^2} = 0$$

得

$$t^* = \sqrt{\frac{2c_3}{c_1R}}$$

即每隔 t^* 时间订货一次,可使平均费用最小。有

$$Q^* = Rt^* = \sqrt{\frac{2c_3R}{c_1}}$$

即当库存为零时,立即订货,订货量为 Q^*,可使平均费用最小。该 Q^* 就是著名的经济订购批量(economic ordering quantity,EOQ)。

由于货物单价 K 与 Q^* 和 t^* 无关,因此在费用函数中可省去该项,即

$$C(t) = \frac{1}{2}c_1Rt + \frac{c_3}{t}$$

因此有

$$C^* = \frac{1}{2}c_1Rt^* + \frac{c_3}{t^*} = \sqrt{2c_1c_3R}$$

费用函数可用图 3-29 来描述。

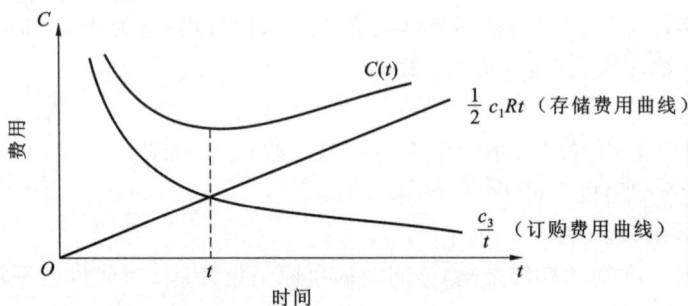

图 3-29 费用函数

费用函数还可以描述成订购量 Q 的函数,即

$$C(Q) = \frac{1}{2}c_1Q + \frac{c_3R}{Q}$$

3. 案例分析

【例 3-2】 某批发公司向附近 200 多家零售店提供货源,批发公司负责人为

减少存储费用,选择了某种品牌的方便面进行调查研究,以制定正确的存储策略。调查结果如下:(1)方便面每周需求 3000 箱;(2)每箱方便面一年的存储费用为 6 元,其中包括贷款利息 3.6 元,仓库费用、保险费用、损耗费用、管理费用等共 2.4 元;(3)每次订货费 25 元,其中包括批发公司支付给采购人员的劳务费 12 元,手续费、电话费、交通费等 13 元;(4)方便面每箱价格 30 元。

解 根据上述数据,有

$$c_1 = \frac{6}{52} = 0.1154[元/(周 \cdot 箱)];c_3 = 25(元/次);R = 3000(箱/周)$$

因此有

$$Q^* = \sqrt{\frac{2c_3R}{c_1}} = \sqrt{\frac{2 \times 25 \times 3000}{0.1154}} = 1140.10(箱)$$

$$t^* = \frac{Q^*}{R} = \frac{1140.10}{3000} = 0.38(周) = 2.66(天)$$

最小费用为

$$c^* = \sqrt{2c_1c_3R} = \sqrt{2 \times 0.1154 \times 25 \times 3000} = 131.57(元/周)$$

若提前期为 1 天,则再订货点为 $1 \times \frac{3000}{7} = 429(箱)$

在此基础上,公司根据具体情况对存储策略进行了一些调整。

(1)将订货周期改为 3 天,每次订货量为 $3000 \times 3 \times \frac{52}{365} = 1282(箱)$;

(2)为应对每周需求超过 3000 箱的情况,公司决定每天多存储 200 箱,这样,第一次订货 1482 箱,以后每 3 天订货 1282 箱;

(3)为保证第二天能及时到货,应提前一天订货,再订货点为 $429 + 200 = 629(箱)$。

这样,公司一年的总费用为

$$C = 0.5 \times 1282 \times 6 + \frac{365}{3} \times 25 + 200 \times 6 = 8087.67(元)$$

3.6   图论法

3.6.1   组合论中的锁具装箱问题

某厂生产一种弹子锁具,每个锁具的钥匙有 5 个槽,每个槽的高度是从 1、

2、3、4、5、6(单位略)中任取一个数。由于工艺及其他原因,制造锁具时对 5 个槽的高度还有两个限制:至少有 3 个不同的数;相邻两槽的高度之差不能为 5。满足以上条件制造出来的所有互不相同的锁具称为一批。问每一批有多少个锁具。

本题很容易用数学语言来表述,将每把锁对应一个五位数:每个槽的顺序对应一位数,每个槽的高度对应某位数的数字(1、2、3、4、5、6)。这样每把锁就对应这样一个五位数,每位数只能在 1、2、3、4、5、6 中取值,且需符合至少三位数不同,1、6 不相邻。

如上所述,锁对应的五位数有一定条件。找出符合条件的五位数个数,一般可用排列组合的方法,但这样较烦琐,这里介绍三种简单的方法。

方法一 因对五位数有两个要求,为此用两个集合分别表达。

①记 A 为至少有三位数不同的,由 1、2、3、4、5、6 组成的五位数集合。

②记 B 为没有 1、6 相连的,由 1、2、3、4、5、6 组成的五位数集合。

则全体锁对应的数的集合为 $A \cap B$,其中元素个数用 $|A \cap B|$ 表示。

记由 1、2、3、4、5、6 组成的五位数集合为 R,由集合论公式,有

$$|A \cap B| = R - \overline{A \cap B} = |R| - |\overline{A} \cup \overline{B}| = |R| - |\overline{A}| - |\overline{B}| + |\overline{A} \cap \overline{B}|$$

其中,$|R| = 6^5 = 7776$;

$$|\overline{A}| = 6 + C_6^2(C_5^1 + C_5^2 + C_5^3 + C_5^4) = 6 + 15 \times 30 = 456;$$

$|\overline{A} \cap \overline{B}|$ 为由一个数字或两个数字组成,且有 1、6 相连的五位数个数,也就是由 1、6 所生成的五位数个数,所以,$|\overline{A} \cap \overline{B}| = C_5^1 + C_5^2 + C_5^3 + C_5^4 = 30$。

难点在于 $|\overline{B}|$,即含 1、6 相连的五位数个数,可用数学归纳法求这个数。

记 b_n 为有 1、6 相连的 n 位数的个数,C_n 为首位是 1 或 6 且有 1 和 6 相连的 n 位数的个数(两者数目相等)。

由于都是由 1、2、3、4、5、6 组成的 n 位数,故首位数不是 1 或 6,则一定是 2、3、4 或 5。且 b_n 是有 1、6 相连的 n 位数的个数,其中元素首位数是 2、3、4 或 5,则从第二位起 $(n-1)$ 位数中一定含 1 和 6 相连的数字,所以

$$b_n = 2C_n + 4b_{n-1} \tag{3-24}$$

这样还是无法递推,还应找出 C_n 的递推公式,C_n 所包含的 n 位数,首位数是 1 或 6,且有 1 和 6 相连,第二位可能是 6 或 1,这时前两位数已经符合 1 和 6 相连,其他 $(n-2)$ 位数可以任取;第二位也可能仍是 1 或 6,则从第二位起,$(n-1)$ 位数字中一定有 1 和 6 相连;也可能第二位为 2、3、4 或 5,则从第三位起,$(n-2)$ 位数字中一定含 1 和 6 相连,所以

$$C_n = 6^{n-2} + C_{n-1} + 4b_{n-2} \tag{3-25}$$

将式(3-25)代入式(3-24),有

$$b_n = 2 \times 6^{n-2} + 2C_{n-1} + 8b_{n-2} + 4b_{n-1} \tag{3-26}$$

而根据式(3-24)，$2C_{n-1} + 4b_{n-2}$ 即 b_{n-1}，所以

$$b_n = 2 \times 6^{n-2} + 4b_{n-2} + 5b_{n-1} \tag{3-27}$$

这就是 b_n 的递推公式。为求 b_5，按照式(3-28)应先求 b_1、b_2，显然 $b_1 = 0$，$b_2 = 2$，所以 $b_3 = 2 \times 6 + 5 \times 2 = 22$，$b_4 = 2 \times 6^2 + 4 \times 2 + 5 \times 22 = 190$，$b_5 = 2 \times 6^3 + 4 \times 22 + 5 \times 190 = 1470$。

故有 $|A \bigcap B| = 7776 - 456 - 1470 + 30 = 5880$，即有 5880 把锁。

方法二　记首位数是 1 或 6，无 1、6 相连，由 1、2、3、4、5、6 组成的 n 位数的个数为 x_n，记首位数是 2、3、4、5，无 1、6 相连，由 1、2、3、4、5、6 组成的 n 位数的个数为 y_n，在 n 位数前加上一个数便成为 $(n+1)$ 位数，为保证无 1、6 相连，只要注意首位数是 1 或 6 时，新增加一位数不能是 6 或 1，所以

$$x_{n+1} = 2y_n + x_n \tag{3-28}$$

表明 $(n+1)$ 位无 1、6 相连且首位数是 1、6 的数可由首位数为 2、3、4、5 的 n 位数首位加上 1 或 6 得到，也可以是由首位数是 1 或 6 的 n 位数，首位再加 1 或 6 得到。

$$y_{n+1} = 4y_n + 4x_n \tag{3-29}$$

表明 $(n+1)$ 位无 1、6 相连且首位数不是 1 或 6 的数可由首位数是 1、2、3、4、5、6 但不含 1、6 相连的 n 位数在首位前加 2、3、4、5 得到。

将 $x_1 = 2$，$y_1 = 4$ 代入式(3-28)、式(3-29)得

$$x_2 = 2 \times 4 + 2 = 10, y_2 = 4 \times (2 + 4) = 24;$$

$$x_3 = 2 \times 24 + 10 = 58, y_3 = 4 \times (10 + 24) = 136;$$

$$x_4 = 2 \times 136 + 58 = 330, y_4 = 4 \times (136 + 58) = 776;$$

$$x_5 = 2 \times 776 + 330 = 1882, y_5 = 4 \times (776 + 330) = 4424$$

$x_5 + y_5 = 6306$，但 $x_5 + y_5$ 中记入了由一个或两个数字生成五位数的组合情形，从而七位数组合情形数为 $6 + (C_6^2 - 1)(C_5^1 + C_5^2 + C_5^3 + C_5^4) = 426$，

其中，$(C_6^2 - 1)$ 中减掉 1 是去掉 1、6 两个数字生成的五位数，因为它已是 1、6 相连，因而不在 $x_5 + y_5$ 的统计之中，所以锁具总数 $= 6306 - 426 = 5880$（把）。

方法三　用图论、代数方法计算无 1、6 相连，且由 1、2、3、4、5、6 组成的五位数的个数。构造一个六点图，每个点分别代表 1、2、3、4、5、6，除 1 与 6 外，任意两点之间有边相连，每个点有一条到自己的环，则每个无 1、6 相连的五位数与该图上长度为 4 的一条链一一对应。

构造这个图的邻接矩阵(其中，自身可连接自身)：

$$A = \begin{pmatrix} 1 & 1 & 1 & 1 & 1 & 0 \\ 1 & 1 & 1 & 1 & 1 & 1 \\ 1 & 1 & 1 & 1 & 1 & 1 \\ 1 & 1 & 1 & 1 & 1 & 1 \\ 1 & 1 & 1 & 1 & 1 & 1 \\ 0 & 1 & 1 & 1 & 1 & 1 \end{pmatrix}$$

此矩阵的 k 次方 A^k 的所有元素的和,即这个图长度为 k 的链的个数,因为

$$A^4 = \begin{pmatrix} 141 & 165 & 165 & 165 & 165 & 140 \\ 165 & 194 & 194 & 194 & 194 & 165 \\ 165 & 194 & 194 & 194 & 194 & 165 \\ 165 & 194 & 194 & 194 & 194 & 165 \\ 165 & 194 & 194 & 194 & 194 & 165 \\ 140 & 165 & 165 & 165 & 165 & 141 \end{pmatrix}$$

所以长度为 4 的链的个数,即无 1、6 相连的五位数的个数为这 36 个元素的和 6306。

令 z_i 表示满足集合 B 但不满足集合 A 且首位为 i 的锁具数。6306 种方案中应该减去 $\sum\limits_{i=1}^{6} z_i$ 种不合理的方案才能生成最终方案数量。显然由对称性知,$z_1 = z_6$ 且 $z_2 = z_3 = z_4 = z_5$,因此,只要计算出 z_1 和 z_2 的结果,就可以得到最终结果。

计算 z_1 时可考虑槽高只有 1 及其分别与 1、2、3、4、5 组合的情形。①若所有槽高都为 1,则锁具数为 1。②若只有 1 和 $i(i=2,3,4,5)$ 组合,则可先构建顶点编号为 1、i 的邻接矩阵,求解长度为 3 的链的个数(16 个),再排除此链数中包含的全 1 槽高个数(1 个),就可以将结果(15 个)作为此情形下的锁具数,最后可以得到 4 种组合下共 60 个锁具数。综上可得,$z_1 = 61$。

同理,$z_2 = 1 + (16 - 1) \times 5 = 76$。

于是,最终锁具数为 $6306 - 61 \times 2 - 76 \times 4 = 5880$。

3.6.2 用户均衡配流的贝克曼(Beckmann)模型

本节开始引入微积分的一些建模知识,跟动态建模的表达形式较为一致,具有承上启下的作用,能为后续解读动态建模方法提供一些表象认识。本节的内容需要有一定的非线性规划建模知识作为基础,涉及的拉格朗日(Lagrange)函数、库恩塔克条件(Kuhn-Tucker)、凸函数特性、黑塞(Hessian)矩阵等概念可参

考清华大学出版社《运筹学》中的非线性规划相关章节内容。

在用户平衡分配原理被提出来之后,曾经在很长一段时间内没有一种严格的模型可推导出满足这种平衡分配准则的交通流分配方法,这自然成了交通流分配研究者的重要课题。1956 年,贝克曼(Beckmann)等学者提出了一种满足用户平衡分配准则的数学规划模型,正是这一数学规划模型奠定了交通流分配方法的理论基础。后来的一些分配模型,如弹性需求分配模型、组合分配模型等都是在 Beckmann 模型的基础上拓展得到的。

本节主要介绍 Beckmann 交通平衡分配的数学模型。

1. 模型中所用变量和参数

x_a——路段 a 的交通流量;

t_a——路段 a 的交通阻抗,也称为行驶时间;

$t_a(x_a)$——路段 a 以流量为自变量的阻抗函数,也称为行驶时间函数;

f_k^{rs}——出发地为 r、目的地为 s 的 OD 间的第 k 条路径上的流量;

c_k^{rs}——出发地为 r、目的地为 s 的 OD 间的第 k 条路径上的阻抗;

u_{rs}——出发地为 r、目的地为 s 的 OD 间的最短路径的阻抗;

$\delta_{a,k}^{rs}$——路径-路径相关变量,即 0-1 变量,如果路段 a 从属于出发地为 r、目的地为 s 的 OD 间的第 k 条路径,则 $\delta_{a,k}^{rs}=1$,否则 $\delta_{a,k}^{rs}=0$;

N——网络中节点的集合;

L——网络中路段的集合;

R——网络中出发地的集合;

S——网络中目的地的集合;

W_{rs}——出发地 r 和目的地 s 之间的所有路径的集合;

q_{rs}——出发地 r 和目的地 s 之间的 OD 交通量。

此时,如果用数学语言直接表达用户平衡分配准则,则可以描述为:当交通网络达到平衡时,若有 $f_k^{rs}>0$,必有 $\sum t_a(x_a)\delta_{a,k}^{rs}=u_{rs}$,说明如果从 r 到 s 有两条及以上的路径被选中,那么它们的行驶时间相等;若有 $f_k^{rs}=0$,必有 $\sum t_a(x_a)\delta_{a,k}^{rs}\geqslant u_{rs}$,说明如果从 r 到 s 的某条路径流量等于零,那么该路径的行驶时间一定超过被选中的路径的行驶时间。

2. 模型基本的约束条件分析

首先,平衡分配过程中应该满足交通流守恒条件,即 OD 间各条路径上的交通流量之和等于 OD 交通总量。根据上述定义的变量和参数,用公式可以表示为:

$$\sum f_k^{rs} = q_{rs}, \quad \forall r, s$$

其次,路径交通量 f_k^{rs} 和路段交通量 x_a 之间应该满足如下条件,即路段上的流量应该由各个 (r, s) 对的途经该路段的路径的流量累加而成,用公式表示为:

$$x_a = \sum \sum \sum f_k^{rs} \delta_{a,k}^{rs}, \quad \forall a \in L, \forall r \in R, \forall s \in S, \forall k \in W_{rs}$$

同时,路径的总阻抗和路段的阻抗之间应该满足如下条件,即路径的阻抗应该是路径途经的各个路段的阻抗的累加,用公式表示为:

$$c_k^{rs} = \sum t_a(x_a) \delta_{a,k}^{rs}, \quad \forall a \in L, \forall r \in R, \forall s \in S, \forall k \in W_{rs}$$

最后,路径流量应该满足非负约束,即 $f_k^{rs} > 0, \forall k, r, s$。

3. Beckmann 交通平衡分配模型

贝克曼把上述条件作为基本约束条件,用取目标函数极小值的方法来求解平衡分配问题,提出的交通平衡分配模型如下:

$$\min: Z(X) = \sum_a \int_0^{x_a} t_a(\omega) \, d\omega \tag{3-30}$$

$$\text{s. t.} \begin{cases} \sum_k f_k^{rs} = q_{rs} \\ f_k^{rs} \geqslant 0 \end{cases} \tag{3-31}$$

其中,

$$x_a = \sum_r \sum_s \sum_k f_k^{rs} \delta_{a,k}^{rs}$$

分析上述模型,可以看到模型的目标函数是对各路段的行驶时间函数积分求和之后取最小值,很难对它做出直观的物理解释,一般认为它只是一种数学手段,可用于求解平衡分配问题。

然而,确实可以通过数学推导证明该模型与 Wardrop 用户平衡原理一致。下面通过一个简单的例子说明 Beckmann 模型的解就是交通流分配达到平衡状态时的解,然后从数学角度证明该模型的解满足 Wardrop 用户平衡原理。

【例 3-3】 图 3-30 所示的是一个有两条路径(同时也是路段)、连接一个出发地和一个目的地的简单交通网络,这两个路段的阻抗函数分别是

$$t_1 = 2 + x_1, t_2 = 1 + 2x_2$$

OD 量为 $q = 5$,分别求该网络的 Beckmann 模型的解和平衡状态的解。

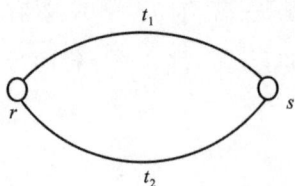

图 3-30 一个双路径网络

解 先求 Beckmann 模型的解。将阻抗函数代

入模型,得

$$\min: Z(X) = \int_0^{x_1} (2 + \omega) \mathrm{d}\omega + \int_0^{x_2} (1 + 2\omega) \mathrm{d}\omega$$

$$\mathrm{s.\,t.} \begin{cases} x_1 + x_2 = 5 \\ x_1 \geqslant 0, x_2 \geqslant 0 \end{cases}$$

将 $x_1 = 5 - x_2$ 代入目标函数并积分,转换为无约束的极小值问题:

$$\min: Z(X) = 1.5x_1^2 - 9x_1 + 30$$

令 $\mathrm{d}Z/\mathrm{d}x_1 = 0$,解得 $x_1^* = 3, x_2^* = 2$。

下面求平衡状态的解,根据 Wardrop 用户平衡原理,网络达到平衡应该有 $t_1 = t_2$ 和 $x_1 + x_2 = 5$。联立求解这个方程组,很容易求得 $x_1 = 3, x_2 = 2$。此时 $t_1 = t_2 = 5$。可见,对于此路网,Beckmann 模型的解和平衡状态的解完全相同。

4. Beckmann 模型等价于 Wardrop 原理的证明

分析 Beckmann 模型,可见该模型是在一组等式约束条件下的极小值问题。根据非线性规划理论,对式(3-30)、式(3-31)构造拉格朗日函数:

$$L = Z(X) + \sum_{rs} u_{rs} \left(q_{rs} - \sum_k f_k^{rs} \right)$$

其中,u_{rs} 是拉格朗日乘子。根据非线性规划理论中的库恩塔克条件,拉格朗日函数在极值点必须满足下列条件:

$$f_k^{rs} \frac{\partial L}{\partial f_k^{rs}} = 0 \ \text{且} \frac{\partial L}{\partial f_k^{rs}} \geqslant 0, \quad \forall k, r, s \tag{3-32}$$

另外,对拉格朗日乘子 u_{rs} 求偏导,可得

$$\frac{\partial L}{\partial u_{rs}} = 0, \quad \forall r, s \tag{3-33}$$

通过对拉格朗日函数求偏导可以得到式(3-32)和式(3-33)中各项的具体结果,过程如下:

$$\frac{\partial L}{\partial f_l^{mn}} = \frac{\partial Z}{\partial f_k^{rs}} = \frac{\partial}{\partial f_l^{mn}} \sum_{rs} u_{rs} \left(q_{rs} - \sum_k f_k^{rs} \right) \tag{3-34}$$

其中,

$$\frac{\partial Z}{\partial f_l^{mn}} = \sum_{b \in L} \frac{\partial Z}{\partial x_b} \frac{\partial x_b}{\partial f_l^{mn}}$$

又因为

$$\frac{\partial Z}{\partial x_b} = \frac{\partial}{\partial x_b} \sum_a \int_0^{x_a} t_a(\omega) \mathrm{d}\omega = t_b$$

以及

$$\frac{\partial x_b}{\partial f_l^{mn}} = \delta_{b,l}^{mn}$$

所以

$$\frac{\partial x_b}{\partial f_l^{mn}} = \sum_b t_b \delta_{b,l}^{mn} = c_l^{mn} \qquad (3\text{-}35)$$

另外，$\dfrac{\partial f_k^{rs}}{\partial f_l^{mn}} = \begin{cases} 1, & m=r,n=s,l=k \\ 0, & 其他 \end{cases}$。因此式(3-34)可以简化为

$$\frac{\partial L}{\partial f_l^{mn}} \sum_{rs} u_{rs} \left(q_{rs} - \sum_k f_k^{rs}\right) = -u_{rs} \qquad (3\text{-}36)$$

因此，将式(3-35)、式(3-36)代入式(3-34)得

$$\frac{\partial L}{\partial f_l^{mn}} = c_l^{mn} - u_{mn}$$

因此，式(3-33)的库恩塔克条件可以简化为

$$f_k^{rs}(c_k^{rs} - u_{rs}) \geqslant 0 \qquad (3\text{-}37a)$$

$$f_k^{rs}(c_k^{rs} - u_{rs}) = 0 \qquad (3\text{-}37b)$$

式(3-37)对任意的 k,r,s 都成立，即对任意的 OD 对都成立。进一步分析其实际意义可知，对于某个特定的连接 r 和 s 的路径，某路径 k 的流量 f_k^{rs} 有两种可能：

①如果 $f_k^{rs} > 0$，由式(3-37a)，得 $c_k^{rs} = u_{rs}$；

②如果 $f_k^{rs} = 0$，由式(3-37b)，得 $c_k^{rs} \geqslant u_{rs}$。

因此，任何情况下，路径 k 的阻抗 c_k^{rs} 总是不小于拉格朗日乘子 u_{rs}。据此推断，u_{rs} 就是 (r,s) 间的最小阻抗。当路径 k 上有从 (r,s) 流经的流量时，路径 k 的阻抗 c_k^{rs} 必等于 (r,s) 间的最小阻抗；当路径 k 上没有从 (r,s) 流经的流量时，路径 k 的阻抗 c_k^{rs} 必大于或等于 (r,s) 间的最小阻抗。这正是用户平衡分配原理所描述的，因此，Beckmann 模型的解满足用户平衡分配准则。

5. Beckmann 模型解的唯一性证明

此处讨论 Beckmann 模型解的唯一性问题。如果解不是唯一的，则对于同样的已知条件，不同的算法可能得出不同的解，那么研究算法就没有什么意义了。下面讨论该模型的唯一性问题。

由非线性规划理论可知：

(1)对于规划问题：

$$\min: Z = f(X)$$

$$\text{s. t.} \quad g_i(X) \geqslant 0, \quad j = 1,2,\cdots,n$$

如果目标函数 $f(X)$ 是凸函数，每个约束条件 $g_i(X)$ 都是凹函数，则该规划问题为凸规划。

(2)对于凸规划，有以下结论：任何局部最优解必是全局最优解，即目标函数

的最优值是唯一的；如果其目标函数 $f(X)$ 又是严格凸的，则其最优解 x^* 只有一个。

根据上述两条定理分析 Beckmann 模型，可知 3 个约束条件都是线性的，根据线性函数既是凸的又是凹的这一性质，得出 Beckmann 模型符合"每个约束条件函数都是凹函数"的要求。

下面再分析 Beckmann 模型的目标函数 $\min : Z(X) = \sum_a \int_0^{x_a} t_a(\omega) \mathrm{d}\omega$ 是否为凸函数。

根据非线性规划理论，可以建立目标函数 $Z(X)$ 的黑塞矩阵，通过判定该矩阵的正定性来判断目标函数是否为凸函数。首先，求目标函数 Z 对变量 x_b 的偏导：

$$\frac{\partial Z}{\partial x_b} = \frac{\partial Z}{\partial x_b} \sum_a \int_0^{x_a} t_a(\omega) \mathrm{d}\omega = t_b(x_b)$$

因为 Beckmann 模型建立的假设前提是路段的阻抗之和与自身的流量有关，与别的路段的流量无关，所以 $\frac{\partial t_a}{\partial x_b} = 0 (a \neq b)$。所以有

$$\frac{\partial^2 Z}{\partial X_a \partial X_b} = \frac{\partial t_a}{\partial x_b} = \begin{cases} \dfrac{\mathrm{d}t_a}{\mathrm{d}t_b}, a = b \\ 0, a \neq b \end{cases}$$

所以，目标函数 Z 的黑塞矩阵为

$$\nabla^2 \mathbf{Z}(X) = \begin{pmatrix} \dfrac{\mathrm{d}t_1}{\mathrm{d}x_1} & & & \\ & \dfrac{\mathrm{d}t_2}{\mathrm{d}x_2} & & \\ & & \ddots & \\ & & & \dfrac{\mathrm{d}t_n}{\mathrm{d}x_n} \end{pmatrix}$$

当所有路段的阻抗函数都是单调递增函数时，即 $\frac{\mathrm{d}t_a}{\mathrm{d}x_a} > 0, \forall a \in A$，则目标函数 Z 的黑塞矩阵是正定的，目标函数是严格凸的。由于 Beckmann 模型建立时要求阻抗函数单调递增，所以 Beckmann 模型有唯一的最小点 X^*。也就是说，当达到分配平衡时，分配到各路段上的流量是唯一的。

4 动态建模方法在交通系统中的应用

4.1 蛛网模型

4.1.1 蛛网模型原理

本节将介绍经济学中描述市场经济变化规律的数学模型——蛛网模型。

历史常常是不断重演的,市场经济的发展也不断地证明了这一点。我们经常会看到,很多商品在市场上的供应量与其价格之间呈现不断交替变化的规律。比如,上一年棉花歉收而使其市场价格上涨,农民见种棉花能获得较高利润,便纷纷加入棉花种植的行列,造成下一年市场上的棉花供大于求,从而导致棉花价格下降。这种较低的价格又将促使下一年棉花的总产量下降,市场上又将出现供不应求的局面……如此呈现出明显的规律性。那么,这种交替变化究竟按照怎样的规律发展?结局会怎样?这些问题需要建立数学模型来回答。这里并不对某一种固定商品的变化规律加以描述,而是描述大多数商品的这种变化规律,且按商品的循环周期对时间予以考虑。比如,棉花的供应和销售是以一年为一个周期。下面利用图解法建立此问题的数学模型。

1.问题的提出

在市场经济中某种商品的供应量与价格的交替变化是否能达到平衡点,或是永远循环下去?如果有平衡点,应在哪里获得?这个平衡点是否为稳定平衡点?

2.量的分析

此类研究对象通常涉及的变量有:某种商品在某个时段的销售量 W_k,这个时段该种商品的价格 p_k、供应量 q_k、需求量 $C_k(k=1,2,3,\cdots)$。这里主要考虑供应量和价格两个变量之间的关系,通常供应量是价格的递减函数。

3. 模型假设

(1)所考虑的商品的供应量和价格都在没有外界干预的条件下,且都可在某一个范围内自由取值,记 k 时段商品供应量为 q_k,商品的价格为 p_k。

(2)同一时段的商品价格 p_k 是供应量 q_k 的单调递减函数:

$$p_k = f(q_k) \tag{4-1}$$

供应量越大,价格必然降低,从而使销售量增加。此函数反映了需求程度,故称为需求函数。

(3)下一个时段商品的供应量 q_{k+1} 取决于上一时段的价格 p_k,且是 p_k 的单调递增函数:

$$q_{k+1} = g(p_k) \tag{4-2}$$

此函数称为供应函数。显然,前一时段的价格 p_k 越高,下一时段的供应量 q_{k+1} 也应越大。所以,供应函数是单调递增函数。

4. 模型建立

用图解法建立此研究对象的数学模型。

在图 4-1 和图 4-2 中用横轴表示供应量,纵轴表示价格。由于需求函数是单调递减函数,供应函数是单调递增函数,其定义域和值域基本一致,所以这两个函数的曲线必定相交。设其交点为 $M_0(q_0, p_0)$,那么,点 M_0 是否为平衡点?如果是平衡点,那么是否为稳定平衡点?下面用图形来说明这两条曲线的性质。

首先,点 M_0 为平衡点。这是由于在任何情况下,一旦有某个 k 使 $q_k = q_0$,则由式(4-1)或通过曲线 f 得 $p_k = p_0$,又由 $p_k = p_0$,通过式(4-2)或通过曲线 g 使 $q_{k+1} = q_0$,依此类推,会有

$$p_h = p_0, \quad q_{h+1} = q_0 \quad (h = k, k+1, \cdots)$$

所以,点 M_0 称为平衡点。

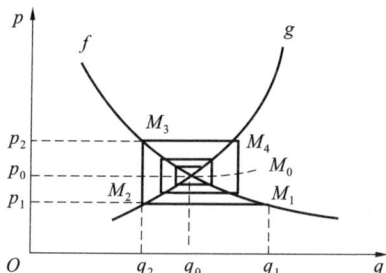

图 4-1 有平衡点情形

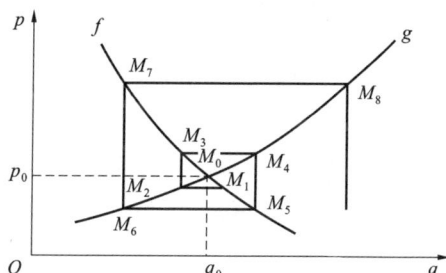

图 4-2 无平衡点情形

点 M_0 是否为稳定平衡点,可用图形解释。

首先,如图 4-1 所示,不管两条曲线的凹向如何,都假设在开始时段,即 $k=1$ 时,$q_1 \neq q_0$,由曲线 f 得到点 M_1,再由点 M_1 出发,作纵轴的垂线交曲线 g 于点 M_2,其横坐标为 q_2,纵坐标仍为 p_1,这就进入了第二个时段。然后从点 M_2 出发,作横轴的垂线交曲线 f 于点 M_3,得到第三个时段的价格 p_2,依此类推。由于在作纵轴的垂线时,曲线 g 的斜率越大,得到的曲线 f 与 g 之间的线段越短;而下一步作横轴的垂线时,曲线 f 的斜率的绝对值越小,得到的曲线 g 到 f 之间的线段越短,依此类推,不难得出结论

$$\lim M_i = M_0, \quad i \to \infty$$

由此得出点 M_0 为稳定平衡点的结论,即尽管价格和供应量都会因有波动而离开平衡点,但变化趋势将稳定于平衡点 M_0。

反之,由图 4-2 可得出此时平衡点 M_0 是不稳定平衡点,从而易得出结论:在平衡点的某个邻域内,恒有需求曲线斜率的绝对值小于供应曲线斜率,则平衡点是稳定的,否则平衡点是不稳定的。

还是先用图解法来验证上述结论的正确性。

如图 4-3 所示,直线 CD 与直线 EF 相交于点 M_0,直线 CD 的斜率记为 K_{CD},直线 EF 的斜率记为 K_{EF}。在 $0 < |K_{CD}| < K_{EF}$ 时,先在直线 CD 上任取一点 M_1,过点 M_1 作纵轴的垂线且交直线 EF 于点 M_2,再过点 M_2 作横轴的垂线交直线 CD 于点 M_3,依此类推,最后依次连接各交点,容易看出

$$\lim_{i \to \infty} M_i = M_0$$

同理,图 4-4 为 $|K_{CD}| > K_{EF} > 0$ 的情形,用上述方法容易验证这种情况下 $M_i (i=1,2,\cdots)$ 越来越远离平衡点 M_0。

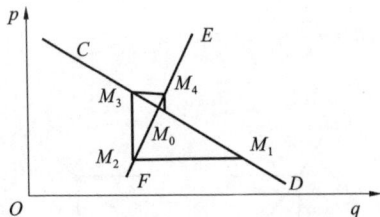

图 4-3 $0 < |K_{CD}| < K_{EF}$ 情形   图 4-4 $|K_{CD}| > K_{EF} > 0$ 情形

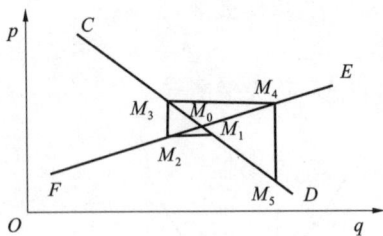

由图解验证的提示,对于函数 f 和 g 都为曲线的情形,可作如下证明。

如图 4-1 和图 4-2 所示,设点 M_0 处有

$$k_f = |f'(q_0)|, \quad k_g = g'(p_0) = \frac{1}{\beta}$$

由函数 f 和函数 g 的连续性可知,在点 $M_0(q_0, p_0)$ 的某个邻域有如下的线性近似:

$$p_k - p_0 \approx -k_f(q_k - q_0)$$

$$q_{k+1} - q_0 \approx \frac{1}{k_g}(p_k - p_0)$$

在上两式中消去 $p_k - p_0$,得

$$q_{k+1} - q_0 \approx -\frac{k_f}{k_g}q_k + \left(1 + \frac{k_f}{k_g}\right)q_0 \tag{4-3}$$

由于式(4-3)对于 $k = 1, 2, 3, \cdots$ 均成立,所以有

$$q_{k+1} \approx -\frac{k_f}{k_g}q_k + \left(1 + \frac{k_f}{k_g}\right)q_0 - \frac{k_f}{k_g}q_k$$

$$\approx \left(-\frac{k_f}{k_g}\right)^2 q_{k-1} + \left(-\frac{k_f}{k_g}\right)\left(1 + \frac{k_f}{k_g}\right)q_0 - \frac{k_f}{k_g}q_{k-1}$$

$$\approx \left(-\frac{k_f}{k_g}\right)^3 q_{k-2} + \left(-\frac{k_f}{k_g}\right)^2\left(1 + \frac{k_f}{k_g}\right)q_0 - \left(\frac{k_f}{k_g}\right)^{k-2} q_3$$

$$\cdots\cdots$$

$$\approx \left(-\frac{k_f}{k_g}\right)^{k-1} q_2 + \left(-\frac{k_f}{k_g}\right)^{k-2}\left(1 + \frac{k_f}{k_g}\right)q_0 - \left(\frac{k_f}{k_g}\right)^{k-1} q_2$$

$$\approx \left(-\frac{k_f}{k_g}\right)^k q_1 + \left(-\frac{k_f}{k_g}\right)^{k-1}\left(1 + \frac{k_f}{k_g}\right)q_0$$

将以上 k 个式子相加,得

$$q_{k+1} \approx \left(-\frac{k_f}{k_g}\right)^k q_1 + \left(1 + \frac{k_f}{k_g}\right)q_0\left[1 + \left(-\frac{k_f}{k_g}\right) + \left(-\frac{k_f}{k_g}\right)^2 + \cdots + (-1)^{k-1}\left(\frac{k_f}{k_g}\right)^{k-1}\right]$$

$$= \left(-\frac{k_f}{k_g}\right)^k q_1 + \left[1 - \left(-\frac{k_f}{k_g}\right)^k\right]q_0 \tag{4-4}$$

由式(4-4)得

$$\lim_{k \to \infty} q_{k+1} = q_0$$

即点 M_0 为稳定平衡点的充要条件为

$$\frac{k_f}{k_g} < 1$$

即

$$k_f < k_g$$

从而点 M_0 不稳定的条件为

$$k_f \geqslant k_g$$

关于 k_f 的经济意义可作如下解释。

由于 $-k_f$ 是需求曲线 f 在点 M_0 处的斜率,按导数的实际意义,其表示在该

点处,当供应量增加一个单位时价格将减少的量。k_f 越大,表示价格对供应量的反应越灵敏;k_f 越小,表示价格对供应量的反应越不灵敏。此结论表明,k_f 越大,即曲线 f 越平缓,平衡点越稳定。

而 k_g 为供应曲线 g 在点 M_0 处的斜率,它表示下一时段供应量对前一时段的价格的灵敏度。此结论表明,k_g 越大,曲线 g 越陡,越有利于平衡点的稳定;反之,越不稳定。它反映了经营者的管理水平。如果经营者根据前一时段价格的微小变化盲目改变供应量,就会导致不稳定的后果。这与实际情况相符。

4.1.2　基于非均衡蛛网模型的运输市场稳定性研究

从市场经济角度看,运输由供给和需求两大方面构成。在运输市场上,供给和需求是一对矛盾统一体,需求是矛盾的主导方面,是供给的前提和基础;供给是随需求的产生而产生的,并随着需求的增长而增长。运输需求来自经济和社会的发展,运输供给是由运输业本身提供的。平稳有效的运输系统是经济健康发展、生活质量稳步提高的基本前提,因此对运输系统的供求稳定性进行分析是必要的。本节拟从供给、需求和价格的相互作用的角度对我国运输市场的稳定性进行分析,主要分析在市场经济条件下,交通运输市场的供给和需求在运价机制作用下的运动轨迹。由于其形似蛛网形态,故提出可用蛛网模型对运输市场的稳定性进行定量分析。考虑运输市场的市场特性,本节对传统蛛网模型进行改进,从而建立包含非价格变量的非均衡蛛网模型,并利用该模型对运输市场的稳定性进行分析,最后采用最小二乘法对模型参数进行估计。

1. 运输市场供需分析

(1)运输供需变动。

在市场经济条件下,运输资源的合理配置和生产要素的有效组合,是通过运输价格机制的作用来实现的,并处于国家宏观调控之下。运输价格机制是运输市场运行与平衡的动力。

运输需求是一定时期内货主或旅客向运输供给者提出的有支付能力的货物或旅客空间位移的要求。一般将运输需求量的变化与运价变化(假设运价以外的因素都不变)之间的关系曲线称为运输需求曲线;而将由运价以外的因素变动(假设价格不变)引起的需求的变动称为运输需求水平的变动。如图 4-5 所示,运价由 p_0 下降至 p_1 时,需求量将由 Q_0 增加到 Q_1,运价变动与需求量的变动方向相反;而由运价以外的因素变动引起需求增加时,会使整条需求曲线向右移动,即需求曲线由 D_0 右移至 D_1。

运输供给是在特定的时间内,在各种可能的运输价格水平上,供给者愿意并能够提供的运输产品或劳务。一般假设运价以外的其他因素不变,运价变动引起供给量的变动的曲线称为供给曲线;将运价以外的因素变动(假设运价不变)引起的供给变动称为供给水平的变动。如图 4-6 所示,运价由 p_0 上升到 p_1 时,供给量也将由 Q_0 增加到 Q_1,供给量与运价呈同方向变动;而由运价以外的因素变动引起供给增加时,整条供给曲线将由 S_0 右移至 S_1。

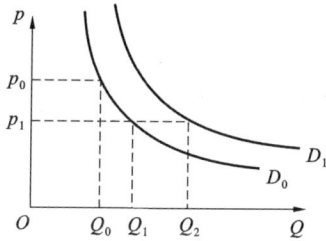

图 4-5　运输需求曲线

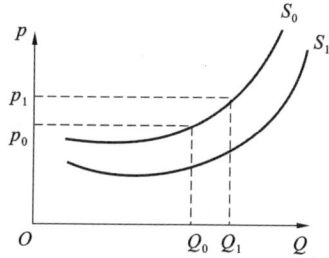

图 4-6　运输供给曲线

(2)供给、需求和运价三者之间的相互作用分析。

在交通规划中,人们通过市场来配置各种运输资源,使运输业的发展与经济社会发展相适应,使运输供需均衡。但供需均衡总是在一定条件下达到的,条件变化了,原有的均衡就不存在了,而新的均衡又会开始。因此,供需均衡是一个不断变化的过程。图 4-7 揭示了运输市场的供需在价格机制的作用下趋于均衡。

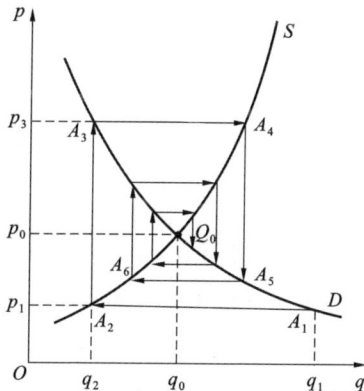

图 4-7　供需曲线

在运输市场上,运输需求量和运输供给量两者达到均衡时能相对稳定的运输价格即均衡运价,此时的运输量即均衡运量。将运输需求和运输供给与运价的关系分别用 D 和 S 两条曲线表示,如图 4-7 所示,D 和 S 相交的点即为均衡点,交点 $Q_0(q_0, p_0)$ 所对应的运价 p_0 和运量 q_0 即为均衡运价和均衡运量。实际上,供求完全均衡很难达到或几乎不可能达到。实际运价总是低于或高于均衡运价,但无论实际运价是低于还是高于均衡运价,它总是会朝着均衡运价的方向变动。不妨设 q_1 偏离 q_0(亦可设价格 p_1 偏离 p_0)。当给定数量 q_1 后,价格 p_1 由曲线 D 上的点 A_1 决定。下一时段的数量 q_2 由曲线 S 上的点 A_2 决定,p_2 又由曲线 D 上的点 A_3 决定,这样在图 4-7 上得到一系列点 $A_1,A_2,A_3,A_4,\cdots$,这些点将按箭头所示的方向趋向 $Q_0(q_0,p_0)$,表明 Q_0 是稳定平衡点,说明运输市场上的供需关系处于稳定的均衡状态。图 4-7 中折线 $A_1A_2A_3A_4\cdots$形似蛛网,经济学中将这种现象(用曲线 D 和曲线 S 分析市场经济稳定性的图示法)称为蛛网模型。蛛网模型是动态经济分析的经典模型,用于描述供给、需求和价格在相互作用趋势中的变化趋势。由此可见,经济学中的蛛网模型也可以用来分析交通运输市场的供求稳定性。

2. 运输市场供需非均衡蛛网模型

(1)均衡理论与非均衡理论。

传统的蛛网模型建立在供给与需求均衡的基础上,即以均衡理论为理论基础,这一假设在我国运输供需市场上是不成立的。在实际的运输市场中,交通需求和供给之间的关系普遍处于非均衡状态,而均衡则是一种理想的情况,在现实系统中很少获得,即使实现了,也是暂时的,因此均衡不代表真实的交通供需关系。采用经典的经济学均衡理论对其进行研究,发现其存在许多缺陷:第一,它把价格变动使所有市场出清的假设作为全部理论赖以运用的前提,而这个假设实际上并不具有普遍的真实性;第二,行为人只能接受和利用由市场决定的价格信号,对购买和销售的数量做出选择,而不能接受和利用由市场决定的数量信号,做出理性的价格决定。

非瓦尔拉斯均衡理论从一开始就放弃了市场出清假设,将市场出清看成一种特殊情况,这样使其理论更具一般性。非瓦尔拉斯均衡理论认为,完全依靠价格调整使供给和需求在一切市场、一切时间上都相等的可能性很小,这是因为价格具有某种程度的刚性,交易者在市场上不仅获得了价格信号,还获得了数量信号,因此,交易者在市场上既受价格约束又受数量约束,这种价格—数量混合调节成为非瓦尔拉斯均衡分析方法的基础。运输市场是一种特殊的商品市场,在市场供需关系中广泛存在非均衡问题,因此,将以非均衡理论作为理论基础来建立运输市场的蛛网模型。

(2)运输市场供需非均衡蛛网模型的建立。

通过上述比较可知,非均衡理论假定市场不完善,单一的价格调节不能将每一期的供给量与需求量都调至相等,而是需要通过对价格与数量的共同调节,来实现供需双方彼此相适应的市场交换。显然,非均衡理论比均衡理论更符合运输市场的实际运行状况。

　　蛛网模型根据供给对价格的滞后与否,可以分为两种类型:供给滞后蛛网模型和供给非滞后蛛网模型。前者隐含市场机制是完善的假定,而个别主体的信息则极端不充分,这显然适用于完全竞争情况下存在无数小供给者和需求者的情形。而后者隐含市场机制是不完善的假定。它们的区别在于,供给非滞后蛛网模型允许市场在每一个时点都处于非均衡状态,价格是在一系列非均衡点上趋于均衡的。我国的运输价格属于计划价格的范畴,长期以来执行"低廉、稳定"的政策。现在我国公路运输价格和水路运输价格已基本放开,航空运输价格在一定程度上也已放开,但仍受到国家的较多干预,市场化程度相对较高的国家还较低,市场发展并不完善,价格(运价)调节不灵活。所以供给非滞后蛛网模型更加接近我国运输市场的实际运转状况。非均衡蛛网模型的一般形式如下:

$$
\begin{cases}
D_t = a - bP_t & (4\text{-}5) \\
S_t = c + dP_t & (4\text{-}6) \\
Q_t \leqslant \min(D_t, S_t) & (4\text{-}7) \\
P_t = P_{t-1} + r(D_{t-1} - S_{t-1}) & (4\text{-}8)
\end{cases}
$$

其中,$b>0$,$d>0$。式(4-5)为需求函数,式(4-6)为供给函数,这里假设它们都是线性的。式(4-7)为交易量方程,表示本期的市场交易量不大于本期供给量与需求量中的较小者,当市场上不同时存在受供给限制的需求者和受需求限制的供给者时,式(4-7)取等号;否则,式(4-7)取小于号。式(4-8)为价格调节方程,表示本期价格依据前期价格和本期供需关系进行调节,其中 r 称为价格调节参数,$r>0$ 表示价格调节的方向与过度需求一致。在这种价格调节方式中,本期价格并没有将本期的供需调至平衡,因此价格调节是不完全有效的。这显然适合描述现实交通运输市场的供需状况。

　　将式(4-5)和式(4-6)代入式(4-8)可得

$$
P_t = [1 - r(b+d)]P_{t-1} + r(a-c)
$$

　　上式为一阶常系数差分方程。通过对 P_t 敛散性的讨论可知,模型收敛的充要条件为

$$
\mid 1 - r(b+d) \mid \leqslant 1
$$

即

$$
0 \leqslant r < 2/(b+d) \qquad (4\text{-}9)
$$

　　由于 $b+d>0$,式(4-9)是有意义的,区间 $[0, 2/(b+d)]$ 是蛛网模型的稳定域。

　　由式(4-9)可以得出,只要 r 落入稳定域,运输市场就趋于均衡。由图4-7可知,若不要求市场每期均衡,那么市场是可以收敛的;另外,若达到均衡点后扰动依然存在,则需要运用调整策略。

交通运输供给和运输需求是宏观经济问题,涉及范围更广、可变因素更多,建议上述非均衡蛛网模型中加入非价格变量,则上述模型变为:

$$\begin{cases} D_t = a - bP_t + eX_t \\ S_t = c + dP_t + fY_t \\ Q_t \leqslant \min(D_t, S_t) \\ P_t = P_{t-1} + r(D_{t-1} - S_{t-1}) \quad (t = 1, 2, 3, \cdots) \end{cases}$$

当非价格变量 X_t 和 Y_t 与价格无关时,模型的稳定性问题可以转化为:若 t 期后 X_t 和 Y_t 的值恒定,模型是否稳定? 显然,模型的稳定域与不存在非价格变量时相同。不同的是,这里非价格变量是恒变的,模型永远达不到某一固定的均衡点,只能是实际价格不断趋于处在不断运动中的均衡价格。当非价格变量 X_t 和 Y_t 与价格有关时,稳定域的求解会变得相对复杂,由于篇幅的限制,这里不做深入讨论。

3. 变量设定及模型参数估计

均衡理论和非均衡理论都说明非均衡状态是缺乏效率的,意味着资源的浪费或配置不当,所以有必要对运输市场的稳定性进行分析,从而为政府宏观调控提供参考依据。本节主要讨论上述模型中变量的设定、模型的参数估计以及模型估计结果分析。

(1)变量的设定。

变量的设定主要是非价格变量的选取,这就需要对运输需求和运输供给的影响因素进行分析。

运输需求可以分为货运需求和客运需求。货运需求受自然条件、自然资源分布、生产力布局、经济规模和发展水平、产业结构与产品结构、人口增长与分布、经济体制与经济政策、运输网的布局等因素的影响。客运需求受商品经济的发展程度、居民生活收入水平高低、人口状况、经济体制约束、相关运输线路的开通和运价的变动、交通网的发达程度与汽车拥有量等因素的影响。

运输供给,从宏观上看,受经济总水平、交通建筑业的发展水平、运输制造业的发展水平等经济因素、政治因素和技术因素的影响。从微观上看,运输供给受运价及运输成本因素的影响。

通过上面的分析可得,影响运输需求的因素主要有经济发展水平、产业结构、居民消费水平、人口数,可定量化为社会总产值、工业总产值、国民收入、主要产品产量、国民收入消费额、人口数量等指标;影响运输供给的因素主要有经济发展水平、技术水平、政策管理,可定量化为社会总产值、建筑业生产总值、国民收入、运输投资额等指标。然后对这些因素的关联度进行分析,找出关联度最大的因素作为非价格变量。

(2)模型的参数估计。

为了获得非均衡模型的正确结果,模型的参数估计可采用统计软件,如EViews、SPSS。估算步骤如下:

步骤1:均衡估计。假设市场出清,即市场处于均衡状态($Q=D=S$),使用普通最小二乘法(OLS),分别对需求函数方程和供给函数方程进行估计,得出价格调整方程参数估计的初值。

步骤2:得出初步估计值后,检查系数的t检验值或标准差,合乎标准则进行下一步,否则检查数据和模型变量的选择,或进行数据处理。

步骤3:非均衡估计,采用非线性最小二乘法(NLS)估计。将步骤2得到的参数初值代入价格调节方程进行迭代运算,寻找较优可行解,经多次调试得到模型的非均衡估计。若不符合要求,则回到步骤2,修改非均衡估计中的初值,继续迭代找出最优可行解。若结果仍不理想,则回到步骤1,对模型中的变量及有关数据进行处理。

采用以上步骤,通过多次调试与检验,直至得到通过各种检验的模型参数。

(3)模型估计结果分析。

可以根据模型的估计结果来求解运输市场的稳定域,若估计所得的价格调整参数r落入稳定域中,即$0 \leqslant r < 2/(b+d)$,则运输市场的供需波动将趋于均衡;反之,则运输市场的供需波动远离均衡,不利于交通的发展,必须对运输市场进行调控,使运输供给和运输需求趋于均衡。

4.结论

分析了运输市场供给和需求在价格机制作用下的运动轨迹,发现其形似蛛网,因此认为可以采用蛛网模型对运输市场的稳定性进行分析。结合运输市场的特性对其进行改进,为运输市场的稳定性研究提供了一种新的研究思路。

但是,这里只讨论了供给函数和需求函数都为线性时的情况,而现实运输市场的供给函数和需求函数多为非线性的。另外,本书对稳定域的求解是在非价格变量与价格无关的条件下,并没有对非价格变量与价格有关的情况进行深入讨论。

4.2　传染病模型

4.2.1　传染病模型原理

随着卫生设施的改善、医疗水平的提高以及人类文明的不断发展,诸如霍乱、天花等曾经肆虐全球的传染性疾病已经得到了有效控制,但是一些新的、不断变异着的传染病病毒却悄悄向人类袭来。20世纪80年代,十分险恶的 HIV 病毒开始肆虐全球,至今仍在蔓延;2003年和2020年冠状病毒突袭人间,给人们的生命财产带来极大的危害。长期以来,建立传染病的数学模型来描述传染病的传播过程,分析受感染人数的变化规律,探索制止传染病蔓延的手段等,一直是各国有关专家和官员关注的课题。

不同类型传染病的传播过程有其各自不同的特点,弄清这些特点需要广博的病理知识,这里不可能从医学的角度一一分析各种传染病的传播,而是按照一般的传播机理建立几种模型。

模型1 在这个最简单的模型中,设时刻 t 的患者人数 $x(t)$ 是连续、可微函数,并且每天每名患者有效接触(足以使人致病的接触)的平均人数为常数 λ,则从时刻 t 到时刻 $t+\Delta t$ 患者人数的增加为

$$x(t+\Delta t) - x(t) = \lambda x(t)\Delta t$$

再设 $t=0$ 时有 x_0 个患者,即得微分方程

$$\frac{\mathrm{d}x}{\mathrm{d}t} = \lambda x, x(0) = x_0 \tag{4-10}$$

方程(4-10)的解为

$$x(t) = x_0 \mathrm{e}^{\lambda t}$$

结果表明,随着 t 的增加,患者人数 $x(t)$ 无限增长,这显然是不符合实际的。

建模失败的原因:在患者有效接触的人群中,有健康人也有患者,而其中只有健康人才可以被传染成为患者,所以在改进的模型中必须区别这两类人。

模型2(SI 模型) 假设条件为

(1)在疾病传播期内考察地区的总人数 N 不变,既不考虑生死,也不考虑迁移。人群分为易感染者(susceptible)和已感染者(infective)两类(取这两个词的第1个字母,称之为 SI 模型),以下简称健康者和患者。时刻 t 这两类人在总人数中所占的比例分别记作 $s(t)$ 和 $i(t)$。

(2)每位患者每天有效接触的平均人数是常数 λ,λ 称为日接触率。当患者与健康者有效接触时,健康者将受到感染变为患者。

根据假设,每个患者每天可使 $\lambda s(t)$ 个健康者变为患者,因为患者数为 $Ni(t)$,所以每天共有 $\lambda Ns(t)i(t)$ 个健康者被感染,于是 λNsi 就是患者数 N_i 的增加率,即有

$$N\frac{\mathrm{d}i}{\mathrm{d}t} = \lambda Nsi \tag{4-11}$$

又因为

$$s(t) + i(t) = 1 \tag{4-12}$$

再记初始时刻($t=0$)患者的比例为i_0,则

$$\frac{\mathrm{d}i}{\mathrm{d}t} = \lambda i(1 - i), i(0) = i_0 \tag{4-13}$$

方程(4-13)是 logistic 模型。它的解为

$$i(t) = \frac{1}{1 + \left(\frac{1}{i_0} - 1\right)\mathrm{e}^{-\lambda t}} \tag{4-14}$$

i-t 和 $\frac{\mathrm{d}i}{\mathrm{d}t}$-$i$ 的图形如图 4-8 和图 4-9 所示。

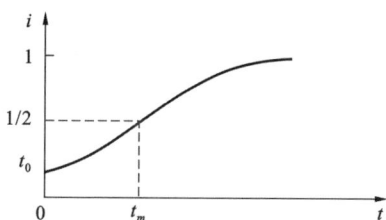

图 4-8 SI 模型的 i-t 曲线

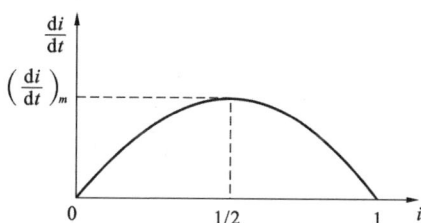

图 4-9 SI 模型的 $\frac{\mathrm{d}i}{\mathrm{d}t}$-$i$ 曲线

由式(4-13)、式(4-14)及图 4-8、图 4-9 可知,第一,当 $i=1/2$ 时,$\frac{\mathrm{d}i}{\mathrm{d}t}$ 达到最大值 $\left(\frac{\mathrm{d}i}{\mathrm{d}t}\right)_m$,这个时刻为

$$t_m = \lambda^{-1}\ln\left(\frac{1}{i_0} - 1\right)$$

这时患者人数增加得最快,可以认为是医院门诊量最大的一天,预示着传染病高潮的到来,是医疗卫生部门需要关注的时刻。t_m 与 λ 成反比,因为日接触率 λ 表示该地区的卫生水平,λ 越小卫生水平越高。所以改善保健设施、提高卫生水平可以推迟传染病高潮的到来。第二,当 $t \to \infty$ 时,$i \to 1$,即所有人终将被传染,全部变为患者,这显然不符合实际情况。其原因是模型中没有考虑患者可以被治愈,而是认为只有人群中的健康者可以变成患者,患者不会再变成健康者。

为了修正上述结果,必须重新考虑模型的假设,在下面两个模型中可以讨论患者治愈的情况。

模型 3(SIS 模型) 有些传染病如伤风、痢疾等愈后免疫力很低,可以假定无免疫性,于是患者被治愈后变成健康者,而健康者还可以被再次感染再变成患者,所以这个模型称为 SIS 模型。

SIS 模型的假设条件(1)、(2)与 SI 模型相同,增加的条件为

(3)每天被治愈的患者数占患者总数的比例为常数 μ,μ 称为日治愈率。患者治愈后成为仍可被感染的健康者。显然 $1/\mu$ 是这种传染病的平均传染期。

不难看出,考虑到假设(3),SI 模型的式(4-11)应修正为

$$N \frac{\mathrm{d}i}{\mathrm{d}t} = \lambda N s i - \mu N i \tag{4-15}$$

式(4-12)不变,于是式(4-13)改为

$$\frac{\mathrm{d}i}{\mathrm{d}t} = \lambda i(1-i) - \mu i \,, i(0) = i_0 \tag{4-16}$$

我们不去求解方程(4-16)(虽然它的解可以用解析式表示出来),而是通过图形分析 $i(t)$ 的变化规律。定义

$$\sigma = \frac{\lambda}{\mu} \tag{4-17}$$

注意到 λ 和 $1/\mu$ 的含义,可知 σ 是整个传染期内每位患者有效接触的平均人数,σ 称为接触数。

利用 σ,方程(4-16)可以改写为

$$\frac{\mathrm{d}i}{\mathrm{d}t} = -\lambda i \left[i - \left(1 - \frac{1}{\sigma} \right) \right] \tag{4-18}$$

由方程(4-18)容易先画出 $\frac{\mathrm{d}i}{\mathrm{d}t}$-$i$ 的图形(见图 4-10、图 4-12),再画出 i-t 的图形(见图 4-11、图 4-13)。

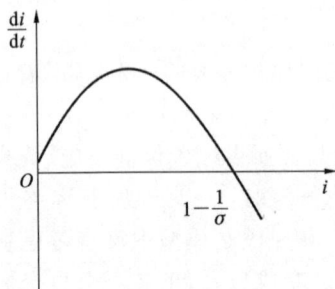

图 4-10　SIS 模型的 $\frac{\mathrm{d}i}{\mathrm{d}t}$-$i$ 曲线($\sigma > 1$)

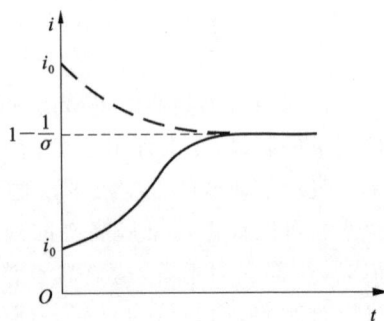

图 4-11　SIS 模型的 i-t 曲线($\sigma > 1$)

注:虚线是 $i_0 > 1 - \frac{1}{\sigma}$ 的情况。

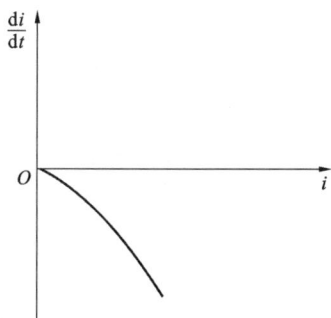

图 4-12　SIS 模型的 $\dfrac{\mathrm{d}i}{\mathrm{d}t}$-$i$ 曲线($\sigma \leqslant 1$)

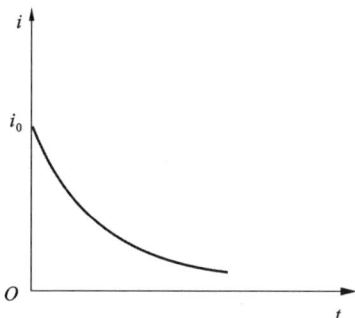

图 4-13　SIS 模型的 i-t 曲线($\sigma \leqslant 1$)

不难看出,接触数 $\sigma=1$ 是一个阈值,当 $\sigma>1$ 时,$i(t)$ 的增减性取决于 i_0 的大小(见图 4-11),但其极限值 $i(\infty)=1-\dfrac{1}{\sigma}$ 随 σ 的增加而增加(试从 σ 的含义给予解释);当 $\sigma \leqslant 1$ 时,患者比例 $i(t)$ 越来越小,最终趋于 0,这是传染期内经有效接触从而使健康者变成患者的人数不超过原来患者人数的缘故。

SI 模型可视为本模型的特例,请读者思考它相当于本模型中 μ 或 σ 取何值时的情况。

模型 4(SIR 模型)　大多数感染天花、流感、肝炎、麻疹等的人治愈后均有很强的免疫力,所以病愈的人既非健康者(易感染者),也非患者(已感染者),他们已经退出传染系统。这种情况比较复杂,下面详细分析其建模过程。

(1)模型假设。

①总人数 N 不变。人群分为健康者、患者和病愈免疫的移出者(removed)三类。时刻 t 三类人在总人数 N 中占的比例分别记作 $s(t)$、$i(t)$ 和 $r(t)$。

②病人的日接触率为 λ,日治愈率为 μ(与 SI 模型相同),传染期接触数为 $\sigma=\lambda/\mu$。

(2)模型构成。

由假设①显然有

$$s(t)+i(t)+r(t)=1 \tag{4-19}$$

根据假设②可知方程(4-15)仍成立。对于病愈免疫的移出者而言,应有

$$N\frac{\mathrm{d}r}{\mathrm{d}t}=\mu Ni \tag{4-20}$$

再记初始时刻($t=0$)的健康者和患者的比例分别是 $s_0(s_0>0)$ 和 $i_0(i_0>0)$ (不妨设移出者的初始值 $r_0=0$),则由式(4-15)、式(4-19)和式(4-20),SIR 模型的方程可以写作

$$\begin{cases} \dfrac{\mathrm{d}i}{\mathrm{d}t} = \lambda si - \mu i \, , i(0) = i_0 \\[2mm] \dfrac{\mathrm{d}s}{\mathrm{d}t} = -\lambda si \, , s(0) = s_0 \end{cases} \tag{4-21}$$

方程(4-21)无法求出 $s(t)$ 和 $i(t)$ 的解析解,这里先进行数值计算。

(3)数值计算。

在方程(4-21)中,设 $\lambda=1, \mu=0.3, i(0)=0.02, s(0)=0.98$,用 MATLAB 软件编程:

```
Function y=ill(t,x)
a=1; b=0.3;
y=[a * x(1) * x(2)−b * x(1),−a * x(1) * x(2)]';
ts=0:50;
x0=[0.02,0.98];
[t,x]=ode45('ill',ts,x0);[t,x]
Plot(t,x(:,1),t,x(:,2)),grid,pause
Plot(x(:,2),x(:,1)),grid
```

输出的简明结果如表 4-1 所示,$i(t)$ 和 $s(t)$ 的图形见图 4-14,图 4-15 是 i-s 图形,称为相轨线,初始值 $i(0)=0.02, s(0)=0.98$,相当于图 4-15 中的点 P_0,随着 t 的增加,(s,i) 沿轨线自右向左运动。由表 4-1、图 4-14、图 4-15 可以看出,$i(t)$ 由初始值增长至约 $t=7$ 时达到最大值,然后减小,$t \to \infty, i \to 0$;$s(t)$ 则单调减小,$t \to \infty, s \to 0.0398$。

表 4-1　　　　　　　　　　　$i(t)$、$s(t)$ 的数值计算结果

t	0	1	2	3	4	5	6	7	8
$i(t)$	0.0200	0.0390	0.0732	0.1285	0.2033	0.2795	0.3312	0.3444	0.3247
$s(t)$	0.9800	0.9525	0.9019	0.8619	0.6927	0.5438	0.3995	0.2839	0.2027
t	9	10	15	20	25	30	35	40	45
$i(t)$	0.2863	0.2418	0.0787	0.0223	0.0061	0.0017	0.0005	0.0001	0
$s(t)$	0.1493	0.1145	0.0543	0.0434	0.0408	0.0401	0.0399	0.0399	0.0398

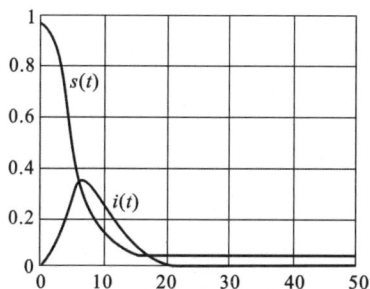

图 4-14 $i(t)$、$s(t)$ 图形

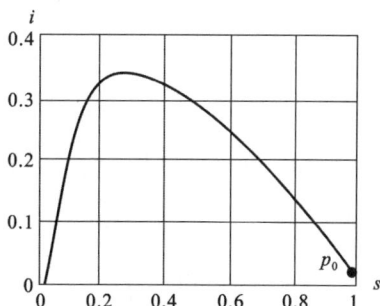

图 4-15 i-s 图形(相轨线)

为了分析 $i(t)$ 和 $s(t)$ 的变化规律,需要进行相轨线分析。

(4)相轨线分析。

在数值计算和图形观察的基础上,利用相轨线讨论解 $i(t)$ 和 $s(t)$ 的性质。

s-i 平面称为相平面,相轨线在相平面上定义域 $(s,i) \in D$ 为

$$D = \{(s,i) \mid s \geqslant 0, i \geqslant 0, s+i \leqslant 1\}$$

在方程(4-21)中消去 $\mathrm{d}t$,并注意到 σ 的定义[式(4-17)],可得

$$\frac{\mathrm{d}i}{\mathrm{d}s} = \frac{1}{\sigma_s} - 1, i \mid_{s=s_0} = i_0 \tag{4-22}$$

容易求出方程(4-22)的解为

$$i = (s_0 + i_0) - s + \frac{1}{\sigma} \ln \frac{s}{s_0} \tag{4-23}$$

在定义域 D 内,式(4-23)表示的曲线即为相轨线,如图 4-16 所示,其中箭头表示随着时间 t 的增加,$s(t)$ 和 $i(t)$ 的变化趋向。

下面根据式(4-21)、式(4-23)和图 4-16 分析 $s(t)$、$i(t)$ 和 $r(t)$ 的变化情况 ($t \to \infty$ 时,它们的极限值分别记作 s_∞、i_∞ 和 r_∞)。

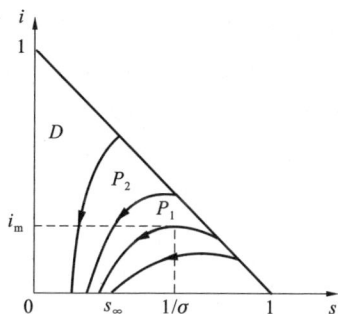

图 4-16 SIR 模型的相轨线

①不论初始条件 s_0 和 i_0 如何,患者终将治愈,即

$$i_\infty = 0$$

其证明如下：

首先，由式(4-21)，$\dfrac{\mathrm{d}s}{\mathrm{d}t} \leqslant 0$，而 $s(t) \geqslant 0$，故 s_∞ 存在；由式(4-20)，$\dfrac{\mathrm{d}r}{\mathrm{d}t} \geqslant 0$，而 $r(t) \leqslant 1$，故 r_∞ 存在；再由式(4-19)知 i_∞ 存在。

其次，若 $i_\infty = \varepsilon > 0$，则由式(4-19)，对于充分大的 t 有 $\dfrac{\mathrm{d}r}{\mathrm{d}t} > \mu\dfrac{\varepsilon}{2}$，这将导致 $r_\infty = \infty$，与 r_∞ 存在相矛盾。

从图形上看，不论相轨线从点 P_1 或从点 P_2 出发，它终将与 s 轴相交(t 充分大)。

②最终未被感染的健康者的比例是 s_∞，在式(4-23)中令 $i=0$ 得到，s_∞ 相关的方程表达如下

$$s_0 + i_0 - s_\infty + \frac{1}{\sigma}\ln\frac{s_\infty}{s_0} = 0 \tag{4-24}$$

在 $(0,1/\sigma)$ 内的根。在图形上，s_∞ 是相轨线与 s 轴在 $(0,1/\sigma)$ 内交点的横坐标。

③若 $s_0 > 1/\sigma$，则 $i(t)$ 先增加，当 $s=1/\sigma$ 时，$i(t)$ 达到最大值

$$i_\mathrm{m} = s_0 + i_0 - 1/\sigma(1 + \ln\sigma s_0) \tag{4-25}$$

然后 $i(t)$ 减小且趋于 0；$s(t)$ 则单调减小至 s_∞，如图 4-16 中由 $P_1(s_0, i_0)$ 出发的轨线。

④若 $s_0 \leqslant 1/\sigma$，则 $i(t)$ 单调减小至零，$s(t)$ 单调减小至 s_∞，如图 4-16 中由 $P_1(s_0, i_0)$ 出发的轨线。

可以看出，如果仅当患者比例 $i(t)$ 有一段增长时才认为传染病在蔓延，那么 $1/\sigma$ 是一个阈值，当 $s_0 > 1/\sigma$(即 $\sigma > 1/s_0$)时，传染病就会蔓延。而减小传染期接触数 σ，即提高阈值 $1/\sigma$，使得当 $s_0 \leqslant 1/\sigma$(即 $\sigma \leqslant 1/s_0$)时，传染病就不会蔓延(健康者比例的初始值 s_0 是一定的，通常可认为 s_0 接近 1)。

并且，即使 $s_0 > 1/\sigma$，从式(4-24)、式(4-25)可以看出，σ 减小时，s_∞ 增加(通过作图分析)，i_∞ 降低，也控制了传染病蔓延的程度。我们注意到，在 $\sigma = \lambda/\mu$ 中，人们的卫生水平越高，日接触率 λ 越小；医疗水平越高，日治愈率 μ 越大，因此提高卫生水平和医疗水平有助于控制传染病的蔓延。

从另一方面看，$\sigma s = \lambda s(1/\mu)$ 是传染期内一个患者传染给健康者的平均数，称为交换数，其含义是一个患者被 σs 个健康者交换。所以当 $s_0 \leqslant 1/\sigma$，即 $\sigma s_0 \leqslant 1$ 时，必有 $\sigma s \leqslant 1$。既然交换数不超过 1，那么患者比例 $i(t)$ 绝不会增加，传染病就不会蔓延。

(5)群体免疫和预防。

根据对 SIR 模型的分析，当 $s_0 \leqslant 1/\sigma$ 时，传染病不会蔓延。所以为制止传染

病蔓延,除了提高卫生水平和医疗水平,使阈值 $1/\sigma$ 变大,还有一个途径是降低 s_0,比如通过预防接种使群体获得免疫。

忽略患者比例的初始值 i_0,有 $s_0 = 1 - r_0$。于是传染病不会蔓延的条件 $s_0 \leqslant 1/\sigma$ 可以表示为

$$r_0 \geqslant 1 - \frac{1}{\sigma} \tag{4-26}$$

这就是说,只要通过群体免疫使初始时刻的移出者比例(即免疫者比例)r_0 满足式(4-26),就可以制止传染病的蔓延。

这种办法生效的前提条件是免疫者要均匀分布在全体人口中。实际上这是很难做到的。据估计,当时印度等国天花传染病的接触数 $\sigma = 5$,由式(4-26)可知,至少要有 80% 的人获得免疫才行。据世界卫生组织报告,即使花费大量资金提高 r_0,也很难做到免疫者的均匀分布,这使得天花直到 1977 年才在全世界根除。而有些传染病的接触数 σ 更高,根除就更加困难。

(6)数值验证与估量。

根据上面的分析,遏制传染病蔓延有两种手段:一是提高卫生水平和医疗水平,即降低日接触率 λ,提高日治愈率 μ;二是群体免疫,即提高移出者比例的初始值 r_0(相当于降低健康者比例的初始值)。下面进行数值计算,验证并估量这两种办法的效果。不妨用最终未感染的健康者的比例 s_∞ 和患者比例的最大值 i_m 作为传染病蔓延程度的度量指标。

给定不同的 λ,μ,s_0,i_0,用式(4-24)计算 s_∞,用式(4-25)计算 i_m(当 $s_0 > 1/\sigma$ 时),结果列入表 4-2。

表 4-2　　　　　　　　　　s_∞ 和 i_m 的计算结果

λ	μ	$1/\sigma$	s_0	i_0	s_∞	i_m
1.0	0.3	0.3	0.98	0.02	0.0398	0.3449
0.6	0.3	0.5	0.98	0.02	0.1965	0.1635
0.5	1.0	1.0	0.98	0.02	0.8122	0.0200
0.4	1.25	1.25	0.98	0.02	0.9712	0.0200
λ	μ	$1/\sigma$	s_0	i_0	s_∞	i_m
1.0	0.3	0.3	0.70	0.02	0.0840	0.1685
0.6	0.3	0.5	0.70	0.02	0.3056	0.0518
0.5	0.5	1.0	0.70	0.02	0.6528	0.0200
0.4	0.5	1.25	0.70	0.02	0.6755	0.0200

可以看出,对于一定的 s_0,降低 λ,提高 μ,会使 s_∞ 变大,i_m 变小;对于一定的 λ 和 μ,降低 s_0(即提高 r_0),也会使 s_∞ 变大(当 $s_0 \leqslant 1/\sigma$ 时反而变小了,你能解释吗?),i_m 变小。当然,当 $s_0 \leqslant 1/\sigma$ 时,i_m 始终等于 i_0,即传染病不会蔓延。

还可以看到,在 SIR 模型中,$\sigma = \lambda/\mu$ 是一个重要参数。实际上 λ 和 μ 很难估计,而当一次传染病结束以后,可以获得 s_0 和 s_∞,在式(4-24)中略去很小的 i_0,即有

$$\sigma = \frac{\ln s_0 - \ln s_\infty}{s_0 - s_\infty}$$

当同样的传染病到来时,如果估计 λ 和 μ 没有多大变化,那么就可以用上面得到的 σ 分析这次传染病的蔓延过程。

(7)模型验证。

20 世纪初在印度孟买发生的一次瘟疫中,几乎所有患者都死亡了。死亡相当于移出传染系统,有关部门记录了每天移出者的人数,即有了 $\frac{\mathrm{d}r}{\mathrm{d}t}$ 实际数据,克马克(Kermack)等人用这组数据对 SIR 模型进行了验证。

首先,由方程(4-19)和方程(4-21)可以得到

$$s(t) = s_0 \mathrm{e}^{-\sigma r(t)}$$

$$\frac{\mathrm{d}r}{\mathrm{d}t} = \mu(1 - r - s_0 \mathrm{e}^{-\sigma r}) \tag{4-27}$$

当 $r \leqslant 1/\sigma$ 时,取式(4-27)右端 $\mathrm{e}^{-\sigma r}$ 的泰勒(Taylor)展开式前 3 项,则得出在初始值 $r_0 = 0$ 下的解为

$$r(t) = \frac{1}{s_0 \sigma^2}\left[(s_0\sigma - 1) + \alpha \tanh\left(\frac{\alpha\mu t}{2} - \varphi\right)\right] \tag{4-28}$$

其中,$\alpha^2 = (s_0\sigma - 1)^2 + 2s_0 i_0 \sigma^2$;$\tanh\varphi = \dfrac{s_0\sigma - 1}{\alpha}$。由式(4-28)容易算出

$$\frac{\mathrm{d}r}{\mathrm{d}t} = \frac{\alpha^2 \mu}{2s_0\sigma^2 \coth^2\left(\dfrac{\alpha\mu t}{2} - \varphi\right)} \tag{4-29}$$

然后取定参数 s_0、σ 等,画出式(4-29)的图形,如图 4-17 所示。实际数据在图中用圆点表示,可以看出,理论曲线与实际数据相当吻合。

(8)被传染比例的估计。

在一次传染病的传播过程中,被传染人数的比例是健康人数比例的初始值 s_0 与 s_∞ 之差,记作 x,即

$$x = s_0 - s_\infty$$

当 i_0 很小、s_0 接近 1 时,由式(4-24)可得

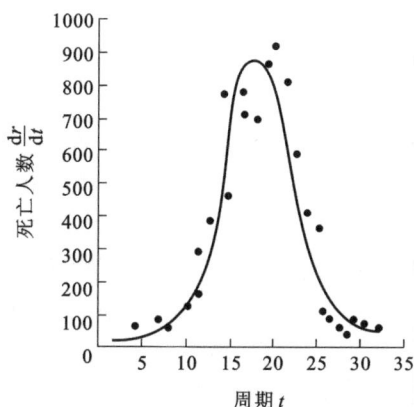

图 4-17　SIR 模型的理论曲线与实际数据

$$x + \frac{1}{\sigma}\ln\left(1 - \frac{x}{s_0}\right) \approx 0$$

取对数函数泰勒展开式前 2 项,有

$$x\left(1 - \frac{1}{s_0\sigma} - \frac{x}{2s_0^2\sigma}\right) \approx 0 \tag{4-30}$$

记 $s_0 = \frac{1}{\sigma} + \delta$,$\delta$ 可视为该地区人口比例超过阈值 $1/\sigma$ 的部分。当 $\sigma \ll 1/\sigma$ 时,有

$$x \approx 2s_0\sigma\left(s_0 - \frac{1}{\sigma}\right) \approx 2\delta$$

这个结果表明,被传染人数比例约为 δ 的 2 倍。对于一种传染病,当该地区的卫生和医疗水平不变,即 σ 不变时,这个比例就不会改变。而当阈值 $1/\sigma$ 提高时,δ 减小,于是这个比例会降低。

评注:本节介绍的传染病模型从几个方面很好地体现了模型的改进性、建模的目的性,以及方法的配合。

第一,最初建立的模型 1 基本上不能用,修改假设后得到的模型 2 虽有所改进,但仍不符合实际。进一步修改假设,并针对不同情况建立的模型 3、模型 4 才是比较成功的。

第二,模型 3、模型 4 的可取之处在于它们比较全面地达到了建模的目的,即描述传播过程,分析感染人数的变化规律,预测传染病高潮的到来时刻,度量传染病蔓延的程度并探索遏制传染病蔓延的手段。

第三,对于比较复杂的模型 4,采用了数值计算、图形观察与理论分析相结合的方法,先有感性认识(见表 4-1、图 4-14、图 4-15),再用相轨线进行理论分析,最后进行数值验证和估算。这可以看作计算机技术与建模方法的巧妙配合。

4.2.2 基于 SEIR 传染病模型的应急救援物流调度优化

在传染病应急救援过程中,救援车辆与药物资源的调度往往复杂而困难。在疫情传播后,决策者面临着许多重大问题,其中最重要的问题是如何在灾区药物资源需求不确定的情况下,确保药物资源的供应,使生命损失最小化,救援行动效率最大化。在传染病流行周期内,由于感染者数量不断变化,对药物资源的需求也相应改变,需要对整个救援阶段感染者数量进行预测,进而分析传染病患者对药物资源的需求。在应急救援车辆和药物资源的调配过程中,既要考虑整个应急救援期间感染区对药物资源的需求,又要考虑如何提高整体救援行动的效率和合理性,使药物资源最快配送到传染区,并最大限度地减少药物资源延迟配送给传染病患者带来的损失和伤害。

本节以重大突发灾害为背景,强调应急救援物流调度优化,提出了一种基于传染病扩散机制的应急救援物流的时空网络模型。首先,利用传染病 SEIR 模型预测整个应急救援阶段受感染群体的需求量;其次,构建混合整数规划模型,对救援车辆路径选择和药物资源调配进行优化;最后,运用 Benders 分解算法对应急救援物流调度多阶段混合整数线性规划模型求解,并用算例验证模型和算法的有效性。

1.问题描述及数学模型

(1)问题描述。

在传染病突发时,如果患者不能得到有效救治,会大规模传染给其他人。因此,及时将药品和疫苗送到灾区非常重要,由于配送药物资源会产生大量配送成本,因此在交付过程中决策者需要遵循低成本原则。本节研究如何在药物资源需求不确定的情况下,通过一个运输网络,以一种高效、低成本的方式,将药品资源从供应地点配送到需求地点。

在传染病流行之后,需要了解传染病流行过程,并且模拟出每个救援阶段的感染群体数量,进而预测出患者对药物资源的需求量。在已知传染病患者对药物资源需求量的情况下,需要在整个应急救援阶段对车辆路径和药物资源进行合理调配。应急救援物流调度问题要考虑延迟成本和运输时间函数。延迟成本是计算传染病患者随时间推移,不断累积的未满足药物需求,要求应急救援车辆合理有效地对药物资源进行配送。运输时间函数是应急救援配送过程中最重要的因素,救援车辆及时快速到达需求点,可以有效减少传染病带来的损失。

(2)时空需求预测模型。

SEIR 模型用于计算传染病患者随时间变化而变化的药物需求量,其中 S

代表易感染群体,E 代表潜伏群体,I 代表感染群体,R 代表痊愈群体。则 $S_j(t)$、$E_j(t)$、$I_j(t)$ 和 $R_j(t)$ 分别代表 t 时刻节点 j 范围内的易感染群体数量、t 时刻节点 j 范围内的潜伏群体数量、t 时刻节点 j 范围内的感染群体数量、t 时刻节点 j 范围内的痊愈群体数量。如果不考虑移民、自然出生率和人口死亡率,可以用一个基于小世界网络的 SEIR 模型来描述传染病过程,如图 4-18 所示。

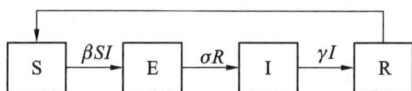

$$S \xrightarrow{\beta SI} E \xrightarrow{\sigma R} I \xrightarrow{\gamma I} R$$

图 4-18 小世界网络中的 SEIR 模型

基于 SEIR 传染病扩散模型,对描述流行病扩散规则的微分方程进行修改,得

$$\begin{cases} \dfrac{\mathrm{d}S_j}{\mathrm{d}t} = -\beta S_j(t) I_j(t) \\[2mm] \dfrac{\mathrm{d}E_j}{\mathrm{d}t} = \beta S_j(t) I_j(t) - \sigma R_j(t) \\[2mm] \dfrac{\mathrm{d}I_j}{\mathrm{d}t} = \sigma R_j(t) - \gamma I_j(t) \\[2mm] \dfrac{\mathrm{d}R_j}{\mathrm{d}t} = \gamma I_j(t) \end{cases} \tag{4-31}$$

式中,β 为接触率(易感染状态到潜伏状态);σ 为发病率(潜伏状态到感染状态);γ 为痊愈率(感染状态到痊愈状态);$I_j(t)$ 为需要治疗的人数。进而,t 时刻节点 j 范围内传染病患者药物需求量 P_j^t 为:

$$P_j^t = \lambda I_j(t) \tag{4-32}$$

式中,λ 为单位需求转换系数,$P_j^t \geqslant 0$。

时空网络流可以从时间与空间两个维度对问题进行刻画,基于时空网络的应急救援物流调度模型可以有效解决应急救援过程中药物资源的合理供应问题。在模型中,利用时空网络来描述整个救援过程,图 4-19 为应急救援物流时空网络。其中,时间点分为一些离散的时间单位 $t=0,1,2,\cdots,T,t$ 为决策点上的时间点。在时空网络图中有 3 类弧:①持有弧,如弧(a)。②调度弧,如弧(b),表示救援车辆在 t 时刻从配送中心出发并在 t' 时刻到需求点的弧,其中 $0 \leqslant t < t' \leqslant T,t'-t$ 表示救援车辆在弧上运行时间;弧(c),表示救援车辆在 t 时刻从一个需求点出发并在 t' 时刻到另一个需求点的弧。③返回弧,如弧(d),表示救援车辆在 t 时刻从需求点出发并在 t' 时刻到配送中心的弧,其中 $0 \leqslant t < t' \leqslant T$。

模型中符号定义:D 为所有配送中心集,N 为网络中的所有节点集。其中为了有效表示需求点、供应点、转移点,将其统称为节点,用 i 和 j 表示。如果 i,

$j \in D$,那么节点 i 和 j 代表配送中心,否则节点 i 和 j 代表需求点。ij 为在地理网络中的弧,A 为在地理网络中的弧集。k 为车辆编号,K 为所有车辆集合。Q_k 为车辆 k 的最大载重。α 为成本转换系数。

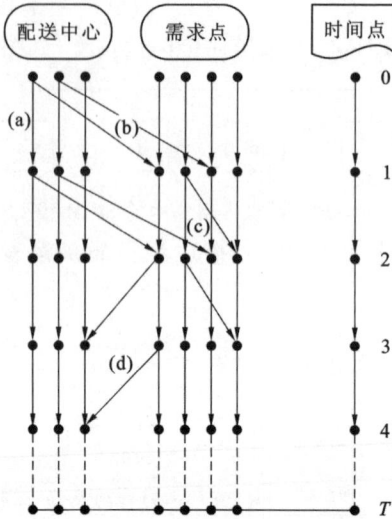

图 4-19　应急救援物流时空网络

注:(a)为持有弧;(b),(c)为调度弧;(d)为返回弧。

在整个救援车辆调度阶段有两类决策变量,$y_{it,jt'}^{k}$ 为车辆在 t 时刻从节点 i 出发,在 t' 时刻到达节点 j 的弧,$y_{it,jt'}^{k}$ 为一个二进制决策变量,定义 $y_{it,jt'}^{k}$ 为车辆选择决策变量。x_{jt}^{k} 为 t 时刻车辆 k 在节点 j 投放的资源数量,定义 x_{jt}^{k} 为资源调配决策变量。其中 N^{T} 和 A^{T} 分别为时空网络上的点集和弧集。

应急救援物流调度模型包括车辆运行时间和延迟成本 2 个目标。其中 $\sum\limits_{ij \in A}\sum\limits_{it,jt' \in A^{T}}\sum\limits_{k \in K}(t'-t)y_{it,jt'}^{k}$ 为车辆总的运行时间。$\sum\limits_{k \in K}\sum\limits_{t=0}^{t}x_{jt}^{k}$ 为节点 j 在 t 时刻累计接收的药物资源数量。$P_{j}^{t} - \sum\limits_{k \in K}\sum\limits_{t=0}^{t}x_{jt}^{k}$ 为节点 j 在 t 时刻的未满足药物资源数量。$\sum\limits_{j \in N}\sum\limits_{t \in T}(P_{j}^{t} - \sum\limits_{k \in K}\sum\limits_{t=0}^{t}x_{jt}^{k})$ 为总的延迟成本。

应急救援物流调度的目标函数可以表述为:

$$\text{Minimize} \sum_{j \in N}\sum_{t \in T}\left(P_{j}^{t} - \sum_{k \in K}\sum_{t=0}^{t}x_{jt}^{k}\right) + \alpha \sum_{it,jt' \in A^{T}}\sum_{k \in K}(t'-t)y_{it,jt'}^{k} \quad (4\text{-}33)$$

应急救援物流调度模型的约束条件可以表述为:

$$\sum_{it \in N^{T}}\sum_{k \in K}y_{it,jt'}^{k} = 1, \forall jt' \in N^{T}, k \in K \quad (4\text{-}34)$$

$$\sum_{jt' \in N^T} \sum_{k \in K} y_{it,jt'}^k = 1, \forall\, it \in N^T, k \in K \qquad (4\text{-}35)$$

$$\sum_{i,j \in A} y_{it,jt'}^k = 1, \forall\, t,t' \in T, k \in K \qquad (4\text{-}36)$$

$$\sum_{it \in N^T} \sum_{k \in K} y_{it,jt'}^k - \sum_{it \in N^T} \sum_{k \in K} y_{jt',it}^k = 0, \forall\, jt' \in N^T \qquad (4\text{-}37)$$

$$\sum_{jt' \in N^T} x_{jt'}^k \leqslant Q_K \cdot \sum_{it,jt' \in A^T} y_{it,jt'}^k, \forall\, k \in K \qquad (4\text{-}38)$$

$$\sum_{k \in K} x_{jt}^k \leqslant P_j^t, \forall\, t \in T, \forall\, j \in N \qquad (4\text{-}39)$$

$$y_{it,jt'}^k \in \{0,1\}, \forall\, it, jt' \in A^T, \forall\, k \in K \qquad (4\text{-}40)$$

$$x_{jt}^k \geqslant 0 \text{ 且 } x_{jt}^k \in \mathbf{Z}, \forall\, jt \in N^T, \forall\, k \in K \qquad (4\text{-}41)$$

其中,式(4-33)为目标函数,旨在使应急救援物流调度过程中的总成本最小化;约束式(4-34)至式(4-37)为流守恒公式,约束式(4-34)至式(4-36)确保每一节点都会有车辆前来救灾,约束式(4-37)保证一辆车到达一个节点,必须从这个节点离开;约束式(4-38)表示每一车辆在节点 j 投放药物资源数量不得超过自身最大载重;约束式(4-39)表示在 t 时刻节点 j 接收的药物资源总量不得超过自身需求;约束式(4-40)确保 $y_{it,jt'}^k$ 为二进制变量;约束式(4-41)确保 x_{jt}^k 为非负整数变量。这样就建立了一个动态多阶段混合整数规划模型。

针对混合整数规划模型,常用 Benders 分解算法求解,具体过程请见相关参考文献。

2. 算例分析

引用一个算例进行模型和算法验证。各参数如下:假设时空网络中有 8 个节点、30 个时间点、4 辆车。每辆车的最大载重如表 4-3 所示。从节点 i 到节点 j 的单位效用如表 4-4 所示。初始时刻各个节点的易感染群体数量 $S_j(0)$、潜伏群体数量 $E_j(0)$、感染群体数量 $I_j(0)$ 和痊愈群体数量 $R_j(0)$ 如表 4-5 所示。其中,$\beta = 0.0001, \sigma = 0.2, \gamma = 0.5, \alpha = 2$。

表 4-3　　　　　　　　　　　**车辆 k 的最大载重**

车辆编号	1	2	3	4
车辆载重/kg	458	468	574	542

表 4-4　　　　　　**节点 i 到节点 j 的车辆运行时间**　　　　　　单位:d

节点编号	1	2	3	4	5	6	7	8
1	0	3	2	3	5	1	8	6
2	3	0	4	3	2	5	7	1

续表

节点编号	1	2	3	4	5	6	7	8
3	2	4	0	6	3	4	2	5
4	3	3	6	0	7	2	1	5
5	5	2	3	7	0	6	3	2
6	1	5	4	2	6	0	4	7
7	8	7	2	1	3	4	0	3
8	6	1	5	5	2	7	3	0

表 4-5　　　　　　　　　　　$S_j(0)$、$E_j(0)$、$I_j(0)$、$R_j(0)$初始值

节点	$j=1$	$j=2$	$j=3$	$j=4$	$j=5$	$j=6$	$j=7$	$j=8$
$S_j(0)$	10746	11288	14204	11271	14071	11218	14646	11750
$E_j(0)$	0	0	0	0	0	0	0	0
$I_j(0)$	639	650	723	695	670	766	717	710
$R_j(0)$	0	0	0	0	0	0	0	0

　　将上述参数代入模型和算法,可以计算出传染病模型中各群体数量随时间变化的变化量,$S_j(t)$、$E_j(t)$、$I_j(t)$和$R_j(t)$在整个救援过程中的变化趋势如图 4-20 所示。显然,易感染群体数量在整个阶段一直减少,而感染群体数量在开始阶段是增加的,在最后感染群体数量为 0,说明传染病在被控制之前,感染群体数量随时间推移而增加,在得到有效的治疗之后,感染群体数量会不断减少。痊愈群体数量在整个阶段一直增加,这一结果与传染病的扩散机制是一致的。

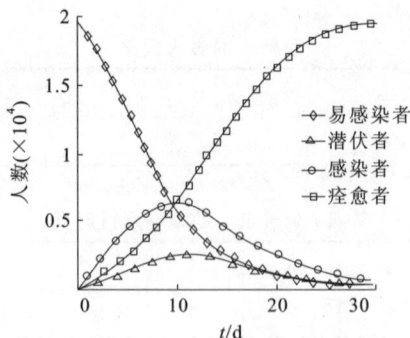

图 4-20　$S_j(t)$、$E_j(t)$、$I_j(t)$和 $R_j(t)$变化趋势

算例中的节点 1 属于分配中心。通过 Benders 分解算法求解,得到算例的资源分配和车辆调度最优解。4 辆车的行驶路径都为 1—6—4—7—3—5—2—8—1。车辆到达各节点的时间分别为第 1、3、4、6、9、11、12、18 天,第一辆车在各节点投放药物资源数量分别为 0、98、33、65、76、143、20、23,第二辆车在各节点投放药物资源数量分别为 0、20、107、47、54、96、83、61,第三辆车在各节点投放药物资源数量分别为 0、45、131、23、74、172、48、81,第四辆车在各节点投放药物资源数量分别为 0、71、60、40、8、208、75、90。实验结果显示,救援车辆在节点 6 投放的药物资源最多,说明节点 6 的传染病患者最多。其他节点的药物资源投放情况根据传染病患者数量和地理位置优化求得,所以符合实际情况。如图 4-21 所示,Benders 分解算法求得的上下界在第 14 次迭代时相等,并且不再变化,在此之前,上下界不断收敛。此实验结果证明了提出的模型和算法的有效性。

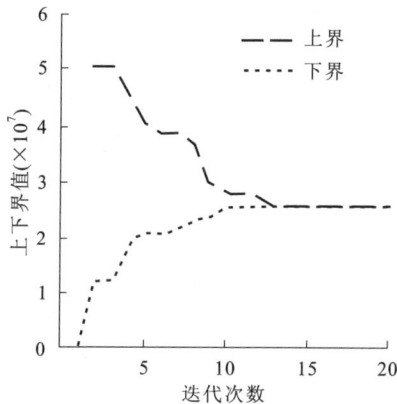

图 4-21　上下界收敛情况

为了验证需求预测模型中 β、σ、γ 这 3 个关键参数对感染群体数量的影响,进行以下灵敏度分析。图 4-22 显示了不同的 β 和感染群体数量之间的关系。显然,β 越大,感染的人数梯度越大,资源需求的梯度就越大。说明感染者和未感染者的接触率 β 越大,染病的概率越大,感染者数量增加越快。因此,应该在实际问题中选择适当的参数值。

如图 4-23 所示,σ 的范围为 0.1~0.5。σ 值越大,感染的人数梯度越大,资源需求的梯度就越大。说明潜伏群体的发病率 σ 越大,感染者数量增加越快。如图 4-24 所示,γ 的范围为 0.1~0.5。γ 值越大,感染的人数越少。说明感染群体到痊愈群体的痊愈率 γ 越大,感染的人数就越少。实验结果符合实际的传染病扩散机理。

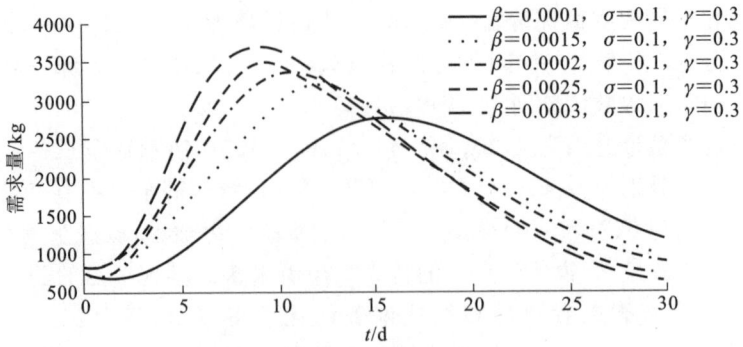

图 4-22 不同的 β 灵敏度分析结果

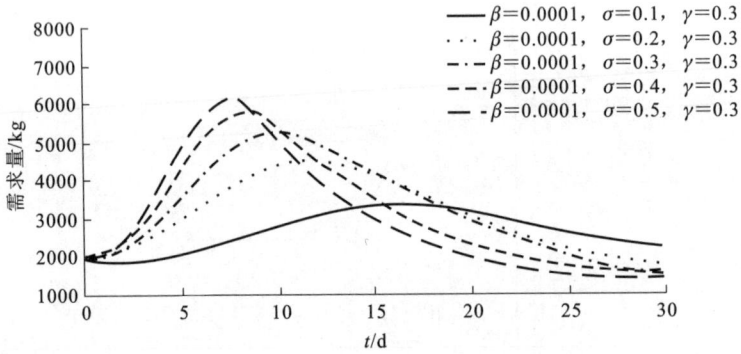

图 4-23 不同的 σ 灵敏度分析结果

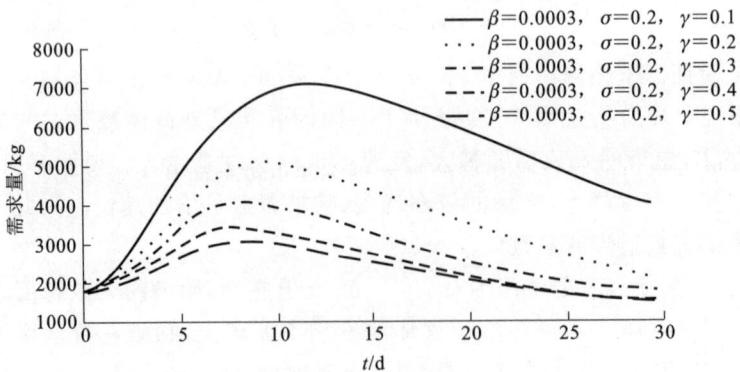

图 4-24 不同的 γ 灵敏度分析结果

3. 总结

(1)在传染病应急救援背景下,在时空网络中考虑应急救援车辆运行时间成本和延迟成本,建立带有动态信息的应急资源分配与车辆调度模型,利用传染病模型计算动态需求,运用 Benders 分解算法求解,通过实例验证分解算法在计算应急救援物流调度模型时,具有较好的有效性,可以提高应急救援效率,减少因决策失误带来的人民生命财产损失。

(2)通过灵敏度分析,了解参数对动态信息的影响。掌握应急救援车辆路径选择和医疗物资调配之间的内在联系,为决策者提供借鉴,进而为以后应急决策提供经验。

(3)由于应急救援的复杂性,本节只考虑应急救援过程中的应急救援车辆运行时间成本和延迟成本,后续需要进一步研究应急救援的全面性。

4.3 动态型非正常程度投入产出模型

4.3.1 动态型非正常程度投入产出模型原理

里昂惕夫(Leontief)根据已有的海姆斯(Haimes)等人建立的非正常程度投入产出模型(IIM),基于经济学中高希(Ghosh)提出的投入产出对偶模型,发展了供应驱动的动态型非正常程度投入产出模型(DIIM)。

本节给出需求驱动的静态 IIM 与供应驱动的静态 IIM 的分析方法,并加以比较,从而引出供应驱动的 DIIM。

1. 需求驱动的 IIM 与供应驱动的 IIM

里昂惕夫提出的经济学领域的静态投入产出模型的基本关系为:

$$x = Ax + c \tag{4-42}$$

式中,x 表示总产出列向量;c 表示最终产出列向量;$A = (a_{ij})_{n \times n} = \left(\dfrac{x_{ij}}{x_j} \right)_{n \times n}$ 是直接消耗系数矩阵。直接消耗系数矩阵中的元素 a_{ij} 表示生产单位第 j 部门产品对第 i 部门产品的直接消费数量,称为直接消耗系数或技术系数,其数值主要取决于三个因素:各部门的技术和管理水平、部门的产品结构、产品价格变动。

由于直接消耗系数矩阵 A 具有一定的性质,可以证明 $I - A$ 是满秩矩阵,所

以由公式(4-42),得

$$x = (I - A)^{-1}c \tag{4-43}$$

式中,$(I - A)^{-1}$就是著名的 Leontief 逆系数矩阵,也称为完全消耗系数矩阵。完全消耗系数矩阵$(I - A)^{-1}$的元素表示生产单位第 i 部门最终产品对第 j 部门产品的完全消耗数量。完全消耗系数矩阵不仅包含直接消耗,还包含所有的间接消耗,因此被称为完全消耗矩阵。

Jiang 和 Haimes(2001)基于里昂惕夫在经济领域的经典投入产出模型发展了需求驱动的 IIM 来模拟风险的非正常程度(inoperability)。非正常程度定义为系统功能下降程度,反映在突发事件扰动之后基础设施产业部门系统功能水平的下降状况,用 q 表示。需求驱动的 IIM 如公式(4-44)所示:

$$q = A^* q + c^* \tag{4-44}$$

如果 $\det(I - A^*) \neq 0$,则公式(4-44)可以写为:

$$q = (I - A^*)^{-1} c^* \tag{4-45}$$

式中,q 是由于最终需求的扰动而使得产量减少的表示非正常水平的向量;c^* 是最终需求的扰动向量;A^* 是通过投入产出数据衍生出来的关联矩阵。关联矩阵 A^* 的结构由公式(4-46)表示:

$$A^* = \mathrm{diag}(\hat{x})^{-1} A \mathrm{diag}\,\hat{x} \tag{4-46}$$

q 和 c^* 可由下式表示:

$$q = \mathrm{diag}(\hat{x})^{-1}(\hat{x} - \tilde{x})$$
$$c^* = \mathrm{diag}(\hat{x})^{-1}(\hat{c} - \tilde{c}) \tag{4-47}$$

式中,$\hat{x}$ 表示产量的正常水平向量;$\tilde{x}$ 表示扰动后退化的产量水平向量;$\hat{c}$ 表示最终需求的正常水平向量;$\tilde{c}$ 表示扰动后最终需求的退化水平向量。需求驱动的 DIIM 为:

$$\overline{q}(t) = K[A^* q(t) + c^*(t) - q(t)] \tag{4-48}$$

1958 年,高希在里昂惕夫提出的投入产出模型的基础上提出了投入产出模型的对偶模型,即供应驱动的投入产出经济模型,该模型是由初始增加值的驱动引起的,在供应驱动的投入产出经济模型里,完全消耗系数矩阵中的元素 x_{ij} 表示生产单位第 i 部门最终产品对第 j 部门产品的完全消耗数量,商品流矩阵为 $X = (x_{ij})_{n \times n}$,技术系数矩阵由下列公式来定义:

$$a_{ij} = \frac{x_{ij}}{x_i}$$

供应驱动的投入产出经济模型的平衡方程如下所示:

$$x = A^{(s)} x + z \tag{4-49}$$

其中，x 表示部门投入向量；$A^{(s)} = (a_{ij})_{n \times n}^{T} = (a_{ij}^{(s)})_{n \times n}$ 表示技术系数矩阵，$A^{(s)}$ 中的 $\{a_{ij}^{(s)}\}$ 给出了部门 i 对部门 j 的投入比例；z 表示初始投入（如劳动力、工资、税收、租金等）列向量。

当模型用于预测与计划分析时，可以用 Ghosh 动态投入产出模型的对偶模型来描述，在投入产出的平衡状态 $\overline{x}(t) = 0$ 条件下，Ghosh 动态投入产出模型可以转化为静态模型。

供应驱动的静态 IIM 是由投入产出模型的对偶模型发展而来的，它可表示为：

$$p = (I - A^{(s)*})^{-1} z^{*} \tag{4-50}$$

其中，p 是由于初始值的扰动而使得成本价格发生变化的表示非正常水平的向量，非正常性也意味着障碍的水平，类似于可靠性工程中的不可靠性；矩阵 $A^{(s)*}$ 是通过投入产出数据衍生出来的关联矩阵；z^{*} 是初始值扰动向量；$\hat{z}$ 表示初始值的原始水平向量，$\widetilde{z}$ 表示由于扰动而退化的初始值向量。

$$z^{*} = \text{diag}(\hat{x})^{-1}(\widetilde{z} - \hat{z})$$
$$p = \text{diag}(\hat{x})^{-1}(\widetilde{x} - \hat{x}) \tag{4-51}$$

供应驱动的 IIM 与需求驱动的 IIM 的技术系数矩阵存在如下关系：

$$A^{(s)*} = \text{diag}(\hat{x})^{-1} A^{(s)} \text{diag}(\hat{x}) = \text{diag}(\hat{x})^{-1}(A^{*})^{T} \text{diag}(\hat{x}) \tag{4-52}$$

2. 供应驱动的 DIIM

以下基于投入产出模型的动态对偶模型将供应驱动的静态 IIM 推广到动态形式。

当模型用于预测与计划分析时，可以用 Ghosh 动态投入产出模型的对偶模型来描述，Ghosh 提出的动态投入产出模型的对偶模型为：

$$x(t) = (1 + \pi)[A^{(s)} x(t) + r B^{(s)} x(t) - B^{(s)} \overline{x}(t) + z(t)] \tag{4-53}$$

式中，$x(t)$ 为价格向量；π 为利润率；$A^{(s)}$ 为掀起投入系数矩阵；$B^{(s)}$ 为存量流量矩阵；r 是利息率；$\overline{x}(t)$ 是价格水平的倒数构成的向量；$z(t)$ 为初始投入向量。长期均衡假定 $\pi = 0$，此外为简便计算，设利息率为常数，特别是在封闭模型中利息率对价格的相对稳定性没有影响，故可进一步设 $r = 0$，于是上面的模型可进一步写成如下形式：

$$x(t) = A^{(s)} x(t) - B^{(s)} \overline{x}(t) + z(t) \tag{4-54}$$

在投入产出的平衡状态 $\overline{x}(t) = 0$ 下，上述动态模型可以转化为静态模型［公式(4-49)：$x = A^{(s)} x + z$］。

由于经济系统是稳定的，因此 $B^{(s)}$ 的逆是存在的。由公式(4-54)，可以假设 $K^{(s)} = (B^{(s)})^{-1}$，因而有：

$$\frac{\mathrm{d}x(t)}{\mathrm{d}t} = -\boldsymbol{K}^{(s)} \big[\boldsymbol{x}(t) - \boldsymbol{A}^{(s)} \boldsymbol{x}(t) - \boldsymbol{z}(t) \big] \tag{4-55}$$

其中，$\boldsymbol{K}^{(s)} = \mathrm{diag}(k_1^{(s)}, k_2^{(s)}, \cdots, k_n^{(s)})$，$k_i^{(s)}$ 表示扰动后的增加值的恢复能力。由公式(4-49)和公式(4-55)，可以得到：

$$\frac{\mathrm{d}\widehat{\boldsymbol{x}}(t)}{\mathrm{d}t} = \boldsymbol{A}^{(s)} \widehat{\boldsymbol{x}}(t) + \widehat{\boldsymbol{z}}(t) - \widehat{\boldsymbol{x}}(t) = 0$$

$$\frac{\mathrm{d}\widetilde{\boldsymbol{x}}(t)}{\mathrm{d}t} = -\boldsymbol{K}^{(s)} \big[\widetilde{\boldsymbol{x}}(t) - \boldsymbol{A}^{(s)} \widetilde{\boldsymbol{x}}(t) - \widetilde{\boldsymbol{z}}(t) \big] \tag{4-56}$$

因而

$$\frac{\mathrm{d}\big[\widetilde{\boldsymbol{x}}(t) - \widehat{\boldsymbol{x}}(t) \big]}{\mathrm{d}t} = -\boldsymbol{K}^{(s)} \big\{ \big[\widetilde{\boldsymbol{x}}(t) - \widehat{\boldsymbol{x}}(t) \big] - \boldsymbol{A}^{(s)} \big[\widetilde{\boldsymbol{x}}(t) - \widehat{\boldsymbol{x}}(t) \big] - \big[\widetilde{\boldsymbol{z}}(t) - \widehat{\boldsymbol{z}}(t) \big] \big\}$$

上式可以化为：

$$\frac{\mathrm{d}\big[\widetilde{\boldsymbol{x}}(t) - \widehat{\boldsymbol{x}}(t) \big]}{\mathrm{d}t} = -\boldsymbol{K} \big[\widetilde{\boldsymbol{x}}(t) - \widehat{\boldsymbol{x}}(t) \big] - \mathrm{diag}\big[\widehat{\boldsymbol{x}}(t) \big] \boldsymbol{A}^{(s)*}$$

$$\mathrm{diag}\big[\widehat{\boldsymbol{x}}(t) \big]^{-1} \big\{ \widetilde{\boldsymbol{x}}(t) - \widehat{\boldsymbol{x}}(t) - \big[\widetilde{\boldsymbol{z}}(t) - \widehat{\boldsymbol{z}}(t) \big] \big\}$$

$$\frac{\mathrm{d}\big\{ \mathrm{diag}\big[\boldsymbol{x}(t) \big]^{-1} \big[\widetilde{\boldsymbol{x}}(t) - \widehat{\boldsymbol{x}}(t) \big] \big\}}{\mathrm{d}t} = -\boldsymbol{K}^{(s)} \big\{ \mathrm{diag}\big[\widehat{\boldsymbol{x}}(t) \big]^{-1} \big[\widetilde{\boldsymbol{x}}(t) - \widehat{\boldsymbol{x}}(t) \big] -$$

$$\boldsymbol{A}^{(s)*} \mathrm{diag}\big[\widehat{\boldsymbol{x}}(t) \big]^{-1} \big[\widetilde{\boldsymbol{x}}(t) - \widehat{\boldsymbol{x}}(t) \big] - \mathrm{diag}\big[\widehat{\boldsymbol{x}}(t) \big]^{-1} \big[\widetilde{\boldsymbol{z}}(t) - \widehat{\boldsymbol{z}}(t) \big] \big\} \tag{4-57}$$

由于 $\boldsymbol{A}^{(s)*} = \mathrm{diag}(\widehat{\boldsymbol{x}})^{-1} \boldsymbol{A}^{(s)} \mathrm{diag}(\widehat{\boldsymbol{x}})$，$\boldsymbol{z}^* = \mathrm{diag}(\widehat{\boldsymbol{x}})^{-1}(\widetilde{\boldsymbol{z}} - \widehat{\boldsymbol{z}})$，$\boldsymbol{p} = \mathrm{diag}(\widehat{\boldsymbol{x}})^{-1}(\widetilde{\boldsymbol{x}} - \widehat{\boldsymbol{x}})$，则模型供应驱动的 DIIM 可表示为以下形式：

$$\frac{\mathrm{d}\boldsymbol{p}(t)}{\mathrm{d}t} = -\boldsymbol{K}^{(s)} \big[\boldsymbol{p}(t) - \boldsymbol{A}^{(s)*} \boldsymbol{p}(t) - \boldsymbol{z}^*(t) \big] \tag{4-58}$$

公式(4-58)即为供应驱动的 DIIM 的一般表达式，由于公式(4-58)是一个标准的一阶线性微分方程，当初始值为 $\boldsymbol{p}(0)$ 时，可以得到它的解：

$$\boldsymbol{p}(t) = \mathrm{e}^{-\boldsymbol{K}^{(s)}(\boldsymbol{I} - \boldsymbol{A}^{(s)*})t} \boldsymbol{p}(0) + \int_0^t \boldsymbol{K}^{(s)} \mathrm{e}^{-\boldsymbol{K}(\boldsymbol{I} - \boldsymbol{A}^{(s)*})(t-\tau)} \boldsymbol{z}^* \tau \mathrm{d}\tau \tag{4-59}$$

假设初始增加值的扰动是固定的，则公式(4-59)可以转化为以下形式：

$$\boldsymbol{p}(t) = (\boldsymbol{I} - \boldsymbol{A}^{(s)*}) \boldsymbol{z}^* + \mathrm{e}^{-\boldsymbol{K}^{(s)}(\boldsymbol{I} - \boldsymbol{A}^{(s)*})t} \big[\boldsymbol{p}(0) - (\boldsymbol{I} - \boldsymbol{A}^{(s)*}) \boldsymbol{z}^* \big] \tag{4-60}$$

如果时间是离散的，则供应驱动的 DIIM 可以表示为如下形式：

$$\boldsymbol{p}(t+1) - \boldsymbol{p}(t) = -\boldsymbol{K}^{(s)} \big[\boldsymbol{p}(t) - \boldsymbol{A}^{(s)*} \boldsymbol{p}(t) - \boldsymbol{z}^*(t) \big] \tag{4-61}$$

当公式(4-58)或公式(4-61)到达最后的平衡状态时，就变为供应驱动的静态 IIM，即公式(4-49)。

4.3.2 关联基础设施系统在供应端扰动下的动态分析

关联基础设施系统(IIS)为社会生产和人民生活提供公共服务,为人类社会活动提供最基本和最重要的保障,它是推动社会发展的一般物质条件,主要包括关联的供水系统、供电系统、天然气系统、公路和铁路交通系统等。多个基础设施系统之间相互关联,共同为人们提供最基本的生产、生活和社会活动保障。

2008年1月底,我国南方地区遭遇大范围的暴雪天气。一方面,雪灾使该区域多个基础设施系统受到严重破坏,公路、铁路、航空、电力、供水、运输等基础设施系统功能严重受损甚至瘫痪;另一方面,由于基础设施系统之间的相互关联,灾害从某个受损的基础设施蔓延到与其相关联的其他基础设施系统,从而引起更大的破坏。据新华社报道,贵州、湖南、江西等地的10座城市因停电大面积、长时间停水,贵州、湖南等地液化气供应中断数日;雪灾使交通受限,导致煤等原料不能及时运送至电力部门,进而造成供电更加紧张;同时交通受限也影响了应急系统,进一步扩大了雪灾的影响。截至2008年2月12日,这次雪灾已造成1111亿元经济损失。

由此可见,冰雪灾害突发事件扰动对关联基础设施系统的影响很大,其经济损失也是巨大的。在评估突发事件扰动影响时应该充分考虑由基础设施系统之间的关联关系引起的经济损失。这种类型的扰动既有需求端的扰动又有供应端的扰动,并且最初是由供应端的扰动引起的,故把供应端的扰动看成第一轮扰动,此时需要借助供应驱动的DIIM加以分析,主要是动态地分析供应端扰动对关联基础设施系统的波纹影响,并针对供应驱动的突发事件扰动对假设的关联基础设施系统的破坏情形进行情景模拟仿真,验证结论的有效性。

1. 实例介绍

2008年1月底,我国南方地区遭遇大范围的雨雪冰冻天气,雪灾使得多个省份的基础设施系统瘫痪。在此期间,铁路交通受阻,高压线遭到破坏,电力中断,这类突发事件扰动主要是以初始值的扰动为特征的,在决策中需要投入更多的资金来修复。假设下列四部门为某地的关联基础设施系统:①电力部门;②铁路交通部门;③水供应部门;④气供应部门。假定在扰动发生前,该系统是稳定的。表4-6表示的是各个基础设施部门之间的价值交换。

表 4-6 　　　　　　　　　四部门的投入产出经济交换 　　　　　　单位:元

部门	$j=1$	$j=2$	$j=3$	$j=4$	最终需求 c	总产出 x
电力部门($i=1$)	175	280	280	140	350	1225
铁路交通部门($i=2$)	140	315	350	280	525	1610
水供应部门($i=3$)	245	140	280	140	280	1085
气供应部门($i=4$)	175	280	105	280	175	1015
初始值 z^{T}	490	595	70	175		
总投入 x^{T}	1225	1610	1085	1015		

2. 基于 IIM 理论的分析

以上四部门基础设施系统的技术系数矩阵为:

$$\boldsymbol{A} = \left\{ \frac{x_{ij}}{x_i} \right\} = \begin{pmatrix} 0.14 & 0.17 & 0.26 & 0.14 \\ 0.11 & 0.20 & 0.32 & 0.28 \\ 0.20 & 0.10 & 0.26 & 0.14 \\ 0.14 & 0.17 & 0.10 & 0.28 \end{pmatrix} \tag{4-62}$$

从而有

$$\boldsymbol{A}^* = \mathrm{diag}(\hat{\boldsymbol{x}})^{-1} \boldsymbol{A} \mathrm{diag}(\hat{\boldsymbol{x}}) = \begin{pmatrix} 0.14 & 0.23 & 0.23 & 0.11 \\ 0.09 & 0.20 & 0.22 & 0.17 \\ 0.23 & 0.13 & 0.26 & 0.13 \\ 0.17 & 0.28 & 0.10 & 0.28 \end{pmatrix} \tag{4-63}$$

$$\boldsymbol{A}^{\mathrm{T}} = \begin{pmatrix} 0.14 & 0.17 & 0.26 & 0.14 \\ 0.11 & 0.20 & 0.32 & 0.28 \\ 0.20 & 0.10 & 0.26 & 0.14 \\ 0.14 & 0.17 & 0.10 & 0.28 \end{pmatrix}^{\mathrm{T}} = \begin{pmatrix} 0.14 & 0.11 & 0.20 & 0.14 \\ 0.17 & 0.20 & 0.10 & 0.17 \\ 0.26 & 0.32 & 0.26 & 0.10 \\ 0.14 & 0.28 & 0.14 & 0.28 \end{pmatrix} \tag{4-64}$$

$$\boldsymbol{A}^{(s)} = \mathrm{diag}(\hat{\boldsymbol{x}}) \boldsymbol{A}^{\mathrm{T}} \mathrm{diag}(\hat{\boldsymbol{x}})^{-1} = \begin{pmatrix} 0.14 & 0.09 & 0.23 & 0.17 \\ 0.23 & 0.20 & 0.13 & 0.28 \\ 0.23 & 0.22 & 0.26 & 0.10 \\ 0.11 & 0.17 & 0.13 & 0.28 \end{pmatrix} \tag{4-65}$$

$$\boldsymbol{A}^{(s)*} = \mathrm{diag}(\hat{\boldsymbol{x}})^{-1} \boldsymbol{A}^{(s)} \mathrm{diag}(\hat{\boldsymbol{x}}) = \begin{pmatrix} 0.14 & 0.11 & 0.20 & 0.14 \\ 0.17 & 0.20 & 0.10 & 0.17 \\ 0.26 & 0.32 & 0.26 & 0.10 \\ 0.14 & 0.28 & 0.14 & 0.28 \end{pmatrix} \tag{4-66}$$

假设由于扰动而使得铁路交通部门的供应端的扰动(初始值的扰动)为

20％,由于四部门的基础设施系统的相互关联性,其他基础设施部门变得非正常,运用供应驱动的 IIM 来计算其非正常性水平如式(4-67)所示:

$$p = (I - A^{(s)*})^{-1}z^* = \begin{pmatrix} 1.57 & 0.65 & 0.60 & 0.55 \\ 0.58 & 1.72 & 0.47 & 0.59 \\ 0.89 & 1.10 & 1.84 & 0.69 \\ 0.69 & 0.99 & 0.64 & 1.84 \end{pmatrix} \begin{pmatrix} 0 \\ 0.2 \\ 0 \\ 0 \end{pmatrix} = \begin{pmatrix} 0.13 \\ 0.344 \\ 0.22 \\ 0.198 \end{pmatrix}$$

$$(4\text{-}67)$$

将初始值的扰动看作第一轮扰动,初始值的扰动会促使成本产出价格提高,而产出价格的提高会使最终需求减少,也就是触发第二轮最终需求减少的扰动。再假设由于扰动而使得铁路交通部门的最终需求扰动下降至 20％,由于四部门的基础设施系统的相互关联性,其他基础设施变得非正常,运用需求驱动的 IIM 来计算其非正常性水平如式(4-68)所示:

$$q = (I - A^*)^{-1}c^* = \begin{pmatrix} 1.57 & 0.77 & 0.79 & 0.57 \\ 0.49 & 1.72 & 0.74 & 0.62 \\ 0.68 & 0.69 & 1.84 & 0.60 \\ 0.66 & 0.94 & 0.73 & 1.84 \end{pmatrix} \begin{pmatrix} 0 \\ 0.2 \\ 0 \\ 0 \end{pmatrix} = \begin{pmatrix} 0.154 \\ 0.344 \\ 0.138 \\ 0.188 \end{pmatrix}$$

$$(4\text{-}68)$$

由公式(4-67)可以看出,部门 2(铁路交通部门)的初始值扰动 20％,会影响其他部门的非正常性水平发生变化,其非正常性水平分别为:部门 1(电力部门)为 13％;部门 2(铁路交通部门)为 34.4％;部门 3(水供应部门)为 22％;部门 4(气供应部门)为 19.8％。由公式(4-68)可以看出,部门 2(铁路交通部门)的最终需求扰动 20％,会影响基础设施部门的非正常性水平发生变化,其非正常性水平分别为:部门 1(电力部门)为 15.4％;部门 2(铁路交通部门)为 34.4％;部门 3(水供应部门)为 13.8％;部门 4(气供应部门)为 18.8％。二者的非正常性水平是不相同的,而且初始值的扰动会提高成本价格,而最终需求的扰动会降低产出数量。

由上面的例子,显然得出供应驱动的 IIM 与需求驱动的 IIM 是两个不同的模型。其扰动是不相同的,需求驱动的 IIM 是由最终需求的扰动引起的,而供应驱动的 IIM 是由供应驱动的扰动即初始值的扰动引起的,供应驱动的 IIM 更能反映基础设施系统在供应驱动的突发事件扰动下的灾害蔓延影响,然而供应驱动的 IIM 是一个静态的模型,如果初始值的扰动很大,则存在可能的不平衡性。由初始扰动到平衡状态有一定的过程,在这种情况下,供应驱动的静态 IIM 将不能真实反映基础设施系统的恢复状态和随时间而变化的整个动态的经济损失,因此需要用供应驱动的 DIIM,来描述由初始值的扰动引起的 IIS 随时间变化的过程。

3. 基于供应驱动的 DIIM 理论的分析

以下讨论关联基础设施部门在供应驱动的扰动下非正常性水平随时间变化的过程,进一步预测供应端扰动带来的经济损失情况。

(1)基础设施部门动态恢复模型。

供应驱动的 DIIM 也可以用来描述关联基础设施部门的动态恢复过程,从理论上说,在扰动发生后,通过应急管理,基础设施部门的成本价格增加。由于初始扰动 $p(0)>0$,假设初始增加值是常数,即初始增加值的扰动 $z^*=0$,则公式(4-60)可以写成:

$$p(t) = e^{-k_i^{(s)}(I-A^{(s)*})t} p(0) \tag{4-69}$$

其中,$k_i^{(s)}$ 表示部门 i 的关联恢复率(又称关联弹性系数)。假设扰动发生后,部门 i 的初始值扰动为 $p_i(0)>0$,而其他关联基础设施部门无初始值扰动,即 $p_j(0)=0, i \neq j$,由公式(4-69),关联基础设施部门 i 的恢复轨迹为:

$$p_i(t) = e^{-k_i^{(s)}[(1-a_{ii}^{(s)*})t]} p_i(0) \tag{4-70}$$

如果假设通过专家估计基础设施部门 i 经过时间 T_i,由初始值扰动 $p_i(0)>0$ 恢复到 $p_i(T_i)$,由公式(4-70),得到供应驱动的 DIIM 的关联弹性系数 $k_i^{(s)}$:

$$k_i^{(s)} = \frac{-\ln \dfrac{p_i(T_i)}{p_i(0)}}{T_i} \cdot \frac{1}{1-a_{ii}^{(s)*}} \tag{4-71}$$

根据风险缓解原理和所造成的损害情况,弹性系数 $k_i^{(s)}$ 越大,说明成本价格恢复得越快,该弹性系数和需求驱动的 DIIM 的弹性系数 k_i 基本上是一致的。

因而实际的基础设施部门 i 的恢复率 $k_i^{(s)}$ 由两部分组成:基础设施部门 i 的自身恢复率和与其他部门的关联恢复率。由于其重要性,故用 $a_{ii}^{(s)*}$ 来定义基础设施部门 i 的关联指数 ρ_i:

$$\rho_i = a_{ii}^{(s)*} \tag{4-72}$$

为了比较任意两个基础设施部门 i 和 j 的经济关联性,用 ρ_{ij} 表示任意两个部门 i 和 j 的相对关联率:

$$\rho_{ij} = \frac{a_{ii}^{(s)*}}{a_{jj}^{(s)*}} \tag{4-73}$$

对于关联基础设施部门 i,可以得到它的关联指数,关联指数和关联恢复率也一样影响着部门 i 的恢复过程。从管理与决策方面来说,如果降低部门 i 的关联指数 ρ_i,减少关联影响,也会提高部门 i 的关联恢复率 $k_i^{(s)}$[由公式(4-71)看出]。结果显示,扰动恢复得越快,由突发事件扰动引起的总的经济损失越少。

（2）基础设施部门动态恢复的动态仿真。

假设时间 t 是离散的，则供应驱动的 DIIM 可以表示成下列形式：

$$\boldsymbol{p}(t+1)-\boldsymbol{p}(t)=-\boldsymbol{K}^{(s)}\left[\boldsymbol{p}(t)-\boldsymbol{A}^{(s)*}\boldsymbol{p}(t)-\boldsymbol{z}^{*}(t)\right] \tag{4-74}$$

又由前文所述，四部门的 IIS 的关联矩阵 $\boldsymbol{A}^{(s)*}$ 为：

$$\boldsymbol{A}^{(s)*}=\operatorname{diag}(\widehat{\boldsymbol{x}})^{-1}\boldsymbol{A}^{(s)}\operatorname{diag}(\widehat{\boldsymbol{x}})=\begin{pmatrix}0.14 & 0.11 & 0.20 & 0.14\\0.17 & 0.20 & 0.10 & 0.17\\0.26 & 0.32 & 0.26 & 0.10\\0.14 & 0.28 & 0.14 & 0.28\end{pmatrix}$$

将关联矩阵 $\boldsymbol{A}^{(s)*}$ 代入公式（4-74），上述四部门的基础设施系统的非正常性水平的描述方程可以表示为如下形式：

$$\begin{cases}\boldsymbol{p}_1(t+1)-\boldsymbol{p}_1(t)=-k_1^{(s)}\{\boldsymbol{p}_1(t)-[0.14\boldsymbol{p}_1(t)+0.11\boldsymbol{p}_2(t)+0.20\boldsymbol{p}_3(t)+0.14\boldsymbol{p}_4(t)]-\boldsymbol{z}_1^*\}\\\boldsymbol{p}_2(t+1)-\boldsymbol{p}_2(t)=-k_2^{(s)}\{\boldsymbol{p}_2(t)-[0.17\boldsymbol{p}_1(t)+0.20\boldsymbol{p}_2(t)+0.10\boldsymbol{p}_3(t)+0.17\boldsymbol{p}_4(t)]-\boldsymbol{z}_2^*\}\\\boldsymbol{p}_3(t+1)-\boldsymbol{p}_3(t)=-k_3^{(s)}\{\boldsymbol{p}_3(t)-[0.26\boldsymbol{p}_1(t)+0.32\boldsymbol{p}_2(t)+0.26\boldsymbol{p}_3(t)+0.10\boldsymbol{p}_4(t)]-\boldsymbol{z}_3^*\}\\\boldsymbol{p}_4(t+1)-\boldsymbol{p}_4(t)=-k_4^{(s)}\{\boldsymbol{p}_4(t)-[0.14\boldsymbol{p}_1(t)+0.28\boldsymbol{p}_2(t)+0.14\boldsymbol{p}_3(t)+0.28\boldsymbol{p}_4(t)]-\boldsymbol{z}_4^*\}\end{cases}$$

$$\tag{4-75}$$

则四个关联基础设施部门的 IIS 的非正常性水平及恢复过程随时间变化的轨迹可以通过公式（4-75）来模拟和描述，下面主要考虑以下四种情形。

情形一：

在这种情形下，有一个基础设施部门因供应端的扰动受到攻击，但其他三个部门并没有直接受到攻击。为简便起见，假设各个基础设施部门的弹性系数都是 0.1，即 $k_1^{(s)}=k_2^{(s)}=k_3^{(s)}=k_4^{(s)}=0.1$。比如，扰动使得铁路交通部门受到打击，则初始的非正常性水平为 $\boldsymbol{p}_i(0)=10\%$，但是初始值的扰动为 0，即 $\boldsymbol{z}_1^*(0)=\boldsymbol{z}_2^*(0)=\boldsymbol{z}_3^*(0)=\boldsymbol{z}_4^*(0)=0$。由于其相互关联性，四个基础设施部门的非正常程度会发生变化，通过模拟可由图 4-25 来描述。

如图 4-25 所示，基础设施部门 $i(i=1,2,3,4)$ 在供应端扰动后从初始的非正常性水平 10％ 开始恢复。尽管其他三个部门没有受到直接攻击，由于其与部门 $i(i=1,2,3,4)$ 的相互关联性，其他三个部门也处于非正常状态，并开始恢复，系统在 $t=\tau$ 处达到平衡状态，此时这些部门将恢复到扰动前的状态。

情形二：

在这种情形下，有一个基础设施部门因供应驱动的扰动受到攻击，但其他三个部门并没有直接受到攻击。假设由于决策者采取了风险管理方案，前 t_0 天里另外三个部门 $j\neq i$ 没有受到部门 i 的影响，存在时间滞后效应。设弹性系数为：

$$k_i^{(s)} = \begin{cases} 0, t \leqslant t_0 \\ 0.1, t > t_0 \end{cases} \tag{4-76}$$

在这种情形下,假设 $t_0 = 8$,即在前 8 天,由于时间滞后效应,另外的三个部门没有受到影响,从第 9 天开始才受到影响,其模拟结果如图 4-26 所示。

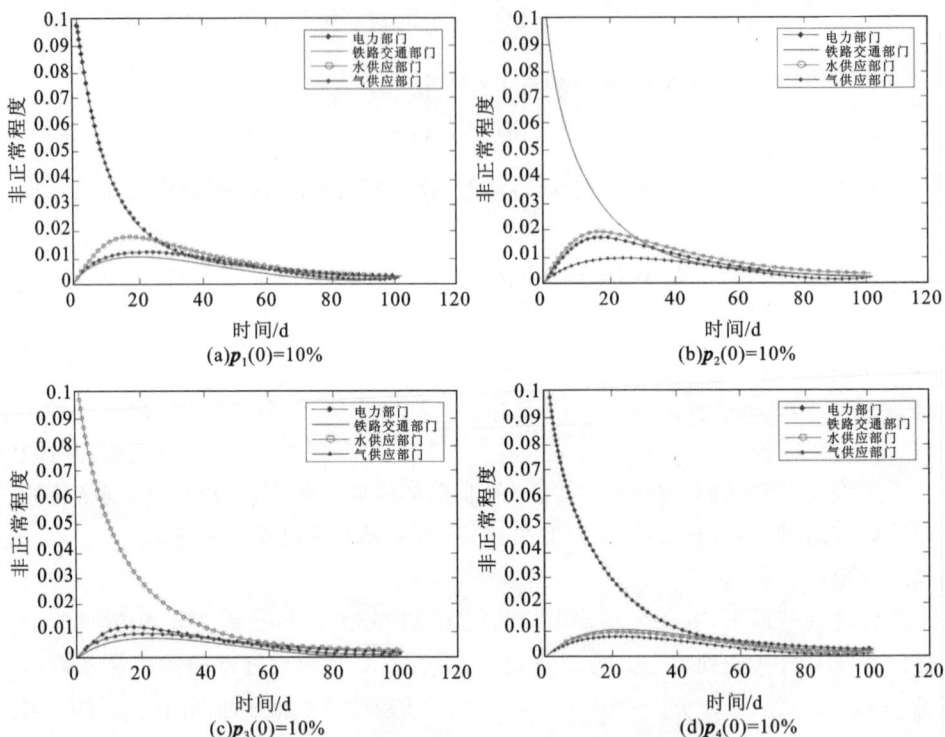

图 4-25　四基础设施部门的动态恢复轨迹(情形一)

正如图 4-26 所示,基础设施部门 $i(i = 1, 2, 3, 4)$ 在供应端扰动后从初始的非正常性水平 10% 开始恢复,尽管其他三个部门没有受到直接攻击,由于其与部门 $i(i = 1, 2, 3, 4)$ 的相互关联性,其他三个部门也处于非正常状态,并开始恢复。与图 4-25 不同的是,由于存在时间滞后效应,其他几个部门从第 8 天开始恢复,部门 $i(i = 1, 2, 3, 4)$ 在 $t = \tau$ 时刻完全恢复,这些部门将恢复到扰动前的状态。

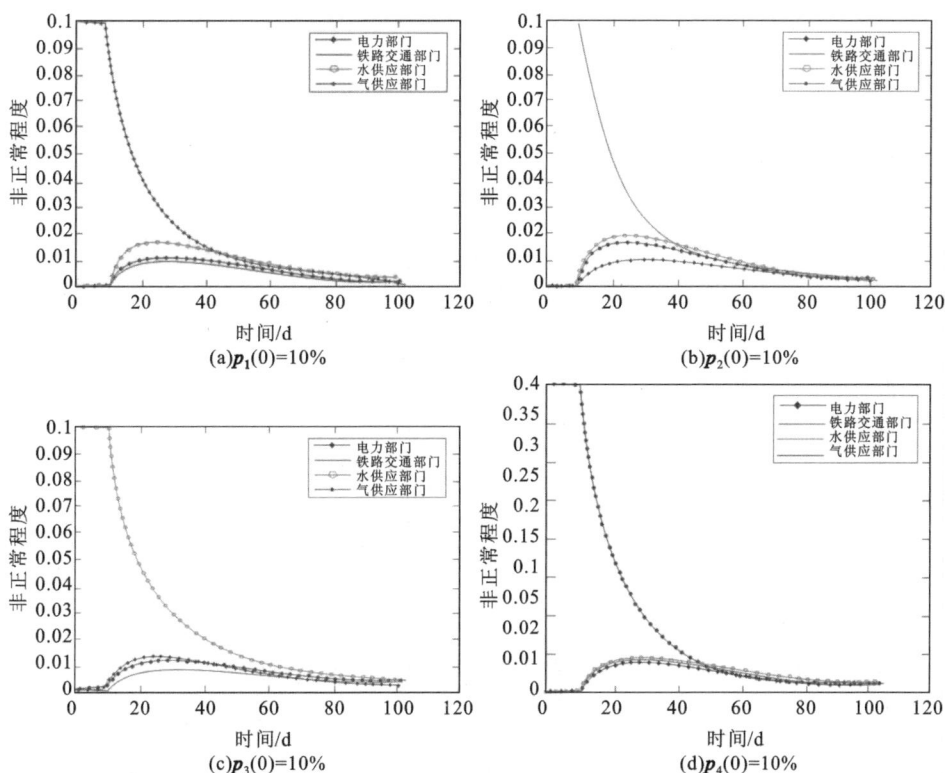

图 4-26　四基础设施部门的动态恢复轨迹(情形二)

情形三:

在这种情形下,有一个基础设施部门因供应端的扰动受到攻击,但其他三个部门并没有直接受到攻击。为简便起见,假设 $k_1^{(s)} = k_2^{(s)} = k_3^{(s)} = k_4^{(s)} = 0.1$。假设由于决策者采取了风险管理方案,部门 $i(i=1,2,3,4)$ 的初始值扰动 20%,即 $z_i^* = 20\%$,而部门初始的非正常性水平为 0,即 $p_1(0) = p_2(0) = p_3(0) = p_4(0) = 0$,则四个基础设施部门的动态非正常性水平轨迹如图 4-27 所示。

由图 4-27(a)可知,电力部门的初始值增加 20%,电力部门的整体非正常性水平在平衡状态将达 32%。由于四个部门之间的相互关联性,电力部门初始值的扰动,其他三个部门(铁路交通部门、水供应部门和气供应部门)变得非正常,在平衡状态下非正常性水平分别为 12%、18% 和 14%。在最终的平衡状态下,四个基础设施部门的非正常性水平与静态供应驱动的 IIM 是一致的。其他三个图形也反映了相似的情况。

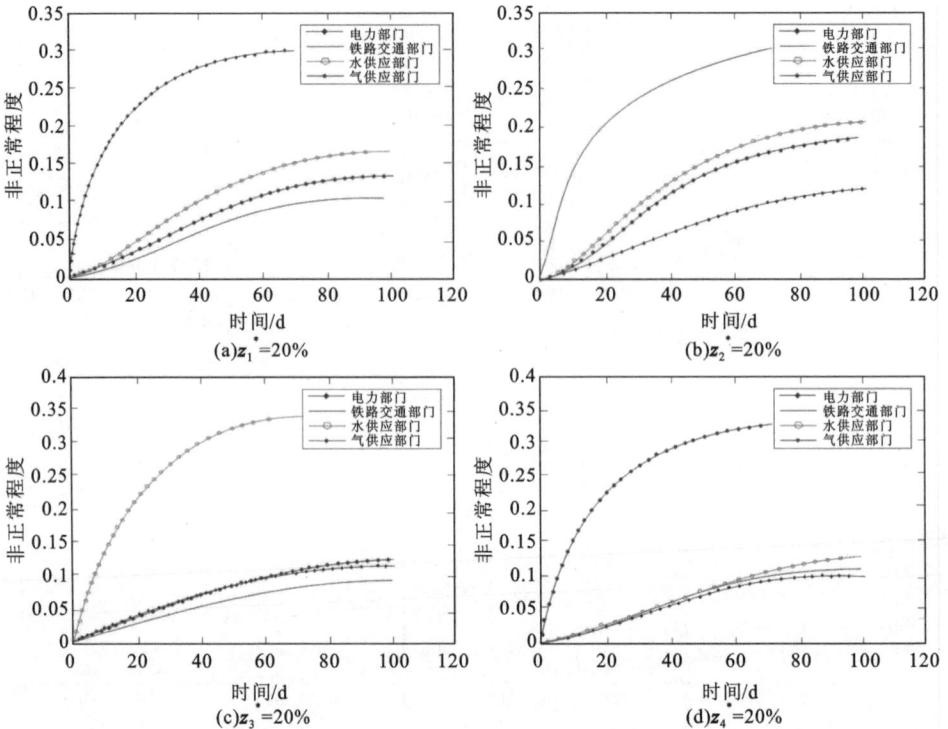

图 4-27 四基础设施部门的动态轨迹(情形三)

情形四：

供应驱动的 DIIM 的扰动由初始增加值的扰动和部门初始值的非正常性水平也即由 z^* 和 $p(0)$ 共同决定。假设在供应端扰动后某一部门的初始增加值扰动 z^* 为 20%，其他部门的初始增加值的扰动为零，且由于突发事件扰动导致的初始值非正常性水平为 $p_i(0) = 10\%$(假设其他三个部门没有直接受到影响)，则由于关联关系的存在，其中一个部门的扰动将带来其他部门非正常性的改变。为简便起见，假设 $k_1^{(s)} = k_2^{(s)} = k_3^{(s)} = k_4^{(s)} = 0.1$，则各部门的非正常性水平轨迹可由图 4-28 来描述。

如图 4-28(a)所示，情形四和上面三种情形是不同的，由于初始值 z^* 的扰动，这四个部门不能完全恢复到初始状态，最终的非正常性水平由初始值扰动 $p_i(0)$ 和初始增加值的改变共同决定，其他的图形也表现出相似的特点。

对于同一个基础设施系统，供应驱动的 DIIM 不同于传统的需求驱动的 DIIM，下面将供应驱动的 DIIM 与传统的需求驱动的 DIIM 加以比较。

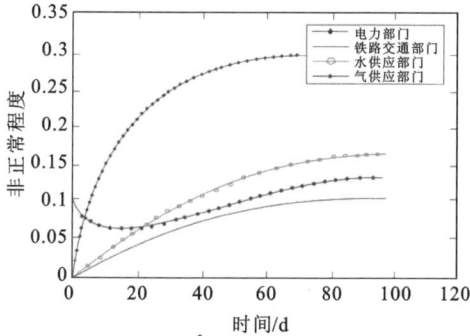

(a)$z_1^*=20\%$，$\boldsymbol{p}_1(0)=10\%$

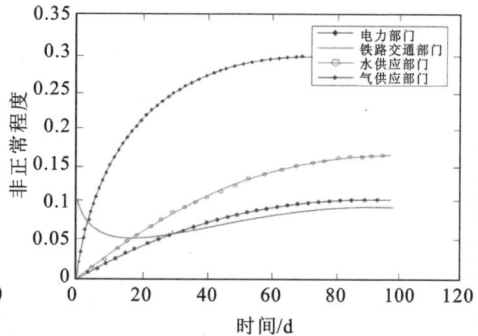

(b)$z_1^*=20\%$，$\boldsymbol{p}_2(0)=10\%$

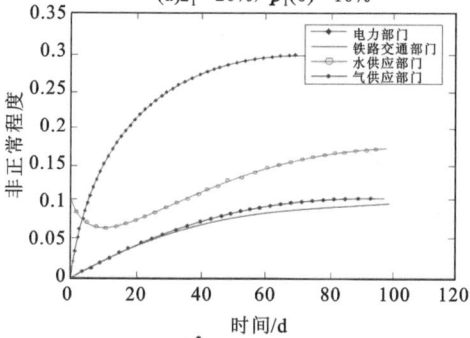

(c)$z_1^*=20\%$，$\boldsymbol{p}_3(0)=10\%$

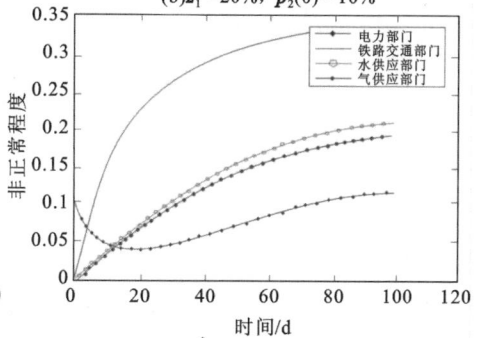

(d)$z_1^*=20\%$，$\boldsymbol{p}_4(0)=10\%$

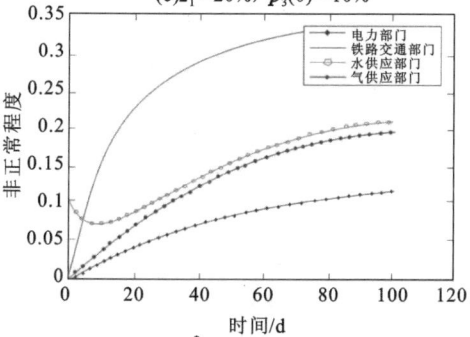

(e)$z_2^*=20\%$，$\boldsymbol{p}_1(0)=10\%$

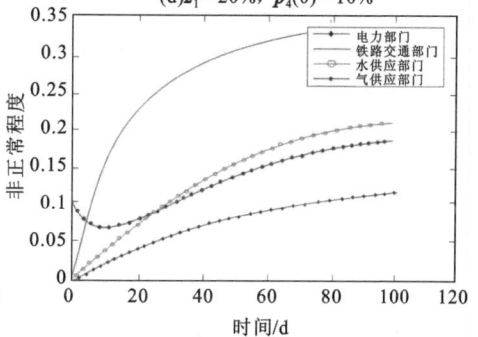

(f)$z_2^*=20\%$，$\boldsymbol{p}_2(0)=10\%$

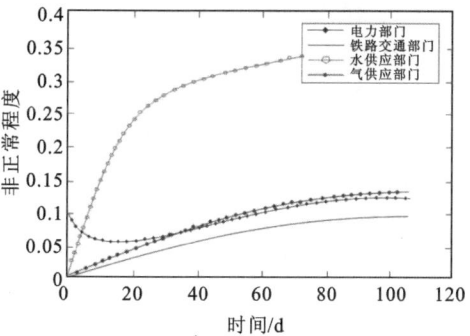

(g)$z_3^*=20\%$，$\boldsymbol{p}_1(0)=10\%$

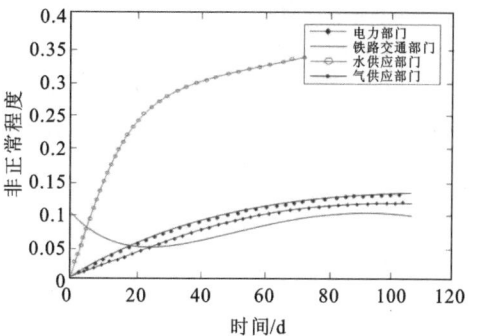

(h)$z_3^*=20\%$，$\boldsymbol{p}_2(0)=10\%$

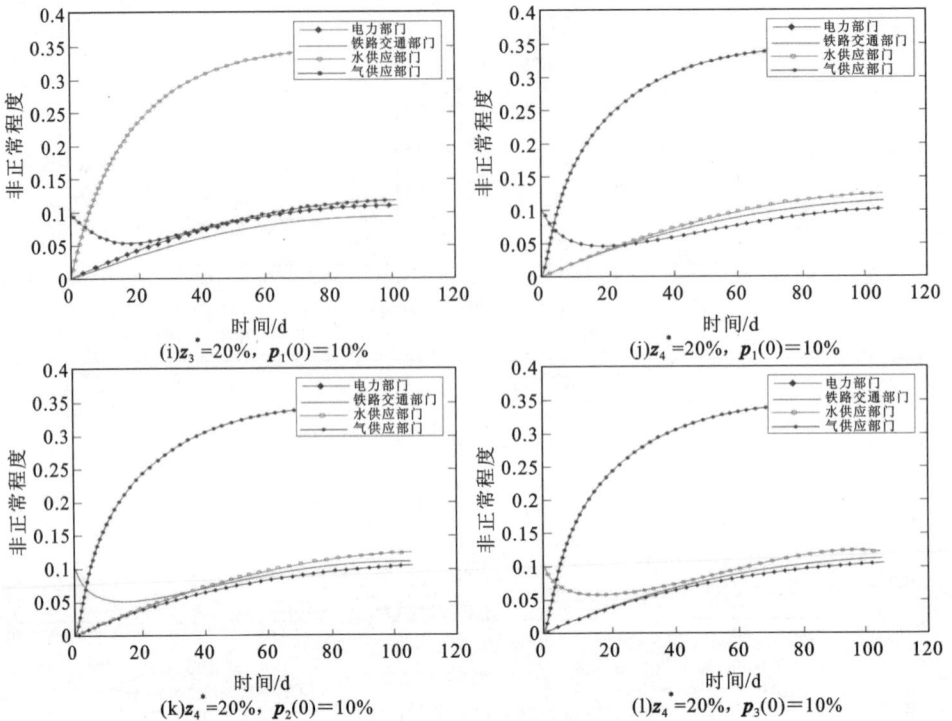

图 4-28　四基础设施部门的动态恢复轨迹(情形四)

由公式(4-48),假设时间 t 是离散的,对于需求驱动的 DIIM,有如下描述: $q(t+1)-q(t)=K[A^* q(t)+c^*(t)-q(t)]$。因为 $A^{(s)}=\text{diag}(\hat{x})A^T\text{diag}(\hat{x})^{-1}=(A^*)^T$,则有:

$$A^* = A^{(s)T} = \begin{bmatrix} 0.14 & 0.23 & 0.23 & 0.11 \\ 0.09 & 0.20 & 0.22 & 0.17 \\ 0.23 & 0.13 & 0.26 & 0.13 \\ 0.17 & 0.28 & 0.10 & 0.28 \end{bmatrix} \quad (4\text{-}77)$$

以情形三为例,由于突发事件扰动而使得某地区的电力部门受到攻击,而其他三个部门没有直接受到攻击。在初始扰动的描述中,将初始值的扰动当作第一轮扰动,初始值的扰动会促使成本产出价格提高,而产出价格的提高会使最终需求减少,也就是触发第二轮最终需求改变的扰动。假设第二轮扰动使得一个基础设施部门的最终需求减少 $c_i^*=20\%$,且四个部门的初始的非正常性水平为零[即 $p_1(0)=p_2(0)=p_3(0)=p_4(0)=0$]。在这种情形下,同样假设四个部门的弹性系数均为 0.1(即 $k_1=k_2=k_3=k_4=0.1$)。通过模拟,这四个基础设施部门的动态非正常性水平随时间而变化的关系可由图 4-29 来描述。

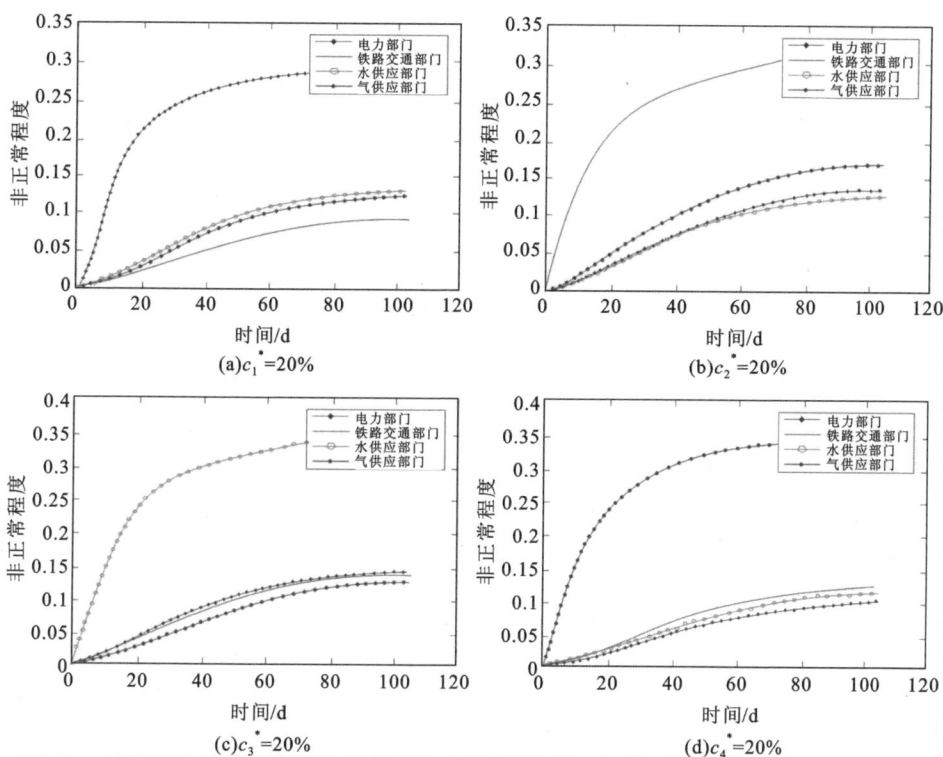

图 4-29 基础设施部门的动态轨迹（$c_i^* = 20\%$）

如图 4-29(a)所示，电力部门由于需求端扰动而使得部门的最终需求减少 20%，由于部门的相互关联性，平衡状态下的最终非正常性水平分别为电力部门 32%、铁路交通部门 9.9%、水供应部门 14%、气供应部门 13%。这与图 4-27 (a)所描述的由于初始值的扰动而产生的最终非正常性水平分别为 32%、12%、 18% 和 14% 是不相同的。通过研究其他情形，可以得出相似的结论。

总的来说，在同一个基础设施系统中，供应端的扰动与需求端的扰动是两轮不同的扰动，初始值的扰动与最终需求的扰动随时间而变化的情况也是不同的。

（3）关联基础设施部门的风险评估。

如前所述，可以生成四部门的 IIS 的技术系数矩阵 $\boldsymbol{A}^{(s)}$ 与关联矩阵 $\boldsymbol{A}^{(s)*}$。基于关联矩阵 $\boldsymbol{A}^{(s)*}$，各个基础设施部门的关联指数和部门间的相对关联率可分别由式(4-72)和式(4-73)算出。关联指数描述的是各个基础设施部门的关联情况，相对关联率反映的是其中一个基础设施部门相对于其他基础设施部门的关联关系。由式(4-72)，有：

$$\rho_1 = a_{11}^{(s)*} = 0.14, \quad \rho_2 = a_{22}^{(s)*} = 0.20,$$
$$\rho_3 = a_{33}^{(s)*} = 0.26, \quad \rho_4 = a_{44}^{(s)*} = 0.28 \tag{4-78}$$

由式(4-78)可知,基础设施电力部门要依赖基础设施水供应部门。由公式(4-73)可知,相对于部门1(电力部门)的相对关联率为:

$$\rho_{11} = \frac{a_{11}^{(s)*}}{a_{11}^{(s)*}} = \frac{0.14}{0.14} = 1.0, \quad \rho_{21} = \frac{a_{22}^{(s)*}}{a_{11}^{(s)*}} = \frac{0.20}{0.14} = 1.43$$

$$\rho_{31} = \frac{a_{33}^{(s)*}}{a_{11}^{(s)*}} = \frac{0.26}{0.14} = 1.86, \quad \rho_{41} = \frac{a_{44}^{(s)*}}{a_{11}^{(s)*}} = \frac{0.28}{0.14} = 2.0$$

(4-79)

相对于部门2(铁路交通部门)的相对关联率为:

$$\rho_{12} = \frac{a_{11}^{(s)*}}{a_{22}^{(s)*}} = \frac{0.14}{0.20} = 0.7, \quad \rho_{22} = \frac{a_{22}^{(s)*}}{a_{22}^{(s)*}} = \frac{0.20}{0.20} = 1.0$$

$$\rho_{32} = \frac{a_{33}^{(s)*}}{a_{22}^{(s)*}} = \frac{0.26}{0.20} = 1.3, \quad \rho_{42} = \frac{a_{44}^{(s)*}}{a_{22}^{(s)*}} = \frac{0.28}{0.20} = 1.4$$

(4-80)

同理可以得出相对于部门3(水供应部门)、部门4(气供应部门)的相对关联率。依据式(4-78)、式(4-79)、式(4-80),各个基础设施部门的关联指数和部门间的相对关联率可由表4-7表示。

表4-7　　**基础设施部门的关联指数和部门间的相对关联率**

部门	关联指数	相对部门1的关联率	相对部门2的关联率	相对部门3的关联率	相对部门4的关联率
部门1	0.14	1.0	0.7	0.54	0.5
部门2	0.20	1.43	1.0	0.77	0.71
部门3	0.26	1.86	1.3	1.0	0.93
部门4	0.28	2.0	1.4	1.08	1.0

由表4-7的结果可知,电力部门、铁路交通部门、水供应部门和气供应部门这四个部门中,气供应部门与其他三个部门的关联性最强,而电力部门与其他三个部门的关联性最弱。

为了运用上述例子的数据说明供应驱动的DIIM的方法,我们假设雪灾后电力部门初始的非正常性水平为30%,铁路交通部门初始的非正常性水平为20%,水供应部门初始的非正常性水平为70%,而气供应部门没有直接受到雪灾的影响,在没有采取风险管理的情形下,假设这三个基础设施部门在供应端扰动后经过一定的时间会由初始的非正常性水平恢复到1%的非正常性水平。再假设电力部门由初始的非正常性水平恢复到1%的非正常性水平的恢复时间是10d,铁路交通部门由初始的非正常性水平恢复到1%的非正常性水平的恢复时间是30d,水供应部门由初始的非正常性水平恢复到1%的非正常性水平的恢复时间是20d。由式(4-71),可以得到这三个部门的弹性系数,即部门1(电力部门)的弹性系数为:

$$k_{\mathrm{e}}^{(s)} = \frac{-\ln\dfrac{p_i(T_i)}{p_i(0)}}{T_i} \cdot \frac{1}{1 - a_{ii}^{(s)*}} = \frac{-\ln\dfrac{0.01}{0.3}}{10} \times \frac{1}{1 - 0.14} = 0.3955 \qquad (4\text{-}81)$$

部门 2(铁路交通部门)的弹性系数为:

$$k_{\mathrm{t}}^{(s)} = \frac{-\ln\dfrac{p_i(T_i)}{p_i(0)}}{T_i} \cdot \frac{1}{1 - a_{ii}^{(s)*}} = \frac{-\ln\dfrac{0.01}{0.2}}{30} \times \frac{1}{1 - 0.20} = 0.1248 \qquad (4\text{-}82)$$

部门 3(水供应部门)的弹性系数为:

$$k_{\mathrm{g}}^{(s)} = \frac{-\ln\dfrac{p_i(T_i)}{p_i(0)}}{T_i} \cdot \frac{1}{1 - a_{ii}^{(s)*}} = \frac{-\ln\dfrac{0.01}{0.7}}{20} \times \frac{1}{1 - 0.26} = 0.2871 \qquad (4\text{-}83)$$

同理,由式(4-82)和式(4-83),可以得到部门 2(铁路交通部门)和部门 3(水供应部门)的弹性系数,它们分别为:部门 2(铁路交通部门)的弹性系数为 $k_{\mathrm{t}}^{(s)} = 0.1248$,部门 3(水供应部门)的弹性系数为 $k_{\mathrm{g}}^{(s)} = 0.2871$。由于部门 4(气供应部门)没有直接受到攻击,故假设它在恢复期能快速调节自身的投入,为简便起见,假设其弹性系数为 1。

对于部门 1(电力部门),其关联弹性系数为 0.3955,如果其恢复时间为 10d,则其非正常水平会由最初的 0.3 减少为 0.01。对于部门 2(铁路交通部门),其关联弹性系数为 0.1248,如果其恢复时间为 30d,则其非正常性水平会由最初的 0.2 减少为 0.01。对于部门 3(水供应部门),其关联弹性系数为 0.2871,如果其恢复时间为 20d,则其非正常性水平会由最初的 0.7 减少到 0.01。

4. 结论

本章给出了供应驱动的 DIIM 的理论方法和应用。需求驱动的 DIIM 本质上是一个数量模型,而供应驱动的 DIIM 本质上是一个价格模型。

本章建立的新模型——供应驱动的 DIIM,是需求驱动的 DIIM 的一种推广,是用来评价由初始值的扰动而引起的各个基础设施部门的损失的模型。正如实例所描述的,供应驱动的 DIIM 能准确计算出由初始值的扰动引起的基础设施经济部门在整个恢复期的非正常性水平。而且本章也介绍了关联指数和关联弹性系数,应用供应驱动的 DIIM,能有效计算出关联基础设施经济部门的关联非正常性水平和动态的经济损失,这些都能为决策者进行关联基础设施经济部门的风险评估和风险管理提供有效的参考信息。

供应驱动的 DIIM 是对如自然灾害等一系列突发灾害事件进行风险评估的一个有效工具。由于突发事件扰动包括初始值 z^* 和关联系数 $A^{(s)*}$ 的扰动,而在实际问题中这些扰动大都是不确定的、随机的,因此有必要研究初始值扰动 z^* 和关联系数 $A^{(s)*}$ 的扰动是随机的情形。

5 仿真技术基础之随机数产生方法

5.1 均匀分布随机数的产生方法

　　系统仿真的过程中,所研究的对象大多数为随机系统,包含随机变量。如排队系统、铁路编组站系统和随机库存系统中的顾客到达时间和服务时间、列车到达间隔时间和各种作业时间、需求量等,这些随机数可以用一定的分布规律进行描述。从理论上讲,服从某一分布的随机变量,都可以通过对 IID[0,1]均匀分布的随机数进行适当的转换得到(IID 为 identical and independent distribution 的缩写,意为独立的同类分布)。因此,[0,1]上均匀分布随机数就成为一切随机变量的基础,正确生成[0,1]上均匀分布的随机数显得尤其重要。

5.1.1 [0,1]上均匀分布随机数概述

1.基本性质

[0,1]上均匀分布随机数必须具有均匀性和独立性两个基本特性。

(1)均匀性。均匀性是指若将区间[0,1]分成 n 个等长子区间,则在每一个子区间内得到的观察期望值应是 N/n, N 是观察总数。

(2)独立性。独立性是指每个观察值落入某一子区间的概率与前一观察值无关。

2.基本特点

　　设 $x_1, x_2, \cdots$ 是[0,1]上连续均匀分布中独立采样的随机数序列,则随机变量 x 的密度函数 $f(x)$ 为:

$$f(x) = \begin{cases} 1, & 0 \leqslant x \leqslant 1 \\ 0, & \text{其他} \end{cases} \tag{5-1}$$

随机变量 x 的分布函数 $F(x)$ 为：

$$F(x) = \int_0^1 f(x)\mathrm{d}x = \begin{cases} x, & 0 \leqslant x < 1 \\ 1, & x \geqslant 1 \end{cases} \tag{5-2}$$

随机变量 x 的期望值 $E(x)$ 为：

$$E(x) = \int_0^1 x\mathrm{d}x = \frac{x^2}{2}\bigg|_0^1 = \frac{1}{2} \tag{5-3}$$

随机变量 x 的方差 $V(x)$ 为：

$$V(x) = \int_0^1 x^2\mathrm{d}x - [E(x)]^2 = \frac{x^3}{3}\bigg|_0^1 - \left(\frac{1}{2}\right)^2 = \frac{1}{12} \tag{5-4}$$

图 5-1(a)是[0,1]上均匀分布随机变量的概率分布图,图 5-1(b)是累积概率分布图。

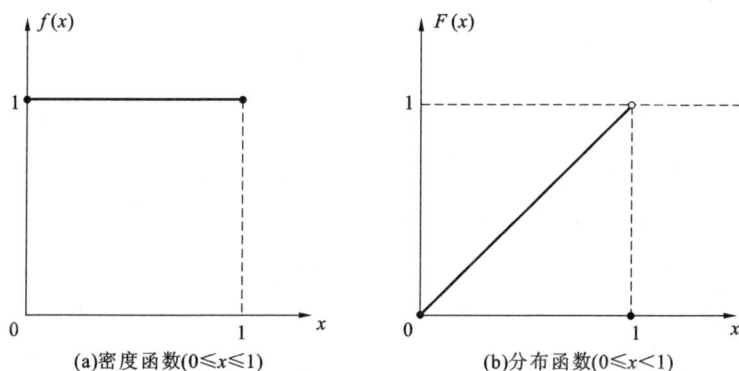

(a)密度函数(0≤x≤1)　　　　　(b)分布函数(0≤x<1)

图 5-1　[0,1]上均匀分布

5.1.2　[0,1]上均匀分布随机数的生成方法

产生[0,1]上均匀分布随机数的方法很多,大致可以归纳为三大类。

1.随机数表法

有一些已经制备好的随机数表可供计算时选用,在计算机上使用随机数表产生随机数时,需要把随机数表输入计算机中。对于复杂的系统仿真,常常需要大量的随机数,几万、几十万,甚至几百万,这些随机数会占用大量内存单元,而计算机存储空间有限,所以现在一般不采用这种方法在计算机上获得随机数。

2.物理方法

利用物理随机数发生器直接在计算机上产生随机数,如电子管、放射粒子计数器或晶体管噪声发生器等。这类物理随机数发生器产生的随机数是真正的随机数,随机数的均匀性及独立性都很好,而且可以产生任意多个随机数。但其主要缺点是所产生的随机数不能重复,如果对计算结果产生怀疑,就不能用原来的随机数序列进行复算。另外,在计算机上装物理随机数发生器增加了电路设备,以及为了保持工作稳定需要经常对其进行检修,这样就大大降低了这种方法的使用价值。

3.数学方法

利用数学递推公式在计算机上产生随机数序列。这种方法的最大优点是它的产生和检验都可以在计算机上实现,并且具有产生速度快、占用内存少、能对仿真问题进行复算的优点。

利用数学方法产生的随机数并不是真正的随机数,但可通过选择合理的参数使产生的随机数序列具有均匀性和独立性的统计特性,从而达到均匀分布随机数的要求,故它类似于真正的随机数序列。因此,在仿真中通常采用数学方法产生随机数序列,我们把这样产生的随机数称为"伪随机数"。

在计算机上生成的随机数序列可以重复得到,当计算方法及初始值确定后,它就唯一地得到整个随机数序列,这和随机数的相互独立性的要求矛盾。同时,由于计算机中能表示[0,1]区间内的数是有限的,伪随机数序列一定会重复,必然出现周期性循环现象,这也和真正的随机数有区别。但是,只要运用各种检验方法,验明它确实具有均匀分布性质,并且周期足够长,那么,就可以当作真正的随机数使用。因此,计算机上生成的随机数必须满足下列要求。

(1)分布上的均匀性,即必须尽可能接近[0,1]上的均匀分布;

(2)统计上的独立性;

(3)产生随机数的速度足够快,以节省仿真时间和机时费用;

(4)产生的随机数应可以复现,即给以相同的初始值能得到相同的随机数序列,这样可以在相同的条件下仿真不同的系统方案;

(5)应有足够长的周期,即在达到重复(循环)之前,能生成足够多的随机数;

(6)占用计算机的内存尽可能少。

下面重点介绍产生随机数的数学方法。目前,主要有取中法和同余法。

5.1.3 [0,1]上均匀分布随机数的数学生成方法

1.取中法

取中法包括平方取中法、乘法取中法及常数乘子法。

（1）平方取中法。

平方取中法是冯·诺依曼在 1940 年提出的,该法开始取一个 $2s$ 位的整数作为种子,将该种子平方,得到 $4s$ 位整数,不足 $4s$ 位时高位补 0,然后取此 $4s$ 位整数的中间 $2s$ 位作为下一个种子数,并对此数规格化,即将此数化成小于 1 的 $2s$ 位的实数值,得第一个[0,1]上的随机数。依此类推,便得到一系列随机数。

平方取中法的通式为:

$$x_i = \left[\frac{x_{i-1}^2}{10^s}\right]\mathrm{mod}10^{2s}$$
$$u_i = x_i/10^{2s}\ (i = 1,2,\cdots) \tag{5-5}$$

式中,x_i 为 $2s$ 位的十进制数;x_{i-1}^2 为 $4s$ 位的十进制数;$\left[\frac{x_{i-1}^2}{10^s}\right]$ 为将 x_{i-1}^2 除以 10^s 后取整;$\mathrm{mod}10^{2s}$ 为以 10^{2s} 为模的运算。

初始值 x_0 为 $2s$ 位的非负整数,称为种子。

【例 5-1】 取 $s=1$,初始值 $x_0=76$,则由平方取中法可以得到 x_i,u_i,结果如表 5-1 所示。

表 5-1 　　　　　　　　　　　　　平方取中法计算结果

i	1	2	3	4	$\cdots$	10	11	12	13	14	$\cdots$
x_{i-1}^2	5776	5929	8464	2116	$\cdots$	0841	7056	0025	0004	0000	$\cdots$
x_i	77	92	46	11	$\cdots$	84	05	02	00	00	$\cdots$
u_i	0.77	0.92	0.46	0.11	$\cdots$	0.84	0.05	0.02	0	0	$\cdots$

平方取中法的优点是计算简单,但应注意如下问题:

①避免随机数序列的退化。随机数序列退化,是指在随机数序列中,一旦某个数为 0 或为一常数,其后的随机数均将为 0 或该常数。例 5-1 中从第 13 个随机数开始,其后的随机数均为 0。

②保证随机数序列具有足够长的周期。当随机数序列中某随机数与种子的数值相等时,其后产生的随机数序列与前面产生的随机数序列也将相等,两个相等随机数之间所包含的随机数的数量即是该随机数序列的周期。显然,随机数

序列的周期越长越好。

(2)乘法取中法。

乘法取中法同平方取中法类似,但开始选择的种子是两个 $2s$ 位的整数 x_0 和 x_1,将它们相乘,得到一个 $4s$ 位的十进制数,取其中间的 $2s$ 位作为新的随机数,再规范化,得到 $[0,1]$ 上的随机数。

乘法取中法的通式为:

$$x_{i+1} = \left[\frac{x_{i-1} \cdot x_i}{10^s}\right] \bmod 10^{2s} \tag{5-6}$$

$$u_{i+1} = x_{i+1}/10^{2s} (i = 1,2,\cdots)$$

式中量的含义同平方取中法。但有两个种子,分别为 x_0, x_1。

【例 5-2】 取 $s=2$,初始值 $x_0=5167$,$x_1=3729$,则由乘法取中法可以得到 x_{i+1}, u_i,结果如表 5-2 所示。

表 5-2　　　　　　　　　　乘法取中法计算结果

i	1	2	3	4	5	6	7	$\cdots$
$x_{i-1} \cdot x_i$	19267743	09982533	26301525	29622375	18762345	47437929	33381117	$\cdots$
x_{i+1}	2677	9825	3015	6223	7623	4379	3811	$\cdots$
u_i	0.2677	0.9825	0.3015	0.6223	0.7623	0.4379	0.3811	$\cdots$

(3)常数乘子法。

常数乘子法是乘法取中法的一种变形,选取一个常数乘子 $k(2s$ 位的十进制数),将其和种子数相乘得到 $4s$ 位的十进制数,取其中间的 $2s$ 位作为新的随机数,再规范化,得到 u_i。

常数乘子法的通式为:

$$x_i = \left[\frac{kx_{i-1}}{10^s}\right] \bmod 10^{2s} \tag{5-7}$$

$$u_i = x_i/10^{2s} (i = 1,2,\cdots)$$

式中,k 为常数乘子,种子为 x_0。

【例 5-3】 取 $s=2$,$k=3987$,初始值 $x_0=7223$,则由常数乘子法可以得到 x_i, u_i,结果如表 5-3 所示。

表 5-3　　　　　　　　　　常数乘子法计算结果

i	1	2	3	4	5	$\cdots$
kx_{i-1}	28798101	31820247	32701374	27960831	38307096	$\cdots$
x_i	7981	8202	7013	9608	3070	$\cdots$
u_i	0.7981	0.8202	0.7013	0.9608	0.3070	$\cdots$

乘法取中法和常数乘子法在周期性以及退化方面较平方取中法均有所改进,但这些问题仍然存在。

2.同余法

同余法包括混合线性同余法、乘法线性同余法、二次同余法等。

(1)混合线性同余法。

混合线性同余法是1951年由莱默(Lehmer)提出的,随机数产生器按下列公式计算[0,1]上均匀分布随机数序列:

$$x_i = (Cx_{i-1} + D) \bmod M$$
$$u_i = x_i/M \quad (i = 1,2,\cdots) \tag{5-8}$$

式中,C 是乘子,为常数;D 是增量,为常数;x_0 是种子;M 是模。由种子 x_0 开始,按式(5-8)依次算出一整数序列 $x_1,x_2,\cdots$,再依次计算出随机数序列 $u_1,u_2,\cdots$。由于计算机字长有限,M 只能取有限位数,随机数序列会出现周期($L \leqslant M$)重复现象。周期与参数 C、x_0 以及 M 所选的值有关。

目前对参数 C、x_0 以及 M 的选取研究结果表明,在二进制计算机上,取 $M = 2^p$,p 为尾数字长;x_i 为任意非负整数;$C = 4q+1$,$D = 2a_1+1$,q 和 a_1 均取正整数。这样可以使式(5-8)产生的数列最大可能周期为 M。相关研究推荐的该算法随机数产生器为:

$$x_i = 31415926x_{i-1} + 453806245 (\bmod 2^{31})$$
$$x_i > 0, i \geqslant 1 \tag{5-9}$$

(2)乘法线性同余法。

乘法线性同余法按下列公式计算[0,1]上均匀分布随机数序列:

$$x_i = Cx_{i-1} \bmod M$$
$$u_i = x_i/M (i = 1,2,\cdots) \tag{5-10}$$

式中,C 和 M 皆为正整数,分别为乘数和模;x_{i-1} 的初始值 x_0 也是正整数,称为种子。由种子 x_0 开始,按式(5-10)依次可以算出一整数序列 $x_1,x_2,\cdots$,再依次计算出随机数序列 $u_1,u_2,\cdots$。

根据研究,对于二进制计算机,参数 C、参数 M 和参数 x_0 可以按下列规则选取。

①M 的选择:为了获得较长的周期 L,M 应足够大,当计算机尾数字长为 p 时,取 $M = 2^p$,其最大可能周期 $L = 2^{p-2}$。此法计算方便,当以 M 为模操作时,只需作简单的移位计算。

②C 和 x_0 的选择:为了得到最大可能周期 $L = 2^{p-2}$,选 $C = 8k \pm 3$(k 为正整数),x_0 为奇数。C 值不宜取得过小,当 C 和 $\sqrt{M}/4$ 最接近而又满足 $C = 8k \pm 3$

时,可产生统计性质较好的数值序列。若选 $C=5^{2s+1}$,其中 s 是使 $5^{2s+1}<2^p$ 成立的最大整数,也是成功的。如 $M=2^{31}$ 时,可以取 $C=5^{13}$。

有关研究还表明,如果取 M 为素数时,用乘法线性同余法所产生的数列最大可能周期 $L=M-1$,只要参数 C 选择适当,可获得周期为 $M-1$,且具有较好统计性质的随机数序列。

(3)二次同余法。

二次同余法的通式为:

$$x_i = (Cx_{i-1}^2 + Dx_{i-1} + E)\mathrm{mod}M$$
$$u_i = x_i/M(i=1,2,\cdots) \tag{5-11}$$

式中,C 和 D 是两个互质的常数;E 是一个不为 3 和 5 除尽,且与 M 互质的奇整数;M 的取法同前。

5.1.4　[0,1]上均匀分布伪随机数的检验

无论是用哪种方法产生的随机数序列,都必须对它们进行统计检验,看其是否具有较好的均匀性和独立性,只有检验合格,这些随机数才能作为[0,1]上均匀分布的随机数使用。均匀性和独立性是对随机数进行统计检验的两个重要性质。

1. 均匀性检验

分布的均匀性检验又称频率检验,用来检验生成的随机数序列 $\{u_i\}$ 是否均匀地分布在[0,1]区间上,实际上也就是检验随机数的经验频率和理论频率是否有显著差异。

均匀性检验比较常用的是 χ^2 检验。首先将[0,1]区间分为 k 个相等的子区间 $\left[\dfrac{i-1}{k},\dfrac{i}{k}\right](i=1,2,\cdots,k)$,产生总数为 N 的随机数作为样本;根据均匀分布的假设,所产生的随机数落在每个子区间的理论频率皆为 $1/k$,即落在第 i 个子区间的理论频数为 $m_i=\dfrac{N}{k}$,然后计算落在第 i 个子区间的随机数的实际频率 n_i 及统计量 χ^2:

$$\chi^2 = \sum_{i=1}^{k} \frac{(n_i-m_i)^2}{m_i} = \frac{k}{N}\sum_{i=1}^{k}\left(n_i-\frac{N}{k}\right)^2 \tag{5-12}$$

当样本量足够大时,χ^2 值近似服从 $k-1$ 自由度的 χ^2 分布。根据 N 个样本随机数,按式(5-12)计算统计量 χ^2 值,并从 χ^2 表中查出自由度为 $k-1$、显著水平为 α(一般取 0.01~0.05)的 $\chi_a^2(k-1)$ 的临界值,当 $\chi^2>\chi_a^2(k-1)$ 时,拒绝接

受均匀分布的假设。

【例5-4】 生成的100个随机数如表5-4所示,给定水平 $\alpha = 0.05$,试检验该随机数序列的均匀性。

表5-4 随机数表

0.34	0.90	0.25	0.89	0.87	0.44	0.12	0.21	0.46	0.67
0.83	0.76	0.79	0.64	0.70	0.81	0.94	0.74	0.22	0.74
0.96	0.99	0.77	0.67	0.56	0.41	0.52	0.73	0.99	0.02
0.47	0.30	0.17	0.82	0.56	0.05	0.45	0.31	0.78	0.05
0.79	0.71	0.23	0.19	0.82	0.93	0.65	0.37	0.39	0.42
0.99	0.17	0.99	0.46	0.05	0.66	0.10	0.42	0.18	0.49
0.37	0.51	0.54	0.01	0.81	0.28	0.69	0.34	0.75	0.49
0.72	0.43	0.56	0.97	0.30	0.94	0.96	0.58	0.73	0.05
0.06	0.39	0.84	0.24	0.40	0.64	0.40	0.19	0.79	0.62
0.18	0.26	0.97	0.88	0.64	0.47	0.60	0.11	0.29	0.78

将 $[0,1]$ 区间分成10个子区间,即 $k=10$,统计出随机数序列落在各子区间中的实际频率 n_i,分别为 7、9、8、9、14、7、10、15、9 和 12。理论频数为 $m_i = \dfrac{N}{k} = 10$,则计算得:

$$\chi^2 = \frac{k}{N} \sum_{i=1}^{k} \left(n_i - \frac{N}{k} \right)^2 = 0.1 \sum_{i=1}^{10} (n_i - 10)^2 = 7$$

查表得 $\chi^2_{0.05}(9) = 16.92$,由于 $\chi^2 < 16.92$,故可以接受该随机数序列均匀地分布在 $[0,1]$ 区间上的假设。

2. 独立性检验

独立性检验主要是检验随机数 $u_1, u_2, \cdots, u_N$ 中前后个数的统计相关性是否显著,常用的方法包括相关系数检验、联列表检验、矩检验等。这里仅对相关系数检验进行介绍。

两个随机数的相关系数可以反映它们之间的线性相关程度。若两个随机数相互独立,则它们的相关系数必为零(反之不一定),所以相关系数取值为零是两个随机数独立的必要条件(仅当它们为正态分布时才是充要条件),但是可以通过相关系数取值的大小,了解它们之间线性相关的强弱情况,故可用来检验随机数的独立性。

设给定 N 个随机数为 $u_1, u_2, \cdots, u_N$,计算前后距离为 j 的样本相关系数:

$$p_j = \left[\frac{1}{N-j} \sum_{i=1}^{N-j} u_i u_{j+1} - (\overline{u})^2 \right] / s^2 \quad (j = 1, 2, \cdots) \tag{5-13}$$

式中，

$$\overline{u} = \frac{1}{N} \sum_{i=1}^{N} u_i, \quad s^2 = \frac{1}{N-1} \sum_{i=1}^{N} (u_i - \overline{u})^2$$

若各 u_i 相互独立，则相关系数应为零。在原假设 $p_j = 0$ 下，当样本充分大（例如 $N-j > 50$）时，统计量

$$n_j = p_i \sqrt{N-j} \tag{5-14}$$

渐近地服从 $N(0,1)$ 分布。

由于仿真结果严格依赖随机数的概率统计特性，因此推荐使用的伪随机数产生器要经受全面的检验。

5.2 非均匀分布随机数的产生方法

在实际系统中涉及的随机现象的分布规律是各种各样的，在进行系统仿真时要求生成对应于该分布规律的随机数，即得到伪随机数后，还要利用其生成非均匀分布随机数。

常用的非均匀分布随机数的生成方法有反变换法、组合法、舍选法、近似法、表搜索法等方法。无论使用哪一种方法，产生哪一种分布的随机数，都必须以 $[0,1]$ 均匀分布随机数作为基础。

5.2.1 反变换法

反变换法是以概率积分变换定理为基础，基于 $[0,1]$ 上均匀分布伪随机数，产生非均匀分布随机数的方法。

定理 1 给定任意随机变量 x，其分布函数为 $F(x)$，则 $Y = F(x)$ 是在 $[0,1]$ 区间内的均匀分布随机数，与 x 的分布特征无关。

根据上述定理，若随机变量 x 具有连续分布函数 $F(x)$，只要产生 $[0,1]$ 上均匀分布的随机数 u_i，然后反变换，就可得到分布函数 $F(x)$ 的随机数，亦即

$$x_i = F^{-1}(u_i), i = 1, 2, \cdots \tag{5-15}$$

1.$[a,b]$上均匀分布随机变量

(1)$[a,b]$上均匀分布随机变量的基本特征。

①密度函数:

$$f(x) = \begin{cases} \dfrac{1}{b-a}, & a \leqslant x \leqslant b \\ 0, & 其他 \end{cases} \tag{5-16}$$

②分布函数:

$$F(x) = \begin{cases} 0, & x < a \\ \displaystyle\int_a^x \dfrac{1}{b-a} = \dfrac{x-a}{b-a}, & a \leqslant x \leqslant b \\ 0, & x > b \end{cases} \tag{5-17}$$

③数学期望:

$$E(x) = \int_a^b x f(x)\mathrm{d}x = \dfrac{a+b}{2}$$

④方差:

$$V(x) = \int_a^b [x - E(x)]^2 \cdot f(x)\mathrm{d}x = \int_a^b \left(x - \dfrac{a+b}{2}\right)^2 \cdot \dfrac{1}{b-a}\mathrm{d}x = \dfrac{(b-a)^2}{12}$$

(2)$[a,b]$上均匀分布随机变量的随机数产生方法。

由$[a,b]$上均匀分布随机变量的分布函数 $F(x)$,产生$[0,1]$上均匀分布的随机数 u,并令 $F(x)=u$,即 $u=\dfrac{x-a}{b-a}, a \leqslant x \leqslant b$,作反变换后得:

$$x = a + (b-a)u \tag{5-18}$$

于是对应每一个$[0,1]$上均匀分布的随机数 u,有一个满足密度函数 $f(x)$ 的随机数 x_i:

$$x_i = a + (b-a)u_i, i = 1, 2, \cdots \tag{5-19}$$

2.指数分布随机变量

(1)指数分布随机变量的基本特征。

①密度函数:

$$f(x) = \begin{cases} 0, & x < 0 \\ \lambda \mathrm{e}^{-\lambda x}, & x \geqslant 0 \end{cases} \tag{5-20}$$

其中,λ 为指数分布参数,$\lambda \geqslant 0$。

②分布函数:

$$F(x) = \begin{cases} 0, & x < 0 \\ \displaystyle\int_0^x \lambda \mathrm{e}^{-\lambda x}\mathrm{d}x = 1 - \mathrm{e}^{-\lambda x}, & x \geqslant 0 \end{cases} \tag{5-21}$$

③数学期望：

$$E(x) = \int_{-\infty}^{+\infty} x f(x) \mathrm{d}x = \frac{1}{\lambda}$$

④方差：

$$V(x) = E(x^2) - [E(x)]^2 = \frac{1}{\lambda^2}$$

(2)指数分布随机变量的随机数产生方法。

由指数分布的分布函数 $F(x)$，产生$[0,1]$上均匀分布的随机数 u，并令 $F(x)=u$，即 $u=1-\mathrm{e}^{-\lambda x}$，$x \geqslant 0$，作反变换后得：

$$x = -\frac{1}{\lambda} \ln(1-u) \tag{5-22}$$

由于 u 和 $1-u$ 都是$[0,1]$区间的均匀分布随机数，所以也可写成：

$$x = -\frac{1}{\lambda} \ln u \tag{5-23}$$

于是对应每一个$[0,1]$上均匀分布的随机数 u_i，有一个满足密度函数 $f(x)$ 的随机数 x_i：

$$x_i = -\frac{1}{\lambda} \ln u_i \tag{5-24}$$

3. 韦伯分布随机变量

(1)韦伯分布随机变量的基本特征。

①密度函数：

$$f(x) = \begin{cases} 0, & x < 0 \\ \dfrac{\alpha}{\beta^\alpha} x^{\alpha-1} \mathrm{e}^{-\left(\frac{x}{\beta}\right)^\alpha}, & x \geqslant 0 \end{cases} \tag{5-25}$$

②分布函数：

$$F(x) = \begin{cases} 0, & x < 0 \\ 1 - \mathrm{e}^{-\left(\frac{x}{\beta}\right)^\alpha}, & x \geqslant 0 \end{cases}$$

(2)韦伯分布随机变量的随机数产生方法。

由韦伯分布的分布函数 $F(x)$，产生$[0,1]$上均匀分布的随机数 u，并令 $F(x)=u$，即 $u=1-\mathrm{e}^{-\left(\frac{x}{\beta}\right)^\alpha}$，$x \geqslant 0$，作反变换后得：

$$x = \beta\left[-\ln(1-u)\right]^{\frac{1}{\alpha}} = \beta(-\ln u)^{\frac{1}{\alpha}} \tag{5-26}$$

于是对应每一个$[0,1]$上均匀分布的随机数 u_i，有一个满足密度函数 $f(x)$ 的随机数 x_i：

$$x_i = \beta(-\ln u_i)^{\frac{1}{\alpha}} \tag{5-27}$$

5.2.2　组合法

如果某一个分布函数是由若干个其他分布函数组合而成的,而这些分布函数较原来的分布函数更易于取样,则宜采用组合法。组合法的基本思路是将一组容易得到的、服从某分布的随机数组合成所需要的、服从另一分布的随机数。

1. 泊松分布随机数的产生

(1)泊松分布随机变量的基本特征。

如果事件相继出现的时间间隔服从负指数分布 $f(t) = \begin{cases} \lambda e^{-\lambda t}, & t > 0, \\ 0, & t \leqslant 0, \end{cases}$ 那么在一段时间 t 内出现 k 次事件的概率服从泊松分布,密度函数为:

$$P[X(t) = k] = \frac{(\lambda t)^k e^{-\lambda t}}{k!}, \quad t \geqslant 0, k = 1, 2, \cdots \tag{5-28}$$

在单位时间内,事件出现次数服从泊松分布,密度函数为:

$$P(X = k) = \frac{\lambda^k e^{-\lambda}}{k!} \tag{5-29}$$

(2)泊松分布随机变量的产生方法。

根据泊松分布的这种特征,可以依次产生表示事件相继出现时间间隔的负指数分布随机数 t_i,$t_i = -\frac{1}{\lambda} \ln u_i$($u_i$ 为 $[0,1]$ 上均匀分布的随机数,$i = 1, 2, \cdots$),则服从泊松分布的随机数 x 须满足式(5-30):

$$\sum_{i=1}^{x} -\frac{1}{\lambda} \ln u_i \leqslant t < \sum_{i=1}^{x+1} -\frac{1}{\lambda} \ln u_i \tag{5-30}$$

当要得到在单位时间内服从泊松分布的随机数 x 的值时,式(5-30)可变为:

$$\sum_{i=1}^{x} -\frac{1}{\lambda} \ln u_i \leqslant 1 < \sum_{i=1}^{x+1} -\frac{1}{\lambda} \ln u_i \tag{5-31}$$

式(5-31)经变换后为:

$$\ln \prod_{i=1}^{x} u_i \geqslant -\lambda > \ln \prod_{i=1}^{x+1} u_i \tag{5-32}$$

即

$$\prod_{i=1}^{x} u_i \geqslant e^{-\lambda} > \prod_{i=1}^{x+1} u_i \tag{5-33}$$

$$a=e^{-\lambda t},\ b=1,\ i=0$$

产生 u_i

$b=b\times u_i$

$b<a?$

$i=i+1$

N

Y

$x=i$

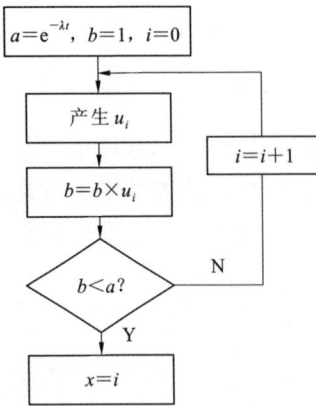

图 5-2　泊松分布随机数的产生流程

产生泊松分布随机数的过程是不断比较式(5-33)是否成立的过程。因此,服从泊松分布的随机数的产生步骤如下:

步骤 1:令 $a=e^{-\lambda}$ 或 $a=e^{-\lambda t}$,$b=1$,$i=0$。

步骤 2:生成 $[0,1]$ 区间的均匀分布随机数 u_i,(更新 $i=i+1$),$b=b\times u_i$。

步骤 3:若 $b<a$,则 $x=i$,结束;否则 $i=i+1$,返回步骤 2。

上述过程也可用图 5-2 所示的流程图表示。

2.爱尔朗分布随机数的产生

(1)爱尔朗分布随机变量的基本特征。

若 $x_1,x_2,\cdots,x_m$ 为 m 个独立的服从相同负指数分布的随机变量,则上述随机变量之和所生成的新随机变量 $x=\sum\limits_{i=1}^{m}x_i$,服从 m 阶爱尔朗分布。若 x_i 的密度函数为:

$$f(x_i)=m\lambda e^{-\lambda m x_i} \tag{5-34}$$

则爱尔朗分布的密度函数为:

$$f(x)=\begin{cases}\dfrac{(\lambda m)^m}{(m-1)!}x^{m-1}e^{-\lambda m x}, & x>0\\0, & x\leqslant 0\end{cases} \tag{5-35}$$

(2)爱尔朗分布随机变量的产生方法。

由反变换法可知负指数分布的随机数 $x_i=\dfrac{1}{m\lambda}\ln u_i$,于是 m 阶爱尔朗分布的随机数为:

$$x=\sum_{i=1}^{m}\frac{1}{\lambda m}\ln u_i=-\frac{1}{\lambda m}\ln\Big(\prod_{i=1}^{m}u_i\Big) \tag{5-36}$$

爱尔朗分布是随机服务系统中常见的分布之一。例如,若每个顾客的服务时间相互独立,服从同一负指数分布,则 k 个顾客所需服务时间服从爱尔朗分布;k 个服务台串联,每台服务时间相互独立且均服从同一负指数分布,则每个顾客总的服务时间服从爱尔朗分布。

3.超指数分布随机数的产生

(1)超指数分布随机变量的基本特征。

超指数分布的概率密度函数为：

$$f(x) = \sum_{i=1}^{k} p_i \lambda_i e^{-\lambda_i x}, \quad x > 0 \tag{5-37}$$

式中，$\lambda_i > 0, p_i > 0, i = 1, 2, \cdots, k$，且 $\sum_{i=1}^{k} p_i = 1$。

超指数分布是指数分布的一种组合分布，其实际背景是：对于有 k 个服务台的排队系统，如果每个服务台的服务时间都服从指数分布，第 i 个服务台的参数为 λ_i，到达的顾客以概率 p_i 选择第 i 个服务台接受服务，则这 k 个服务台组成的并联服务系统的服务时间服从超指数分布。

（2）超指数分布随机变量的随机数产生方法。

根据上述超指数分布随机变量的基本特征，生成超指数分布随机变量的随机数可采用下述步骤进行：

步骤1：生成 $[0,1]$ 区间的均匀分布随机数 u，将该随机数 u 转换为一个正整数 J，使得 $P\{J = j\} = p_j (j = 1, 2, \cdots, k)$。

步骤2：生成超指数分布随机数，为 $x = -\dfrac{1}{\lambda_i} \ln u$。

4.拉普拉斯分布随机数的产生

（1）拉普拉斯分布随机变量的基本特征。

拉普拉斯分布也称双指数分布，其概率密度函数为：

$$f(x) = 0.5 \lambda e^{-\lambda |x|}, \quad \lambda > 0, -\infty < x < +\infty \tag{5-38}$$

（2）拉普拉斯分布随机变量的随机数产生方法。

该分布的组合法步骤为首先生成独立的 $[0,1]$ 区间均匀分布随机数 u_1 和 u_2，如果 $u_1 < 0.5$，令 $x = \dfrac{1}{\lambda} \ln u_2$，否则令 $x = -\dfrac{1}{\lambda} \ln u_2$，那么 x 就是拉普拉斯分布的随机数。

【例 5-5】 设密度函数为 $f(x) = 0.5 e^{-|x|}$，试产生服从该分布的随机数 x。

解 密度函数如图 5-3 所示，可写为如下形式：

$$f(x) = 0.5 e^x \underset{(-\infty,0)}{g(x)} + 0.5 e^x \underset{[0,+\infty)}{g(x)}$$

其中

$$\underset{(-\infty,0)}{g(x)} = \begin{cases} 1, & x \in (-\infty, 0) \\ 0, & \text{其他} \end{cases}$$

$$\underset{[0,+\infty)}{g(x)} = \begin{cases} 1, & x \in [0, +\infty) \\ 0, & \text{其他} \end{cases}$$

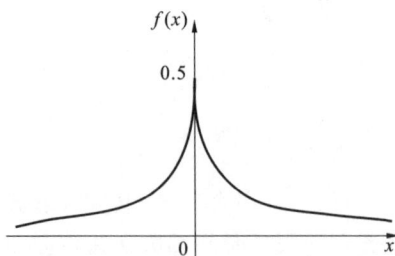

图 5-3 $f(x) = 0.5e^{-|x|}$ 密度函数示意

令

$$f_1(x) = e^x g(x), p_1 = 0.5$$
$$(-\infty, 0)$$

$$f_2(x) = e^x g(x), p_2 = 0.5$$
$$[-\infty, 0)$$

从而

$$f(x) = \sum_{j=1}^{2} p_j f_j(x)$$

则用组合法产生随机数 x 的步骤为：

步骤 1：产生 $[0,1]$ 区间均匀分布随机数 u_1 和 u_2。

步骤 2：若 $u_1 < 0.5$，则由 $f_1(x)$ 的分布函数产生，即 $x = \ln u_2$；否则，进入下一步。

步骤 3：若 $u_1 \geqslant 0.5$，则由 $f_2(x)$ 的分布函数产生，即 $x = -\ln u_2$。

5.2.3 舍选法

前面的方法均直接面向分布函数，以反变换法为基础。当反变换法难以使用时，可以考虑采用舍选法。该方法的实质是从许多均匀分布的随机数中选出一部分，使其成为具有给定分布的随机数，它可用于产生任意有界的随机数。舍选法由于抽样灵活、计算简单、使用方便而得到较为广泛的应用。

1.舍选法的直观意义

在边长为 c 和 $b-a$ 的矩形内，随机地投掷点 P，若随机点落在 $f(x)$ 曲线下方，如图 5-4 中的 P_1 点，则以该点的横坐标作为随机数的一个抽样值。如果 P 点落在曲线的上方，如图 5-4 中的 P_2 点，则舍弃。如此反复进行，可以得到满足密度函数 $f(x)$ 的随机变量的随机数。

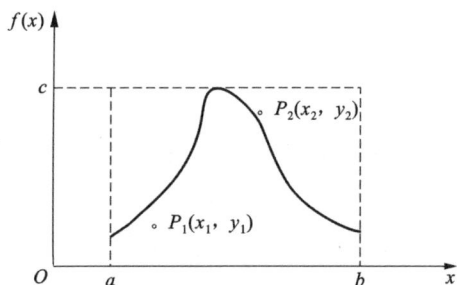

图 5-4　舍选法示意

可以证明落在概率密度曲线 $f(x)$ 下方的随机点横坐标(随机数)x 服从相同的 $f(x)$ 分布。

2.利用舍选法产生随机数的步骤

设随机变量 x 的密度函数 $f(x)$ 集中在有限区间 $[a,b]$[即 $\int_a^b f(x)\mathrm{d}x = 1$]内,且具有上界 c,根据 $f(x)$ 的特征规定一个函数 $t(x)$,要求:

(1)$t(x) \geqslant f(x)$;

(2)$\displaystyle\int_{-\infty}^{+\infty} t(x)\mathrm{d}x = c$;

(3)易于从(2)进行反变换。

令 $r(x) = \dfrac{1}{c}t(x)$,则 $\displaystyle\int_{-\infty}^{+\infty} r(x)\mathrm{d}x = \int_{-\infty}^{+\infty} \dfrac{1}{c}t(x)\mathrm{d}x = 1$,从而可以将 $r(x)$ 看作一个密度函数,并用 $r(x)$ 代替 $f(x)$ 取样,以得到所需要的随机数。

由于 $r(x)$ 并不是实际要求的 $f(x)$,于是产生接受与拒绝问题,则采用舍选法产生具有密度函数 $f(x)$ 的随机数方法为:

步骤 1:产生 $[0,1]$ 区间均匀分布随机数 u_1 和 u_2。

步骤 2:由 $r(x)$ 按照 u_2 计算得到随机数 r_2。

步骤 3:如果 $u_1 \leqslant f(r_2)/t(r_2)$,令 $x = r_2$,作为密度函数 $f(x)$ 的随机数输出;否则,返回步骤 1。

【例 5-6】　随机数 x 的密度函数如下:

$$f(x) = \begin{cases} 60x^3(1-x)^2, & 0 \leqslant x \leqslant 1 \\ 0, & \text{其他} \end{cases}$$

试用舍选法产生服从该分布的随机数。

解　显然,若采用反变换法,则必须求解多项式的根,效率很低。采用舍选法首先要选择 $t(x)$。

(1)先求 $f(x)$ 的极值,可令 $\mathrm{d}f/\mathrm{d}x = 0$,得 $x = 0.6$,$f(0.6) = 2.0736$。

(2)令 $t(x)$ 为一常数,可取

$$t(x) = \begin{cases} 2.0736, & 0 \leqslant x \leqslant 1 \\ 0, & \text{其他} \end{cases}$$

满足 $t(x) \geqslant f(x)$，从而

$$\int_{-\infty}^{+\infty} t(x)\mathrm{d}x = \int_{0}^{1} 2.0736\mathrm{d}x = 2.0736 = c$$

$$r(x) = \begin{cases} 1, & 0 \leqslant x \leqslant 1 \\ 0, & \text{其他} \end{cases}$$

所以 $r(x)$ 为 $[0,1]$ 区间上均匀分布的密度函数。

因此，该随机变量的产生步骤为：

步骤 1：产生 $[0,1]$ 区间均匀分布的随机数 u_1, u_2。

步骤 2：$r_2 = u_2$。

步骤 3：检验 $u_1 \leqslant 60 r_2^3 (1-r_2)^2 / 2.0736$，若满足则令 $x = r_2$；否则，返回步骤 1。

5.2.4 近似法

当分布函数比较复杂，前述几种方法难以实现时，可以通过近似法生成随机数。

设 $u_1, u_2, \cdots, u_n$ 是 n 个相互独立的在 $[0,1]$ 上均匀分布的随机变量，有 $E(u_i) = \dfrac{1}{2}$，$D(u_i) = \dfrac{1}{12}$，根据中心极限定理知，由上述 n 个相互独立的在 $[0,1]$ 上均匀分布的随机变量按式(5-39)形成的新随机变量近似地服从标准正态分布 $N(0,1)$。

$$x = \left(\sum_{i=1}^{n} u_i - \frac{n}{2} \right) \Big/ \sqrt{\frac{n}{12}} \tag{5-39}$$

因此，可以通过产生 $[0,1]$ 上均匀分布的随机数，根据式(5-39)计算得到标准正态分布随机数的近似值。n 越大，则精度越高。根据研究，实际上取 $n=10$ 时，便可得到较好的精度。为计算方便，取 $n=12$，则标准正态分布随机变量的随机数为：

$$x = \sum_{i=1}^{12} u_i - 6 \tag{5-40}$$

进一步可求得一般正态分布 $N(\mu, \sigma)$ 的随机数 y 为：

$$y = \sigma x + \mu \tag{5-41}$$

5.2.5 表搜索法

现实中,很多随机变量理论分布往往难以拟合成特定的某些分布,或者难以用解析公式表述这样的随机变量,因此,我们经常采用经验分布的方法来描述这些随机现象。表搜索法主要用于产生这类随机变量的随机数,也可通过离散近似抽样产生连续分布的随机数。

1.用表搜索法产生离散分布的随机数

设随机数 x 取值 x_i 的概率为 p_i,即 $P(x=x_i)=p$,$i=1,2,\cdots,k$,且 $\sum\limits_{i=1}^{k} p_i$ $=1,0 \leqslant p_i \leqslant 1$。将 $[0,1]$ 区间划分为 k 个小区间,每个区间长度分别等于 p_1, $p_2,\cdots,p_k$,如图 5-5 所示。

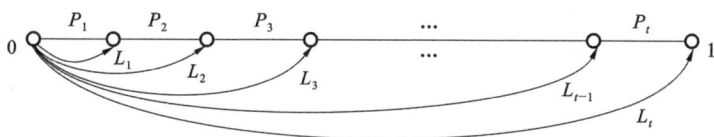

图 5-5 $[0,1]$ 区间划分示意

令 $L_0=0$,$L_i=\sum\limits_{j=1}^{i} p_i$,$i=1,2,\cdots,k$,则 L_i 称为累计概率。现任取 $[0,1]$ 上均匀分布的随机数 u,若 $L_{i-1}<u \leqslant L_i$,则 $x=x_i$,$P(L_{i-1}<u \leqslant L_i)=p_i=P(x=x_i)$。因此,产生离散分布随机数的主要步骤如下:

步骤 1:编制如表 5-5 所示的表格。为了缩短搜索时间,累计概率可按 $p_1>p_2>\cdots>p_k$ 排列计算。

表 5-5 **随机数及累计概率**

随机数的可能取值 x_i	x_1	x_2	$\cdots$	x_k
随机数发生概率 p_i	p_1	p_2	$\cdots$	p_k
累计概率 L_i	$L_1=p_1$	$L_2=p_1+p_2$	$\cdots$	$L_k=\sum\limits_{i=1}^{k} p_i=1$

步骤 2:产生 $[0,1]$ 上均匀分布的随机数 u。

步骤 3:进行表搜索,若 $L_{i-1}<u \leqslant L_i$,则 $x=x_i$。

【例 5-7】 已知某机械设备每天加工完某种零件的概率如下:一件也加工不完的概率为 0.50,加工完一件的概率为 0.30,加工完两件的概率为 0.20,求此分布的随机数。

解 产生过程如下：

步骤 1：编制表 5-6 所示的表格。

表 5-6 设备加工数据

x	0	1	2
p_i	0.50	0.30	0.20
L_i	0.50	0.80	1.00

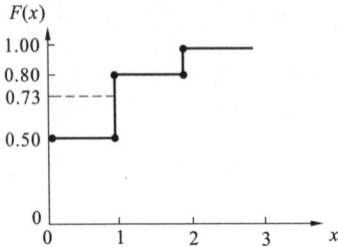

图 5-6 离散型随机数的生成

步骤 2：产生 $[0,1]$ 上均匀分布的随机数 u，假定产生的值为 $u=0.73$。

步骤 3：判断 $u=0.73$ 落在哪一区间。这里，$0.5<u<0.8$，因此，$x=1$，即加工完一件零件。

依此类推，可以得到多个随机数。其生成过程如图 5-6 所示。

2. 用表搜索法产生连续分布的随机数

把连续分布分段做离散近似。设随机变量 x 的密度函数 $f(x)$ 取值范围为 (a,b)，将 (a,b) 分成 k 个小区间，每个小区间的概率密度函数 $f(x)$ 可近似地看成常数，各小区间的分界点为 $a=x_0<x_1<x_2<\cdots<x_k=b$，各小区间概率为

$$P(x_{i-1}<x\leqslant x_i)=\int_{x_{i-1}}^{x_i}f(x)\mathrm{d}x=p_i \tag{5-42}$$

计算各分点处的累积分布函数：

$$L_i=\int_{x_0}^{x_i}f(x)\mathrm{d}x,\quad L_0=0,\quad i=1,2,\cdots,k \tag{5-43}$$

这样就把连续分布的随机变量 η 化成了离散形式表示的随机变量，如表 5-7 所示。

表 5-7 离散分布随机变量

x	$x_0\leqslant x\leqslant x_1$	$x_1<x\leqslant x_2$	$\cdots$	$x_{k-1}<x\leqslant x_k$
$p_i=\int_{x_{i-1}}^{x_i}f(x)\mathrm{d}x$	p_1	p_2	$\cdots$	p_k

于是，可利用前面的离散分布随机数的产生方法来产生随机变量 x 的随机数。取 $[0,1]$ 上均匀分布的随机数 u，若 $L_{i-1}<u\leqslant L_i$，则取该区间（第 i 个小区间）上的值。由于每个小区间的密度函数 $f(x)$ 可以近似认为是常数，也就是均匀分布的，故可通过线性插值方法，按式 (5-44) 求得随机变量 x 在该小区间上的具体值。

$$x = x_{i-1} + \frac{x_i - x_{i-1}}{L_i - L_{i-1}}(u - L_{i-1}), i = 1, 2, \cdots, k \tag{5-44}$$

用表搜索法产生连续分布随机数的主要步骤归纳如下。

步骤 1：根据上面介绍的方法，编制表 5-8 所示的表格。

表 5-8　　　　　　　　　　　**连续分布的随机数**

x_i	x_1	x_2	$\cdots$	x_{k-1}	x_k
$p_i = \int_{x_{i-1}}^{x_i} f(x)\,\mathrm{d}x$	p_1	p_2	$\cdots$	p_{k-1}	p_k
$L_i = \int_{x_0}^{x_i} f(x)\,\mathrm{d}x$	L_1	L_2	$\cdots$	L_{k-1}	$L_k = 1$

步骤 2：产生 $[0,1]$ 上均匀分布的随机数 u。

步骤 3：进行表搜索，并作线性插值，若 $L_{i-1} < u \leqslant L_i$，则

$$x = x_{i-1} + \frac{x_i - x_{i-1}}{L_i - L_{i-1}}(u - L_{i-1}) \tag{5-45}$$

重复步骤 2、步骤 3 可获得随机变量的随机数序列。

【例 5-8】 某机械修理厂修理农具所需的时间为经验分布，如表 5-9 所示，试用连续型经验分布产生随机数 x。

表 5-9　　　　　　　　　　　**修理时间数据**

修理时间区间/h	频数	相对频率
$0 \leqslant x \leqslant 0.5$	31	0.31
$0.5 < x \leqslant 1.0$	10	0.10
$1.0 < x \leqslant 1.5$	25	0.25
$1.5 < x \leqslant 2.0$	34	0.34

解 根据表 5-9 的数据，编制产生随机数所需的表格（见表 5-10）。根据该表绘制修理时间分布图。根据表 5-10 得到图 5-7 上的 4 个点：$B(0.5, 0.31)$，$C(1.0, 0.41)$，$D(1.5, 0.66)$，$E(2.0, 1.0)$。A 点为初始点，表示所有修理工作至少需 0.25h。

表 5-10　　　　　　　　　　**修理时间随机数产生用表**

修理时间区间/h	$0 \leqslant x \leqslant 0.5$	$0.5 < x \leqslant 1.0$	$1.0 < x \leqslant 1.5$	$1.5 < x \leqslant 2.0$
频数	31	10	25	34
相对频率	0.31	0.10	0.25	0.34
累计频率	0.31	0.41	0.66	1.00

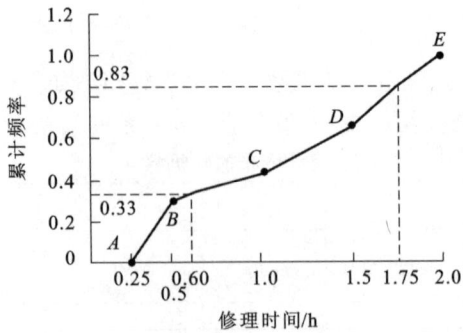

图 5-7 修理时间数据

产生 $[0,1]$ 上均匀分布的随机数 u,假定产生的随机数为 $u=0.83$。

因为 $0.66 < u < 1.00$,故按内插法规则有:

$$x = 1.5 + \frac{0.83 - 0.66}{1.00 - 0.66} \times (2.0 - 1.5) = 1.75(\text{h})$$

若产生的随机数为 $u=0.33$,则求得另一个随机数值为:

$$x = 0.5 + \frac{0.33 - 0.31}{0.41 - 0.31} \times (1.0 - 0.5) = 0.6(\text{h})$$

6 交通系统常用仿真软件介绍

6.1 交通仿真软件概述

交通仿真分析技术具有直观、准确、灵活的特点,是描述复杂道路交通现象的一个有效手段。道路交通仿真是复现道路交通流时间和空间变化的技术,是计算机仿真技术在交通工程领域的一个重要应用。目前,道路交通仿真研究已成为国际上交通工程界的研究热点之一。

根据交通仿真模型对交通系统描述的细节程度的不同,交通仿真可分为宏观仿真、中观仿真和微观仿真。

(1)宏观交通仿真模型。

宏观交通仿真模型对交通系统的要素及行为的细节描述处于一个较低的程度。例如,交通流可以通过流密速关系等一些集聚性的宏观模型来描述,而车辆的车道变换之类的细节行为可能根本就不予以描述。宏观模型的重要参数是车辆速度、密度和流量。

(2)中观交通仿真模型。

中观交通仿真模型对交通系统的要素及行为的细节描述程度较高。例如,中观交通仿真模型对交通流的描述往往以若干辆车构成的队列为单元,能够描述队列在路段和节点的流入与流出行为,对车辆的车道变换之类的行为也能以简单的方式近似描述。

(3)微观交通仿真模型。

微观交通仿真模型对交通系统的要素及行为的细节描述程度最高。例如,微观交通仿真模型对交通流的描述是以单个车辆为基本单元的,车辆在道路上的跟车、超车及车道变换等微观行为都能得到较真实的反映。

　　道路交通仿真软件的一个新用途是为智能运输系统提供评价手段。能够考察整个道路交通网络的全局效果,并处理动态交通分配问题的微观仿真软件是道路交通仿真软件发展的主流方向。

　　到目前为止,国内外已经推出了几百种交通仿真软件,比较流行的也不下几十种。在全球比较有名的仿真软件(见表 6-1 中),分别选取宏观软件 TranStar 和微观软件 VISSIM 进行介绍。

表 6-1　　　　　　　　国际著名交通仿真软件名称及开发机构

仿真软件名称	开发机构	仿真软件名称	开发机构
AIMSUN2	西班牙卡特伦亚理工大学	PARAMICS	苏格兰 Quadstone 公司
ANATOLL	法国设备技术研究中心	PHAROS	美国仿真与培训研究所
AUTOBAHN	德国奔驰咨询股份公司	PLANSIM-T	德国科隆大学 并行计算中心
CASIMIR	法国国家交通研究所	SIGSIM	英国纽尔卡斯大学
CORSIM	美国联邦公路局	SIMNET	德国柏林技术大学
DRACULA	英国利兹大学交通研究所	SITRAS	澳大利亚新南威尔士大学
EMME/2	加拿大蒙特利尔大学 交通研究中心	SHIVA	美国 CMU 机器人研究所
FRESIM	美国联邦公路局	SISTM	英国运输实验室
FREEVU	加拿大滑铁卢大学	SUTURN	英国利兹大学交通研究所
HUTSIM	芬兰赫尔辛基理工大学	TRAF-NEISIM	美国联邦公路局
INTEGRATION	加拿大蒙特利尔大学	TRIPS	英国 MAV 公司
MICROSE	日本三菱电气公司	TRANPLAN	美国 UAG 公司
MICROSIM	德国科隆大学	TranStar	中国东南大学
MICSTRAN	日本国家警察科学研究所	TSIS	美国联邦公路局
MITSIM	美国麻省理工学院	TranSCAD	美国 Caliper 公司
MIXIC	荷兰应用科学研究组织	VISSIM	德国 PTV 系统软件与 咨询公司
NEMIS	意大利都灵自动化研究所	VISSUM	德国 PTV 系统软件与 咨询公司
PADSIM	英国诺丁汉特伦特大学		

6.2　宏观交通仿真软件:TranStar

6.2.1　TranStar 的版本简介

"交运之星-TranStar"(Transportation Network System's Traffic Analysis Software)是进行交通运输网络系统规划、建设及管理的必备软件。该软件系统是东南大学交通工程学科在交通工程领域内 30 多年的科学研究成果的基础上开发而成的。

"交运之星-TranStar"的早期版本可追溯至东南大学王炜教授于 20 世纪 80 年代末开发的 NETASYSTIM(结合王炜的博士论文开发)、与麦克唐纳(M. McDonald)教授(英国南安普顿大学)联合开发的 STATRAM(1992 年)、与威尔·布莱登(W. Brilon)教授(德国波鸿大学)联合开发的 STATRAM GRAPHICS(1996 年),1999 年正式更名为"交运之星-TranStar",并注册了商标。

早期的 TranStar 分为四个版本:城市交通版、公共交通版、交通管理版、公路交通版。经过 30 多年的发展,王炜教授创新团队对早期的 TranStar 进行了全方位的功能升级,逐步形成了服务于城市交通的 TranStar(城市交通版)和服务于区域交通的 TranStar(综合交通版)两个版本。

1. 交运之星-TranStar(城市交通版)

TranStar(城市交通版)合并了原 TranStar 的城市交通版、公共交通版、交通管理版三个版本的基本功能。

TranStar(城市交通版)具有强大的城市交通分析功能,能够依托城市交通系统基础数据库,满足城市交通规划、建设与管理的大部分相关业务的交通分析与仿真要求,并提供面向不同业务功能的一键式仿真功能,同样适合非专业人员使用。面向业务功能的模块组合设计与流程指引主要包括城市规划、交通规划、交通建设、交通管理、交通政策制定的相关业务需求。"一键式"流程设计可以满足城市交通系统规划、设计与管理相关部门不同业务人员的工作要求。TranStar 为各类交通规划、交通设计、交通建设、交通管理与控制等交通相关项目方案提供详细的交通分析与评价结果,也可对相关方案的实施情况进行交通系统能源消耗与交通环境影响方面的评估,基础功能强大,结果分析可靠,人机操作灵活,环境界面友好。

2. 交运之星-TranStar(综合交通版)

TranStar(综合交通版)是根据国家综合交通运输的发展要求,在原 TranStar(公路交通版)基本功能(公路网络系统规划、公路工程项目可行性研究、公路工程项目后评估、公路网络交通管理等领域的交通系统分析)的基础上,增加了铁路交通网络、水运交通网络、航空交通网络、管道交通网络的交通系统分析以及综合交通运输系统,具有"网络化布局、一体化融合、高质量发展"的交通分析与系统仿真功能。

6.2.2 TranStar 的功能设计

TranStar 是一款集城市开发分析、交通规划分析、交通管控分析、交通政策分析、公共交通分析等功能于一体的城市综合交通系统集成分析与仿真平台软件。TranStar 可以提供面向不同业务的城市综合交通系统集成分析与仿真流程,并可实现"一键式"仿真,是进行城市综合交通系统规划、建设及管理的必备软件。

TranStar 具有 TransCAD、CUBE、EMME、VISSUM 等国外成熟的交通分析与仿真软件的全部核心功能,并已在功能与性能上达到甚至超过了国外同类软件。TranStar 的交通分析与仿真功能涵盖交通部门、交管部门、发改委部门、规划部门与交通相关的业务场景,提供基础数据快速获取技术、决策方案快速生成技术、交通分析系统集成技术、实施效果虚拟仿真技术等定量化、精细化、可视化的决策支持,并为这些部门实现交通问题解决方案的跨部门协作提供"统一的数据、统一的模型、统一的软件、共享的平台"。

1. 面向业务的功能设计

不同于其他交通仿真分析软件,TranStar 以交通方案的决策支持业务为轴,面向规划、交通、交管、发改委等部门,对交通分析与仿真流程进行梳理,并对功能模块进行集成化处理,形成了以交通业务仿真评价与方案优化为导向的整体系统架构。根据城市交通的不同业务需求,形成了面向城市规划与土地利用开发业务功能、城市交通基础设施规划建设业务功能、城市公交系统规划与管理业务功能、城市交通系统管理与控制业务功能以及城市交通系统政策制定业务功能五大业务功能,具体介绍如下。

(1)面向城市规划与土地利用开发业务功能。

TranStar 针对城市规划、城市建设等部门的业务需求,整合交通阻抗分析、交通生成分析、交通分布分析等功能模块,形成了针对城市形态与区域扩展调整、城市人口总量与分布调整、城市土地利用性质与开发强度调整、大型公共设施建设的交通影响评估等具体业务的快速仿真分析与决策。

(2)面向城市交通基础设施规划建设业务功能。

TranStar针对交通规划、交通建设等部门的业务需求,整合交通阻抗分析、OD矩阵分析、机动车交通分配等功能模块,形成了针对城市各类交通网络规划、城市重要交通设施(环线、通道、桥梁等)新建或改建的交通影响分析、重点交通设施建设的工程可行性研究等具体业务的快速仿真分析与决策。

(3)面向城市公交系统规划与管理业务功能。

TranStar针对公共交通部门的业务需求,整合公交愿望客流分析、公交网络规划等功能模块,形成了针对城市地面公交网络/轨道交通网络规划、城市轨道交通线路客流预测、城市轨道交通线路的工程可行性研究、城市轨道交通运行组织与管理等具体业务的快速仿真分析与决策。

(4)面向城市交通系统管理与控制业务功能。

TranStar针对交管部门的业务需求,整合交通阻抗分析、OD矩阵的交通管理修正等功能模块,形成了针对城市道路交通管理规划、城市单向交通网络组织、城市公交专用道网络组织、城市交通网络局部微循环组织、城市道路路边停车组织等具体业务的快速仿真分析与决策。

(5)面向城市交通系统政策制定业务功能。

TranStar针对交管部门、政府等的业务需求,整合交通阻抗分析、交通生成分析、交通分布分析、OD矩阵分析等功能模块,形成了针对城市道路拥堵收费方案、城市公共交通票价调整、城市车辆购买政策调整、城市道路差异化停车收费方案、城市交通结构优化方案设计等具体业务的快速仿真分析与决策。

2. 面向功能的模块设计

TranStar面向业务功能的交通分析,集成了基础数据库构建、图形编辑系统、人机交互方案设计、交通需求分析、交通运行分析、公共交通分析、交通系统综合评价、"一键式"交通仿真、分析结果展示等九大功能模块,涵盖30多种分析功能,满足100多种操作与分析需求,覆盖交通分析与仿真的全部功能,具体体现在城市规划、交通规划、交通建设、交通管理、交通政策制定等多个方面。详细功能如表6-2所示。

表 6-2　　　　　　　　　**TranStar 软件交通分析功能一览**

1 基础数据库构建模块	5 交通运行分析模块
(1)核心数据库文件构建	(1)交通网络一体化交通分配模型
①交通网络结构数据库	①最短路交通分配
②交通管理信息数据库	②多路径交通分配
③公共交通信息数据库	③最短路-增量加载交通分配
④交通需求信息基础数据库	④多路径-增量加载交通分配
(2)基础数据库的导入	⑤最短路-网络平衡交通分配
①已有路网数据库的导入	⑥多路径-网络平衡交通分配
②单项数据文件的导入	(2)步行交通分配
③其他交通软件数据库的导入	(3)自行车交通分配
(3)基于 OSM 的基础数据库构建	(4)机动车交通分配
(4)小区数据库与人口自动划分	(5)道路网络交通负荷分析
2 图形编辑系统模块	①自行车路段交通负荷
(1)图形编辑系统基本框架	②自行车交叉口交通负荷
(2)节点层与节点编辑	③机动车路段交通负荷
(3)路段与路线层	④机动车交叉口交通负荷
(4)小区层	⑤机动车交叉口延误与排队
(5)公交线路层	6 公共交通分析模块
(6)公交站点层	(1)公交基础网及愿望客流分布分析
(7)区域管理层	①公交基础网构建
3 人机交互方案设计模块	②不设运输能力限制的愿望客流分布
(1)交通方案设计	③设置运输能力限制的愿望客流分布
①城市土地开发方案设计	④考虑轨道交通的愿望客流分布
②交通设施建设方案设计	(2)公交线路网及网络客流分布分析
③公交建设运行方案设计	①公交线路网构建
④交通管理控制方案设计	②地面公交网络客流分析
⑤交通政策制定方案设计	③综合公交网络客流分析
(2)交通方案总览	④公交网络运行指标分析
(3)交通网络特征分析	(3)公交超级网及线路客流分布分析
①交通网络基础信息分析	①全域公交超级网构建
②用于最短路分析的路段长度与时耗分析	②局部公交超级网构建
③多模式交通网络最短距离矩阵分析	③特定公交线路客流分析
④多模式交通网络最短时间矩阵分析	7 交通系统综合评价模块
⑤交通网络广义最短路矩阵分析	(1)居民出行效率评价
4 交通需求分析模块	(2)道路交通系统评价
(1)交通生成分析	(3)公共交通系统评价
①常住人口发生吸引量分析	(4)环境与能源消耗评价
②流动人口发生吸引量分析	(5)城市经济性能评价
③货物运输发生吸引量分析	8 "一键式"交通仿真模块
(2)交通分布分析	(1)方案配置流程
①重力模型参数标定	(2)功能模块组合
②双约束重力模型	(3)方案配置方法
③FRATAR 模型法	9 分析结果展示模块
④福尼斯(Furness)模型法	(1)图形展示
⑤底特律(Detroit)模型法	①图形查看
⑥平均增长率法	②图形配置
(3)交通方式分析	③播放设置
①居民出行距离函数标定	④多窗口查看
②各方式优势出行距离函数标定	⑤窗口还原
③基于出行距离和方式优势的 OD 分析	(2)研究报告
④基于方式结构目标值的 OD 分析	①网络交通运行指标统计及汇总
(4)OD 矩阵分析	②城市交通系统整体功能评估报告
①机动车客运交通 OD 矩阵分析	(3)数据表格
②机动车货运交通 OD 矩阵分析	①节点交通特征数据表格
③非机动车交通 OD 矩阵分析	②路段交通特征数据表格
④公共交通乘客 OD 矩阵分析	③其他类型的数据表格
⑤交通管制措施下的 OD 矩阵修正	

6.2.3 TranStar 的一键式流程设计

TranStar 软件采用"一键式"流程设计,充分考虑了交通分析与仿真在实际应用中可能面临的各类应用情景,为用户提供了城市开发、交通规划、交通管控、交通政策以及公共交通五类定制方案,不仅适合交通领域专业人员使用,对交通知识了解得不多的非专业人员也同样友好,具体操作流程如图 6-1 所示。

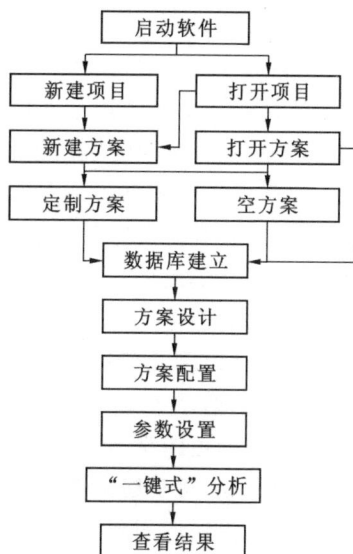

图 6-1　TranStar 操作流程

启动软件之后,用户可以选择打开已存在的项目或者新建项目,若用户选择打开已存在的项目,则可以在之前工作的基础上,完成后续操作。若用户选择新建项目,那么接下来需要新建方案,在新建方案过程中,用户可以在弹出的"项目方案配置"界面根据自身业务需求选择方案类型,如图 6-2 所示。软件提供了城市开发、交通规划、交通管控、交通政策、公共交通五种定制方案,此外,用户还可以选择"空方案"。

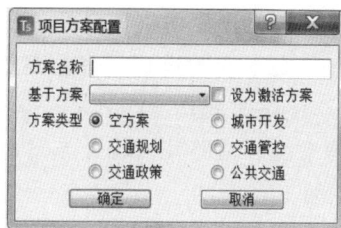

图 6-2　"项目方案配置"界面

6.3 微观交通仿真软件:VISSIM

6.3.1 微观交通仿真软件功能用途

1.微观交通仿真模型的功能

微观交通仿真模型仿真的是驾驶员在各种不同情况下的驾驶行为,由于它以单个车辆为研究对象,因此一般没有复杂的形式和推导过程,而是对驾驶员在实际路网上行驶时在各种道路交通条件下可能采取的驾驶方式的描述,是由多重判断和规则组成的。一般而言,微观交通仿真模型至少应该具有以下功能。

观察功能:仿真模型可根据实际情况以驾驶员的视觉范围观察周围的道路交通状况,在仿真模型视觉范围内的道路交通状况将影响驾驶员的驾驶行为选择,主要包括其他车辆的运行情况、道路几何情况、交通信号灯、交通标志线,以及不被驾驶员观察到但可通过其他途径知晓的交通信息情况。

判断和分析功能:实际路网中的道路交通情况复杂多变,如何对所观察到的道路交通情况进行分析,并作出判断,是交通仿真模型必须具备的核心功能。

行为功能:将判断和分析的结果付诸实施,通过这一功能来实现路网交通状态的更新。

2.微观交通仿真模型的基本组成

微观交通仿真模型基本上由两大部分组成:一部分是路网几何形状的精确描述,包括信号灯、检测器、可变信号标识等交通设施;另一部分是每辆车动态交通行为的精确仿真,这种仿真要考虑驾驶员行为,并要根据车型加以区分。

3.微观交通仿真模型的主要用途

(1)仿真分析交叉口的交通流运行情况,特别是各种拓宽和渠化设计方案;

(2)对各种信号控制方案提供预先仿真评价的工作平台;

(3)仿真公交专用道和公交车辆的运行,同时,可设计公交线路、发车间距、公共汽车停靠站和公共汽车停站时间;

(4)评价分析交通管理系统和道路几何设计方案;

(5)分析道路交通安全性;

(6)进行交通工程理论研究;

(7)对城市交通污染状况进行评价。

4.微观交通仿真模型在 ITS 中的评价应用

微观交通仿真模型可以量化 ITS 带来的效益,特别是在先进的出行者信息系统(ATIS)和先进的交通管理系统(ATMS)中,这些效益可以通过速度和出行时间等指标来计量。大致来说,微观交通仿真模型可以仿真的 ITS 领域有动态交通控制、事故管理方案、实时路径诱导、交叉口自适应信号控制、匝道和干线控制、收费站、车道控制(车道使用标示、电子调速器、高占有率车道等)等,其用于分析的流程设计如图 6-3 所示。

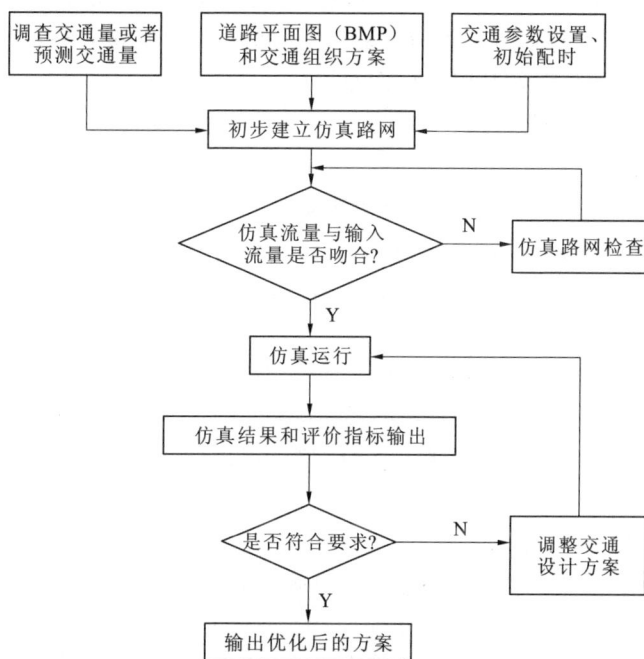

图 6-3 微观交通仿真软件用于分析的流程

6.3.2 VISSIM 仿真软件基本原理

VISSIM 是由德国 PTV 系统软件与咨询公司开发的微观交通流仿真系统。该系统是一个离散的、随机的、以 1/10s 为时间步长的微观仿真软件。车辆的纵向运动采用了德国卡尔斯鲁厄理工学院魏德曼(Wiedemann)教授的"心理—生理跟车模型";横向运动(车道变换)采用了基于规则(rule-based)的算法。不同驾驶员行为的仿真分为保守型和冒险型。

VISSIM 软件系统内部由交通仿真器和信号状态发生器两大程序组成,它们之间通过接口来交换检测器的呼叫和信号状态。"交通仿真器"是一个微观的交通流仿真模型,它包括跟车模型和车道变换模型。"信号状态发生器"是一个信号控制软件,它以仿真步长为基础不断地从交通仿真器中获取检测信息,从而决定下一仿真时刻的信号状态,并将这些信息传送给交通仿真器。

6.3.3　VISSIM 仿真软件基本功能

VISSIM 可以作为分析许多交通问题的有力工具,它能够分析在诸如车道特性、交通组成、交通信号灯等约束条件下的交通运行情况,不仅能对交通基础设施实时运行情况进行交通仿真,而且可以以文件的形式输出各种交通评价参数,如行程时间、排队长度等。因此,它是分析和评价交通基础设施建设中各种方案的交通适应性的重要工具。

以下是 VISSIM 的主要交通分析功能。

(1)固定式信号灯配时方法的开发、评价及优化。

(2)能对各种类型的信号控制进行仿真,如定时控制方法、车辆感应信号控制方法、SCATS 和 SCOOT 控制系统中的信号控制等。在 VISSIM 仿真系统中,交通信号配时策略还可以通过外部信号状态发生器(VAP)来进行仿真,VAP 允许用户设计自己定义的信号控制方法。

(3)可用来分析慢速区域的交通流交织和合流情况。

(4)可对各种设计方案进行对比分析,包括信号灯控制、停车控制、环形、立体等交叉口设计方案。

(5)分析公共交通系统的复杂站台设施的通行能力和运行情况。

(6)可用来评价公共交通优化处理的各种方案。

(7)可运用内置的动态分配模式分析和评价有关路径选择的问题。如各种信息牌对交通的影响。

参考文献

[1] 刘珊珊."一带一路"对沿线国家可持续发展的影响效应——基于双重差分模型的实证检验[J].华东经济管理,2022,36(1):42-52.

[2] 王炜,华雪东,赵德.城市虚拟交通系统——基础理论、关键技术与案例分析[M].北京:科学出版社,2022.

[3] 吴亚琼,韩鹤,王雅婧.基于SEIR传染病模型的应急救援物流调度优化[J].江苏科技大学学报:自然科学版,2019,33(1):87-92.

[4] 姜启源,谢金星,叶俊.数学模型[M].5版.北京:高等教育出版社,2018.

[5] 张世斌.数学建模的思想和方法[M].上海:上海交通大学出版社,2015.

[6] 龙子泉.运筹学高级教程[M].武汉:武汉大学出版社,2014.

[7] 王静龙,梁小筠,王黎明.数据、模型与决策简明教程[M].上海:复旦大学出版社,2012.

[8] 徐文平.基于IIM的关联基础设施系统的脆弱性分析[D].武汉:华中科技大学,2012.

[9] 赵春雪,傅白白,王天明.拥挤交通网络的Braess'悖论现象[J].交通运输系统工程与信息,2012,12(4):155-160.

[10] 徐瑞华.运输与物流系统仿真[M].上海:同济大学出版社,2009.

[11] 殷英,陈森发.基于非均衡蛛网模型的运输市场稳定性研究[C]//江苏省系统工程学会第十届学术年会,2007.

[12] 邵春福.交通规划原理[M].北京:中国铁道出版社,2004.

[13] 朱道元.数学建模精品案例[M].南京:东南大学出版社,1999.

[14] TOBLER W R. A computer movie simulating urban growth in the detroit region [J]. Economic Geography, 1970, 46(3):234-240.

[15] 戴翔,杨双至.中国"一带一路"倡议的出口促进效应[J].经济学

家，2020(6):68-76.

[16] 吕越，陆毅，吴嵩博，等."一带一路"倡议的对外投资促进效应——基于 2005—2016 年中国企业绿地投资的双重差分检验[J]. 经济研究，2019，54(9):187-202.

[17] 李建军，李俊成."一带一路"倡议是否增进了沿线国家基础设施绩效?[J]. 兰州大学学报(社会科学版)，2018，46(4):61-73.

[18] 朱磊，陈迎."一带一路"倡议对接 2030 年可持续发展议程——内涵、目标与路径[J]. 世界经济与政治，2019(4):79-100.

[19] CAI X, LU Y, WU M, et al. Does environmental regulation drive away inbound foreign direct investment? Evidence from a quasi-natural experiment in China [J]. Journal of Development Economics, 2016, 123(12):73-85.

[20] HAIMES Y, JIANG P. Leontief-based model of risk in complex interconnected infrastructures [J]. Journal of Infrastructure Systems, 2001, 7(1):1-12.